| 文明的摇篮，宗教的圣地，大国的坟墓，博弈的战场 |

坚守战地 1200天

一个中国记者眼中的"阿拉伯之殇"

焦翔 著

江苏人民出版社

图书在版编目（CIP）数据

坚守战地1200天：一个中国记者眼中的"阿拉伯之殇" / 焦翔著. —— 南京：江苏人民出版社，2021.7
ISBN 978-7-214-26212-7

Ⅰ.①坚⋯ Ⅱ.①焦⋯ Ⅲ.①中东战争－史料 Ⅳ.①K370.6

中国版本图书馆CIP数据核字（2021）第094930号

书　　名	坚守战地1200天：一个中国记者眼中的"阿拉伯之殇"
著　　者	焦　翔
出版策划	曹　斌
责任编辑	曹　斌　高　佳
责任校对	李　洁
装帧设计	刘葶葶
责任监制	王列丹

出版发行	江苏人民出版社
地　　址	南京市湖南路1号A楼，邮编：210009
照　　排	江苏凤凰制版有限公司
印　　刷	苏州市越洋印刷有限公司
开　　本	718毫米×1 000毫米　1/16
印　　张	22.25　插页2
字　　数	280千字
版　　次	2021年7月第1版
印　　次	2022年4月第3次印刷
标准书号	ISBN 978-7-214-26212-7
定　　价	98.00元

（江苏人民出版社图书凡印装错误可向承印厂调换）

奋力向前是记者的本色（代序）

字字皆心血，行行透艰辛。这是我读《坚守战地1200天》书稿的强烈感受。

中东是大国的博弈场、世界的火药桶，从来不缺大新闻。始于2011年前后爆发的一系列政局动荡，让中东地区陷入血雨腥风，深刻改变了区域和全球政治版图。作为人民日报社国际部的年轻记者，焦翔同志27岁那年，只身赶赴中东现场，在中东地区常驻1200天，全程报道了埃及时任总统穆巴拉克下台、利比亚时任领导人卡扎菲死于非命和叙利亚开始深陷战争泥潭的状况。

辛苦是获取一切的定律。上百万字文稿、六万多张照片，以及众多新媒体作品，是焦翔同志奔走在动荡的中东大地上的呕心沥血之作。1200天，对于一个身处异国他乡的年轻记者来说，一定是艰辛的。特别是还要冒着被监控、敲诈、抢劫甚至狙击、炮轰、空袭的危险，焦翔同志的不易可想而知。

在艰辛危困中，最容易看出一个人的精神和气节。焦翔同志在艰辛中，始终保持着一颗善良、乐观的心，每每传递给人以正能量。他不仅以中国媒体的视角记录着中东故事，同时，他也走入了故事之中，演绎着中东时局变迁里的中国担当、新闻力量。

在焦翔同志身上，我深深感受到了新时代党报青年记者的锐意进取、坚忍不拔，坚守新闻舆论阵地，记录国际时局变迁，不仅绘就了青春独特绚烂的色彩，更用青春书写了对党、对祖国、对人民的忠诚和挚爱。

《坚守战地1200天》一书记录了焦翔同志在动荡之地的成长历程。其中很多细节令人难忘：在利比亚大撤侨行动中日夜不眠，记录下"祖国带你回家"的豪迈；在听力受损后坚守一线，于国际舆论场上发出中国声音；在受到威逼利诱时，与对方斗智斗勇，坚持客观公正报道；在面临生死考验时，克服恐惧，冲向前线，为中国外交建言献策；在遇到颠沛流离的难民时，深深同情着他们的苦难挣扎，无私施以援手……

"新闻是历史的第一份草稿。"《坚守战地1200天》一书收录了大量珍贵的采访资料和精彩的战地照片，为了解党报驻外记者的特殊工作，把脉中东时局的历史变迁，感知国际视野下的中国稳步发展，启发人们对战争与和平的思考，提供了一个生动的视角。

奋力向前是生命的要务、记者的本色。记者是一个辛苦、特殊、光荣的职业，需要情怀，需要勇气，需要担当，引领浩然正气，推崇道德风尚，勇敢面对问题，传递正向能量，为国家发展和社会进步贡献力量。战争时期，"记者的笔能抵三千毛瑟枪"；和平发展时期，"倘若一个国家是一条航行在大海上的船，新闻记者就是船头的瞭望者。他要在一望无际的海面上观察一切，审视海上的不测风云和浅滩暗礁，及时发出警告……"

要成为一名好记者，需要努力同时具有政治家的大脑、实干家的品质、哲学家的思辨、文学家的语言和外交家的口才。青年是苦练本领、增长才干的黄金时期。今天，新时代中国青年处在中华民族发展的最好时期，既面临着难得的建功立业的人生际遇，也肩负着"天将降大任于斯人"的时代使命。

时代需要好记者，时代呼唤能在国际舞台上掌握话语权的好记者。一个人的人生轨迹是无法预测的，谁也不可能事先就写好自己的人生传记。但是，人生的理想风标和价值坐标是可以选择的，在青年时期树立崇高的初心，并用一生来守护和践行，就一定能画出最美的人生轨迹。

"想要成就大事业，要在青春的时候着手。"志存高远是最鲜明的青春气质，砥砺奋斗是最亮丽的青春底色。每一位青年记者都要立志成为一名好记者，并为之奋力向前，不懈奋斗。

增强脚力、眼力、脑力、笔力，在新闻报道中彰显家国情怀，展现人文关怀，青年记者是生力军，也是主力军，不可以不弘毅，任重而道远。

是为序。

方江山　于2019年记者节

目 录

初 章
重新定义国家交往的范式……………………………………001

第一章
一千零一夜，轮回还是反讽………………………………004

第二章
躺在埃及的漫天沙尘里，沉默着，忘却了季节……………027

第三章
我们的生活不能没有面包，但我们的生活也不能没有祖国……059

第四章
在历史的军事解释中，战争是最后的仲裁者………………077

第五章
如果世界对我们疯狂，我们也会以疯狂回应………………101

第六章
随意回溯迷蒙的历史，那里永远有一个大马士革……………132

第七章
将命运托付给神灵，是超脱还是悲凉 ⋯⋯⋯⋯⋯⋯⋯⋯⋯⋯⋯⋯⋯ 156

第八章
战火开始蔓延至这座巴沙尔引以为荣的城市 ⋯⋯⋯⋯⋯⋯⋯⋯ 175

第九章
一觉醒来，一切令人深爱的东西都不在了 ⋯⋯⋯⋯⋯⋯⋯⋯⋯ 196

第十章
它的身后有几个很强硬的国家挺着，没那么容易就范 ⋯⋯⋯⋯ 212

第十一章
世界大国和地区势力的微缩博弈场 ⋯⋯⋯⋯⋯⋯⋯⋯⋯⋯⋯⋯ 239

第十二章
欲望、利益、纷争，久拖不决亦战略 ⋯⋯⋯⋯⋯⋯⋯⋯⋯⋯⋯ 275

第十三章
每一个瞬间，灰烬都在证明它是未来的宫殿 ⋯⋯⋯⋯⋯⋯⋯⋯ 305

后　记 ⋯⋯⋯⋯⋯⋯⋯⋯⋯⋯⋯⋯⋯⋯⋯⋯⋯⋯⋯⋯⋯⋯⋯⋯⋯⋯ 346

初 章

重新定义国家交往的范式

2017年11月8日，美国总统特朗普在故宫向习近平总书记提到一个问题："有人说，世界上最古老的文化在埃及，有8000年了。"

习近平回复道："对，埃及更古老一些。但是，文化没有断流过、始终传承下来的只有中国。"

梁启超在《二十世纪太平洋歌》中首次提及"地球上古文明祖国有四：中国及印度、埃及、小亚细亚是也"，四大文明古国之说由此而来。这样定义有一定道理，但从历史背景来看，也带有激励东方民族、弘扬东方文化的主观用意。

我是一名历史爱好者，小时候家中阳台的墙上张贴着一张世界古文明地图。无数个夜晚，我凝视地图，幻想着自己穿越时空，揭秘古埃及法老陵寝中咒语的玄机，一睹汉谟拉比法典落成时的盛况，俯瞰迦太基人与古罗马人在爱琴海的决战，寻觅古丝绸之路上阿拉丁神灯的踪影……阳台窗外，基督教堂的时钟会在整点敲响，宁静的夜，漫天的星，历史在召唤。

尼罗河文明，两河文明，犹太教、基督教、伊斯兰教三大天启宗教的起源，世界级帝国的必争之地……一切神往都归于一处，文明的十字路口——中东。有机缘巧合，也有执着追求，我在北外学习了阿拉伯语，进入人民日报社工作，终于如愿以偿与中东相见。但这不是简单一见，1200个日夜的亲密接触，让我深深爱上这片满是沧桑的神奇土地，也对世界有了全新的感悟。

不幸的是，我见证的，不是中东的前进，而是倒退；不是百姓的安宁，而是流亡；不是阿拉伯民族在新时期的集体崛起，而是在暴力怪圈中的深度迷失——巴以冲突依旧，埃及一落千丈，突尼斯发展停滞，利比亚社会解构，也门支离破碎，伊拉克暴力丛生，叙利亚炮火连天……以前的中东强人们，不是逃亡海外，便是身陷牢狱，或者身首异处，个别还在挣扎……当下的乱象丛生，即便在中东几千年腥风血雨的历史上也是罕见的。

回看这场始于2011年的西亚北非政治动荡，既是中东国家内部矛盾的集中爆发，又是地区矛盾、教派矛盾的延伸显现，更是大国角力的新辟战场。然而，多米诺骨牌并没有止步中东，动荡直接引发了欧洲难民危机和全球恐怖主义肆虐，并在西方社会造成经济衰颓、治安滑坡、社会分裂、民族民粹主义抬头等一系列矛盾问题，直接颠覆了原有的全球安全与政治版图。而那些中东乱局的始作俑者、乐见其成者、推波助澜者，最终已反受其害。

这是一个全盘皆输的教训，动荡的潘多拉魔盒一旦开启就无法关上，这是文明的不幸，根本谈不上零和博弈，全世界没有赢家。

在故宫的那天，习近平带着特朗普参观了太和殿、中和殿、保和殿，穿行雕梁画栋的文化长河，细细讲述着"和"的道理。大道之行，天下为公，在中华传统文化中，"和"居于核心地位，人们崇尚"和衷共济"，倡导"和而不同"，追求"达则兼济天下"的胸怀、"四海之内皆兄弟"的豪情。因此，虽然中国也曾屡遭战祸与失败，但文明始终生生不息，"协和万邦"的理想情怀展现出卓越的历史定力和文化魅力。正像英国哲学家罗素所说，中国至高无上的伦理品质中的一些东西，现代世界极为需要。

古代，穿越戈壁沙漠的古丝绸之路，以及蜿蜒曲折的海上丝绸之路将中国与中东在物产、文化上相连；今天，共建"一带一路"赋予了两个地区更深层的互动，政策沟通、设施联通、贸易畅通、资金融通、民心相通，构建起环球同此凉热、各国休戚与共的人类命运共同体。

中国"和"之理念，正重新定义国家交往的范式、构筑新时代全球治理的灵魂。

第一章
一千零一夜，轮回还是反讽

第一章 ■ 一千零一夜，轮回还是反讽

（一）

对大国雄心的怀念，对发展迟滞的不满，在互联网的推波助澜和邻国突尼斯的示范效应下，最终演变成一场变革。

黄昏时从山上俯瞰开罗老城，金字塔与城市连成一体

阳光，拨开晨雾，穿越浮尘，撒在中东古老的土地上，一片金色。开罗，数千年来不知多少次被狼烟蔽日，被鲜血染红，它的每一粒尘埃都飘散千年，每一次飞舞都勾勒着大漠亘古未变的画卷。

历史给大地多少荣光，也就给它多少悲伤。金字塔、狮身人面像、木乃伊、亚历山大灯塔、《一千零一夜》……哪一个名字不够振聋发聩，令人仰望？但哪一个名字背后，不浇筑人类的苦难与挣扎？埃及谚语说，人类害怕时间，时间害怕金字塔。静默的斯芬克斯（狮身人面像的名字，源于古希腊神话）或许早已看透，眼前的一切都是飘摇的尘埃，走不出历史的轮回。

2011年1月26日,我开始了在开罗的常驻生活,满怀敬畏,满怀期待。当然,生活也没有让我失望,只是它在另一个未曾想见的维度给了我"惊"彩。

汽车驶出位于沙漠之中的开罗国际机场,眼前的景色一如三年前初来时的模样,路上散落着垃圾,地上覆盖着灰尘。对于开罗,来过的人基本持两种截然相反的态度,可以用两句话来概括——

"假如爱一个人,带他去开罗;假如恨一个人,更要带他去开罗。"这座城市的无序,各色人等的贪婪,天气的炎热难耐,给多数初来者以糟糕印象。

"一朝浅饮尼罗水,千山万水总念她。"这是3000多年前古埃及伟大法老拉姆西斯二世陵寝中镌刻的诗句。也有一些人,了解开罗的历史和社会,能感知当地人的淳朴善良,理解他们的遭遇与诉求,便也会渐渐爱上这里。

开罗吉萨金字塔下的骆驼生意

拥挤的开罗交通

抵达那天,我的印象还停留在第一个层面,但我有信心与这里和睦相处。

清晨的道路并不拥堵,我和接机的同事沿着机场路,很快就来到了位于工程师区的办公室落脚。工程师区本是开罗在上世纪六七十年代、尚处于发展黄金期建设的新城区,最初居住在这里的也多是以工程师为代表的知识分子,当时算是富人区。但是,随着后来开罗人口的快速膨胀,以及城市建设的止步不前,工程师区也变得异常拥挤,与开罗老城区和漫天尘沙渐渐融为一体。

开罗这个城市有个特点,就是从外面看都是脏兮兮的、破败不堪,屋子里却是别有洞天、各有精彩。这还要从埃及的税收说起。面对人口激增给政府带来的压力，穆巴拉克执政时期提出了一项税收政策，即对盖好的房屋征税。房子盖没盖好，标准就是楼房是否封顶。上有政策，下有对策，为了避税，老百姓盖楼就都"开着天窗"，需要几层就先盖几层用着，当家里人丁增加了以后，再加盖也方便，原则就是不封顶。也是天公作美，开罗气候干燥少雨，楼不封顶也不存在漏雨隐患，"天时地利人和"之下，"烂尾楼"就成了开罗的一道风景线。加之开罗城区紧邻沙漠，沙尘大，楼体的外墙也常年灰蒙蒙的，所以整个城市给人的感觉就是规划无序，破旧不堪。

开罗还有一点与北京不同，就是物业人员无处不在。这里每一栋楼房，都有少则两人、多则数人的物业人员，他们并不是受公司聘用，都是个人受楼主雇佣，收入微薄，平日里闲散在阴凉处聊天。当看见有住户回来时，便热情地跑上去帮忙拎一下东西，送到家里，顺便讨些小费。刚开始对这样的热情还有些受宠若惊，感觉盛情难却，时间久了便也参透其中道理，天下熙熙皆为利来，想到他们一个月只挣相当于千八百块人民币养家糊口，也是不易，索性就享受这奢侈的服务吧。

其实，这也是整个埃及社会畸形发展的写照。1947年，埃及全境人口只有1600万，那个时期，埃及社会上下同心致力于国家独立和民族振兴，面对以色列建国的挑战，在纳赛尔带领下英勇作战，奠定了在阿拉伯世界的领袖地位。同时，国内建设方兴未艾，欣欣向荣的开罗在那时被冠以"尼罗河畔的巴黎"美誉，成为国际上公认的第三世界国家发展典范。

1976年，埃及人口达到了3800万，在经历了四次中东战争后，萨达特领导下的埃及发生政治转向，抛弃传统盟友苏联，开始主导阿以关系的缓和，标志性事件就是后来签署了彻底推翻中东政治格局的《戴维营协议》。起初阿拉伯国家对萨达特的决定普遍感到愤怒，但这客观上大幅改善了中东地区的安全局势，使各国得以休养生息，推进社会发展与民生改善。

1996年，埃及人口达到了5920万，穆巴拉克执政下的国家机器稳定运行，建国初期积累的政治红利犹在，激增的人口进一步巩固了埃及在阿拉伯世界中的地位，以止战为条件交换来的西方援助填充着国库，掩盖了社会发展遇到的问题。更重要的是，穆巴拉克开始沉迷于在国际舞台纵横捭阖，躺在大国领袖的功劳簿上，把内政与发展抛到了一边。

2011年，埃及官方统计的人口接近9000万，但实际早已超过这个数字。经济增速不足与人口膨胀的矛盾已经无法掩盖，贫富差距越来越大，失业率超过20%，社会呈现均贫态势。个中原因，最主要的是此前几十年发展过程中忽视工业、倚重服务业，导致国家经济造血能力不足，缺乏核心竞争产业，处于全球价值链末端；同时，传统的四大外汇来源（石油天然气、旅游、侨汇和苏伊士运河）增长乏力，无法满足国家发展需要。埃及96%的人口生活在占国土4%的尼罗河三角洲及沿岸，故而人口膨胀的隐患在开罗尤为明显，问题也最严重。

在老一辈阿语人心中，以埃及为代表的阿拉伯世界，不仅是友谊的国度，更是富有的国度，年轻时留学阿拉伯国家，对他们而言不仅是练语言，还是开眼界，是向进步文化、繁荣社会学习的宝贵机会。

例如北京外国语大学教授、北京第二外国语大学原校长周烈老师，就这样讲述过他的经历："1977年至1979年，我在叙利亚大马士革大学留学。在从学生宿舍大学城到校区的公交车上，经常有不相识的叙利亚人替我们几个中国留学生悄悄地买了票。1982年至1985年，在也门塔兹技校工作期间，我们经常会到红海边上去游玩。每当我们在夜色中迷路，总会有热心的也门人骑着摩托车，把我们带到主干道。1991年至1992年，我在埃及开罗大学进修期间，常常会在拥挤的公交车上不小心踩到别人。那些被踩的埃及人从不责怪我，还主动说'对不起'。"

新华社资深记者龚振喜，也曾兴致盎然地与我分享他在埃及读书时的故事——上世纪80年代，中国人到了埃及，仿佛去了发达国家。那时中国外交官的工资不高，使馆有一名年轻外交官准备结婚，想在埃及买一对手表作为结婚礼物。再三比对之后，他相中了一对瑞士产的手表，标价1200美元。他哪里买得起啊，于是就跟老板"磨"了起来。老板说，这对表的原价就是1000美元，加上关税，1200美元很公道，之前有一名欧洲游客想以这个价格买，他觉得不挣钱，就没卖。这名外交官囊中羞涩，面露难色。结果是大家都猜不到的，这位埃及老板最终把表卖给了这名中国外交官，只收了他800美元。那个小伙子也很诧异，就问老板："为什么可以这么便宜？"据说老板当时拍拍他肩膀，说："咱们都是亚非拉兄弟，你们中国落后，你来我们这里工作，我们就应该帮助你！"

一些阅历丰富的中国人，可能对埃及电影《忠诚》《走向深渊》依然保留着特殊的感情，在新中国文化事业艰难起步之时，埃及电影带给了我们很多美好回忆。但回看上世纪中叶以来的埃及电影，你会惊奇地发现，如今开罗的城市建设始终停留在当时的水平，开罗人的精气神和开放度，比之彼时甚至还大幅倒退了。对大国雄心的怀念，对发展迟滞的不满，在互联网的推波助澜和邻国突尼斯的示范效应下，最终演变成一场变革。

（二）

战争过去太久，掌握情报的手艺还在，掌控局面的能力已经丢了。

就在我抵达的前一天，埃及爆发了第一次抗议活动，但地点不在首都开罗，而在苏伊士。苏伊士位于苏伊士运河的南端，第三次中东战争中一度被废弃，埃及收回西奈半岛后又重建，算是一座新城，文化底蕴并没有它的名字那样厚重、响亮。

夕阳将开罗的建筑染成橙色,也赋予这场危机悲情的色调

开罗还是一如既往慵懒地运转，与我熟识的她并无二致。住下的前两天，我尽量熟悉着周边的环境，也细细感知社会的异动。俗话说，"阿拉伯人的舌头，中国人的手"，这是世人对两个不同民族特点的总结，中国人善于动手、吃苦耐劳，阿拉伯人口若悬河、文采飞扬，这一点早在《一千零一夜》中就得到验证。虽然一千个人眼中有一千个哈姆雷特，但我相信，从开罗社会各阶层人士的口中，我可以了解到一个最接近于真实的埃及。

果不其然，埃及人（主要指男人）知识面广，而且都是"政治家"。不论是出租车司机、街边闲聊的大叔，还是有些学识的青年人，都可以对国际和地区局势进行一番独到讲解。品评中，惊奇地发现埃及人普遍对美国怀有负面情绪，虽然整个社会崇尚美国的科技，向往美国的生活，依赖美国的援助，但在当地人心中，美国就是一个善于搞阴谋诡计、搞霸权政治的国家，美国对埃及所做的一切都是为了让以色列生存，而非真心与埃及交好。想来，这也体现了埃及人很犀利的国际政治眼光——没有永远的朋友，只有永远的利益。

在评论穆巴拉克的问题上，他们的观点主要分成了两个流派：一个是"保皇派"，认为穆从空军走来，曾经在战场上抗击以色列，是民族英雄，问题出在家人腐败了，这些人对穆控制局势保持乐观；另一个是"质疑派"，认为穆已经将国家利益出卖给美国和以色列，来交换他个人稳固的统治，并且自己只痴迷于国际威望，放任国内问题不管不顾。然而，"质疑派"也没有质疑穆的控制力，依然对穆巴拉克政权的自我修复能力心存幻想。其实，不管是"保皇派"还是"质疑派"，他们都摆脱不了城市资产阶级的局限性，按照毛泽东同志的话说，他们"革命是革的，但是有点软弱"。

对穆巴拉克信心满满的不只是埃及民众。我抵达的第二天，土耳其、意大利等五国驻埃及大使搞了一次碰头会，专门研判局势，交换意见。大家一致认为，强大的穆巴拉克政权不会因为几个人上街抗议就松动了，更不可能垮塌。同时，埃及情报部门通报大使们，周五（1月28日）开罗街头也会出现有组织的抗议活动，并保证规模和影响都很有限，请各国大使不要惊慌。我在现场听着，不由得对埃及情报部门肃然起敬，它不愧是一支曾与以色列真刀真枪干过的队伍，国家的一切都逃不过他们的掌握。但令人没想到的是，战争过去太久，掌握情报的手艺还在，掌控局面的能力已经丢了。

夜里，政府宣布宵禁了。宵禁，顾名思义，就是夜里禁止出门。没想到的是，夜里依然有很多埃及人在街上走动……警察部队都忙着在政府机关和城市核心地段巡防，并且现在的警民关系异常敏感脆弱，警察被认为是政权腐败的重灾区，遭受着千夫所指，再加上白天与示威者的对峙，关系更加紧张，他们如果单独上街面临的风险比一般人还要高。从这个角度理解，所谓的宵禁，可能就是给双方一个冲突隔离时段，让大家都冷静一下，有什么事，天亮了再说。

29日天一亮，我们就出门了，因为今天按计划是2011年开罗国际书展的开幕式，中国是这次书展的主宾国。书展始于1969年，与埃及本国的文化、国力繁荣期相伴而生，是阿拉伯世界图书最集中的展示平台，在国际上有些影响。自2006年中非合作论坛北京峰会召开以后，埃及明显采取了"向东看"的对外政策，将合作的重心由原本的欧美国家转向东方的中国、俄罗斯，这给埃及社会带来了积极的改变——街头出现了大量的中国品牌汽车，吉利、比亚迪、奇瑞、长城，这些品牌的汽车占了埃及大街上1/4以上的份额，虽然很多车型都因地制宜作了改造，在国内并没见过，但还是让作为中国人的我感到自豪。此外，在埃及的建筑、通信、家电等领域，中国品牌影响力也已首屈一指。为了表达对中国的友好、重视，穆巴拉克原计划出席书展开幕式，但局势的突变给这一切蒙上了阴影。

书展原定在开罗的纳赛尔城举行，这个城区以埃及公认的伟大领袖纳赛尔命名，是老城区与开罗国际机场之间的一片新区。而在纳赛尔城里，有一条很宽的街道，路边建有观礼台，名为萨达特广场，是萨达特阅兵被刺杀的地方。萨达特作为纳赛尔之后被埃及人寄予厚望的国家领袖，其人生令人唏嘘。他与以色列媾和的外交政策放在当时的时代背景下，也是国力和国际形势所迫——第四次中东战争在阿拉伯国家先发制人、初期占据优势的情况下惨败，说明军事科技与训练水平因素已经大大超过军队数量，成为主导战争胜败的关键。可以说，第四次中东战争的结束，意味着阿拉伯国家武力消灭以色列已经成为不可能，只是没有哪个阿拉伯国家愿意承认。在这样的大环境下，萨达特转变立场需要很大的勇气，不能说不是从国家和民族的角度出发，只不过这对当时民族情绪高涨的阿拉伯民众而言是痛苦的、难以接受的。萨达特遭刺杀身亡，就跟以色列前总理拉宾遇害一样，有其偶然性，也有必然性——第一个吃螃蟹的人，多会因为历史的局限性不得善终，但终会沉冤得雪，名垂史册，受人缅怀，但在当时往往会遭遇重重阻碍和认识的局限。

　　路边的观礼台依然能勾起人们对当年埃及领导人检阅部队时意气风发的联想回忆。只是，斯人已逝，风骨长存，这个广场的命名应该是人们对萨达特个人功绩的盖棺定论，也是对这一段历史的理性反思。

　　果然，2011年的开罗国际书展，成为自1969年开展以来，唯一停办的一次，也是穆巴拉克下台前取消参加的第一场活动。从这个层面上来说，这次活动具有了特殊的历史意义，中国作为此次书展的主宾国而载入史册，凸显了一个大国走向世界舞台中央所不可回避的波折，不论被动或主动，被牵连到全球各地复杂的事件中，自愿或不自愿地被寄予期待、扮演与大国地位相匹配的角色。

（三）

　　火焰滚滚的地方，是穆巴拉克的政党——民族民主党所在大楼。它位于开罗核心地带——解放广场……是周边最高、最雄伟的建筑，可见民族民主党在埃及盛极一时的地位。

开罗的街道一片寂静,早晨才结束的宵禁影响力还温存着,也或许周末本该就是这个样子。

在纳赛尔城的开罗体育馆附近,我们看见大量的坦克、装甲车,至少得有一个装甲师,整齐排列在路边,履行着"拱卫京师"的使命,纳赛尔城里有很多政府和军事机构。

美国前国务卿基辛格曾经有一句名言,"没有埃及,就没有中东战争;没有叙利亚,就没有中东和平",意思就是说,只要埃及不参与,中东战争就打不起来;只要叙利亚不停火,中东战争也结束不了。这句话足以概括埃及和叙利亚两国在中东军事版图上的分量。论绝对力量,埃及是阿拉伯国家中最强的,没有之一,因为它的军火库里面有前30年苏联人打下的基础,又有后30年美国人的援助,博采众长;同时,30多年反以

纳赛尔城的开罗体育馆附近,埃及装甲部队严阵以待

战争，也为埃及打造了一支备战水平较高、实战经验丰富的军队，加之军队规模大，不论质量还是数量，埃及都是阿拉伯国家军队中的翘楚。

坦克车上有士兵在张望，但看着就是一群

士兵在坦克车上张望，维持秩序

十八九岁的孩子，表情单纯。上去主动问个好，聊两句，就打消了他们的戒备心——当然我对自己的沟通交友能力也信心十足。走在漆着黄漆的两排坦克车中间，反而被他们围了起来，热情地聊天说地，跟日常在街头的情形如出一辙。还有一些年纪较大的士兵，干脆就脱了靴子，躲在坦克下面的阴凉处休息……

尼罗河畔，埃及民众点燃了民族民主党大楼，随后涌向埃及国家电视台

穿过纳赛尔城，我们向市中心进发。尼罗河是埃及的母亲河，开罗的市中心就建在尼罗河边。因为曾长期遭受法国殖民者的统治，所以开罗市中心还留存有规模不小的法国哥特式建筑，很像马赛给人的感觉，密密麻麻、整整齐齐的洋楼，镶嵌着精细雕纹的门窗，假如窗户边再摆上几盆花草，的确会很有浪漫的感觉。埃及地跨亚非两大洲，并与欧洲隔海相望，战略区位十分优越，几千年来都是兵家必争之地。法国作为埃及土地上的过客，并没有留给现代埃及社会太多历史或文化的印记，能直观感知到那段历史的，就剩这些建筑，以及被拿破仑打掉鼻子的狮身人面像（后来有科学家证明那并非拿破仑所为）。

在十月六号桥上，我远远地望见尼罗河畔黑烟升腾，桥下有一座小楼在燃烧，那里是开罗的一家法院，估计是在昨晚的抗议浪潮中被"攻陷"了。我们没作停留，直奔着尼罗河边那个更大的火场而去。

火焰滚滚的地方，是穆巴拉克的政党——民族民主党所在大楼。它位于开罗核心地带——解放广场，背倚阿拉伯联盟总部和埃及国家博物馆，面朝尼罗河，是周边最高、最雄伟的建筑，可见民族民主党在埃及盛极一时的地位。

（四）

军队里的年轻人对国家发展也感到失望，不想也不愿同普通民众对立，只要红线不被突破，大可相安无事，作壁上观。

升腾的浓烟笼罩在整条尼罗河上，无处不弥漫着熏人的烟尘。这场火从昨晚就开始烧了。

就在昨天那个宵禁的夜晚，就在我们以为喧闹已然过去时，有数万人聚集到解放广场，要求穆巴拉克引咎辞职。然而示威游行很快失控，民众愤怒地攻击上街维持秩序的警察，砸坏烧坏警车十几辆，冲击并焚烧位于解放广场上的政府建筑——总理府、民族民主党大楼等。总理府门前的街道并不宽敞，所以受到破坏的情况并不严重，反倒是位置独佳、风光无限的执政党大楼被付之一炬了。见警察部队已全线崩溃，政府调动军队清场，于是才有了我们刚才在纳赛尔城看到的装甲部队——那只能算是预备力量，真正的部队已进入解放广场和拉姆西斯大桥周边，对现场实施警戒。

大多数人都"知难而退"回家去了，但他们并非偃旗息鼓，只是突然遭遇军队应对不足，只能从长计议——这应该都是凌晨发生的事情了。警车燃烧殆尽后火势自然消减下去了，但民族民主党大楼因为规模太大，几辆消防车并不能控制住火势，索性后来也就放任其自生自灭。我们抵达的时候，估计大楼已经烧了近十个小时，一些塑钢玻璃和金属材料因长时间高温燃烧熔化松动，带着飞火流星不时从高空坠落，围观民众发出阵阵尖叫。

一辆孤单的消防车试图向楼上喷水，但显然射程还差一些，一番努力尝试之后，又悻悻地降下了悬梯。又过了一个多小时，由坦克、装甲车前

我在燃烧的民族民主党大楼前出镜。因为是第一次试播，麦克风没有声音，那段影像很遗憾没有出现在新闻中（同事张梦旭　摄）

后护送的消防车队赶到，火势最终得以控制。一把火烧了12个小时，民族民主党大楼除了壮硕的水泥框架外，能烧的应该都已经烧尽，它的随风消散也象征着长年主政埃及的政党即将谢幕。

有人说，埃及不是一个尚武的国家，这跟他们的民族历史有很大关系。公元7世纪兴起的阿拉伯帝国将西亚北非融为一体，也将该地区所有民族的命运紧紧连在一起，民族大融合和相对的大统一，怀柔了包括埃及在内的所有地区民族的棱角和锐气——此后的漫长岁月，中东国家几乎都以一个国家的形象示人，少了交锋，也就意味着少了危机感与创新，阿拉伯民族的血性在祥和的温存中钝化，奥斯曼帝国时期起文化科技领域全面滑坡，很大程度导致近代以来阿拉伯人的苦难命运。

所以，埃及人的示威抗议表现出了明显的和平特征——只诉诸大声谴责，疾声呼吁，寄希望于制造舆论和道德施压推翻政府，虽然这看上去有些软弱无力。

在全社会蔓延的软弱，也传导给了埃及军队——负责警戒的军人放任

抗议人群穿过坦克组成的钢铁屏障，继续前进，士兵们无能为力

坚守战地1200天——一个中国记者眼中的"阿拉伯之殇"

解放广场上,民众试图将遭到焚毁的警车掀翻在地

人流穿行,年轻的士兵坐在坦克炮塔顶上,斜身俯瞰脚下的示威队伍来来往往,还不时拿出相机拍摄纪念。如此的松弛,是我们始料未及的,同时也让我们心中稍微放松了一些,这至少说明局势还没陷入太严峻的境地。想来也不意外,军队里的年轻人对国家发展也感到失望,不想也不愿同普通民众对立,只要底线不被突破,大可相安无事,作壁上观。

时间过了下午3点,距离当天的宵禁时间越来越近了,我们决定返回住地。令人没想到的是,惊险的故事这时才刚刚开始。

汽车停到楼下,我准备到小超市里面去买点生活补给品。小超市的名字翻译成中文叫"快乐时光",一般都是货物满架的,结果那天下午因为恐慌性抢购很多货架居然空了,顾客行色匆匆,平日快乐逍遥的气氛荡然无存。结账出门时,几个有着纹身、留着短发的青年径直走进超市,翚着鼻子,满脸荷尔蒙喷发的样子。领头的青年来到收银员面前,用很土的开罗方言快速念叨着什么，好在从店员的反应看得出，这伙人不是来抢劫的。突然，一个青年轻轻掀起了拎在手里的一条布料，露出了银光闪闪的砍刀。这刀不宽但很长，看着很是锋利，它闪烁着刺目的银光，让人过目难忘。刀的一头连着钢管，这让我联想到了瘦身版的青龙偃月刀，说得现实一点，他们应该就是开罗的古惑仔。交谈中，另一个年轻人伸手掏出口袋里的小手枪，在战战兢兢的众人面前晃了一下，又赶紧收起来。埃及是个可以持枪的国家，但与美国不同，在埃及获得持枪证异常困难，所以在社会上几乎是看不到枪的。这一下，人们的脚步更急促了，我们也赶紧离开。

沿途，平时热闹的"棒约翰"比萨饼店、快餐店、自动取款机和临街商铺的玻璃被砸碎落满地，唯有早早用木板钉死门脸的店户免遭一劫。以前大开的公寓楼门，也紧紧关上，只留下一个小门供单人进出。即便如此，楼管还在研究着怎么把大门用锁链完全锁上。今天楼下多了几个面目凶恶的大个子，他们手中提着手袋，我隐约也看见他们从手袋中拿出了手枪。

我们的楼管肤色黝黑、身体强壮，是一个虔诚的穆斯林，有他在我一般都挺踏实的。平时问起埃及局势，他总是很乐观地说："没事，这里很安全。"但今天，他的回答变成了："我会用生命保护你们的安全。"从他的话中，我听出一丝忧虑。

新闻中说，前天的示威活动中，四所监狱暴动成功，超过2000名囚犯越狱，所以今天宵禁的时间由晚上7点提前到了下午4点。回想着刚才社会小混混一般的青年，想象着黑色漫长的夜晚，我的心不由得揪了起来。光天化日下，并不是真实的开罗，顶多只是它的一个侧面——夜里，坏人可能无处不在。

回到房间，和梦旭匆匆做了蛋炒饭果腹，天就黑下来了。大概晚上8点钟，窗外传来了急促的救护车鸣笛声、枪声以及示威者叫喊的声音。

此时还上街的人，应该都不是和平示威者了。我们迅速关上房间的灯，生怕成为开枪的目标，然后悄悄探头到窗户边，查看窗外的动静。只见几个年轻人的身影来回移动，其中我看到下午在超市里见到的那个拿刀人的身影。不一会儿，小区的入口就被几个大型轮胎堵住，他们是在设置路障。随着示威的队伍逐渐接近，声音也越来越尖锐，口号中带着挑衅的话语和惊恐的尖叫。示威队伍就像蝗虫一样席卷而来，拐过最后一个路口，出现在我们的视线里。

就听见小区内的那几个年轻人高声喊着话，语气铿锵有力，好像是在震慑游行队伍，迫使他们转向。但外来者人多势众，眼看着是挡不住的。此时，枪声再次响起，这次是小区年轻人开的枪，游行队伍这才调转方向，小区终于安然无恙。我对于这些社会闲杂人员的提防，在这一刻消失了。这次埃及的示威潮，一个主要原因是社会失业率高，民众普遍生活贫困，而这些"守卫者"正是这种大形势下的产物，真是盗亦有道。

这一幕，仿佛是《一千零一夜》的再现，这本故事集被高尔基誉为"世界民间口头创作中最壮丽的纪念碑"，揭露了中世纪阿拉伯社会的黑暗与不幸，反映了民众对现实生活的不满，描写了他们的疾苦与反抗。《一千零一夜》最早的文稿，恰巧就是公元8世纪在我脚下的这片土地上发现的！不知是历史的轮回还是现实的反讽？

（五）

技术最多只是催化剂，穆巴拉克政权命运的终结，最终还是国际政治扮演了临门一脚的关键角色。

第二天，我在巨大的轰鸣声中醒来——这是军方实施震慑的手段，低空掠过的战斗机看不到影踪,却留下撕破天空时震耳欲聋的轰鸣。利用美国的军事援助,埃及装备了数量不少的美制F-16战斗机,这些飞机在阿拉伯世界的装备中算是好的,但用于震慑内乱,就有点炮打苍蝇、大材小用的感觉了。

卡塔尔半岛电视台的新闻说,昨晚解放广场上的示威者达百万之众,政府向民众开了枪。在埃及能收看到不少的阿拉伯国家和西方电视台节目,从每个国家做新闻节目的实力和时效出发,我们最常关注的就是卡塔尔半岛电视台、沙特阿拉比亚电视台以及BBC、CNN的阿拉伯语频道。而其中尤以半岛电视台的新闻最"劲爆"。

半岛电视台诞生于20世纪90年代,最初不温不火,还只是一个地区性电视台。它的迅速壮大,与2003年的伊拉克战争密切相关。那一年,半岛电视台举起了阿拉伯民族主义大旗,不惜成本向战场派遣记者,提供最接近前线、独家的视频信号,扛起反美反侵略大旗,扮演着阿拉伯新闻斗士的角色,从而广受欢迎。此外,半岛电视台又通过特殊渠道取得与基地组

埃及士兵手拉手组成人墙,阻止民众冲向国家电视台大楼

织的联系，进一步满足了民众喜欢猎奇、爆料的心理，进一步提升了观看黏性，受众群不断扩张。

然而，这种抢时效、造热点、博眼球的价值取向，必然带来了对新闻真实性的碾压。久而久之，很多观众发现，半岛电视台的节目频频出现捏造谎言、颠倒是非、混淆视听、误导舆论的情况，所播新闻充斥着鲜明的意识形态色彩。

比如，所谓的"百万人大游行"，可能也就是30万人左右。根据计算，把解放广场所有的面积充分计算在内，假设每平方米的地面站6人，那么站满整个解放广场最多也就不到40万人，如何容得下100万人？但半岛电视台的这种提法还是被反政府人士广泛采纳，或许这样听上去更有气势、对政府的压力更大，或许因为这样的说法朗朗上口。

在推波助澜、火上添油这件事上，facebook（脸书）等社交媒体发挥的作用甚至有过之而无不及。最突出的一点就是，反政府者可以利用社交媒体的开放平台发表见解、诱导舆论、影响民意，并在虚拟平台上实现现实生活中无法想象的组织能力——数十万游行示威的埃及人甚至互不相识，就靠着在社交网站上的遥相呼应，组织起了这场声势浩大的街头运动，并最终颠覆了穆巴拉克持续30年之久、看似固若金汤的政权。

但技术最多只是催化剂，穆巴拉克政权命运的终结，最终还是国际政治扮演了临门一脚的关键角色。卡塔尔作为海湾国家中的"后起之秀"，拥有雄厚财力，人均GDP长期全球领先，数据上甚至已超越海湾"老大"沙特。然而，地少人稀的客观事实制约了该国抱负的实现。于是，卡塔尔巧借半岛电视台等媒体，为实现国家意图营造了十分有利的舆论环境，成功夺取了地区话语权。大量穆兄会支持者配合着走上街头，为将埃及从虚弱的阿拉伯领袖宝座上拉下来披上了民众请愿的和平外衣。

美国的作用只大不小。它是社交媒体的始作俑者，对社交媒体有着不可限量的掌控力，屏蔽什么、煽动什么，一切尽在掌握。具体针对埃及局势，美国的立场是有一个松动、反转过程的。自冷战后期，埃及就旗帜鲜明地投入美国阵营，《戴维营协议》更让两国关系实现了利益上的捆绑，埃及以媾和以色列为条件换取大量援助支持，美国也乐于在亚非欧交界的重要战略版图上，安插自己的棋子。虽然埃及在民主、法制、民生等领域与美国所标榜的大相径庭，但美国始终睁一只眼、闭一只眼，一味拉拢、援助，赤裸裸地暴露了美国在国际政治领域搞双重标准的真面目。

2010年末，突尼斯本·阿里政权突然倒台，给了美国很大触动——本·阿里政权也是美国的地区伙伴，也曾看上去固若金汤，只是没想到挺立20多年一朝被街头革命推翻。本·阿里本人甚至没有坚持到宣布下台，就以出逃的方式结束了总统生涯。从这场变革中，美国意识到所谓中东强人时代已经过去，年迈的执政者不再意气风发，看似稳固的政权实则已经千疮百孔、摇摇欲坠。于是，它开始反思并着手调整中东政策，只是暴风雨来得太快，"阿拉伯之春"的风波迅速登陆埃及，猝不及防的美国必须抉择——穆巴拉克，抑或改变。

美国的转变是残酷的，其官方表态从"高度关注埃及局势变化"到"希望埃及政府更多听取民众诉求，采取实实在在的行动"，再到"（埃及）已经很难回到从前了"，与穆巴拉克政权切割只用了不到一周时间。实际上，时任美国国务卿希拉里非常清楚，这只是两害相权取其轻的赌注，在没有清晰的中东战略前，相对于已成拖累的盟友，美国更愿意赌未来。

眼看政局动荡难定，埃及终于切断了半岛电视台的信号，这种后知后觉的反应显得迟钝和愚蠢。我们的信息源只有埃及的电视频道了，比如官方的尼罗河电视台。后来，穆巴拉克通过尼罗河电视台发表讲话，承诺要发展民生、惩治腐败，呼吁民众保持耐心，并宣布不再于当年9月谋求连任下届总统。其中，穆巴拉克的一句话打动了我，他讲到，他为埃及奉献了30年，将来他"也将在埃及的土地上死去"。这篇讲话绝对算得上是一篇经典演讲，充满冠冕堂皇的辞藻和阿拉伯人特有的语言魅力，只是在埃及人看来，这样的讲话还是诚意不足。不管他说什么，唯一能够平复民众怒火的，只有下台一条路了，其他的敷衍、解释、退让换来的都只是不满和讨伐，没人还能理智地听他讲话了。

第二章

躺在埃及的漫天沙尘里，沉默着，忘却了季节

（一）

可惜历史没有假如，它总是在偶然与必然的交替中演进。

2月10日，老穆再次发表演说，宣布让权，但拒绝让位，还想保留自己作为国家领袖的最后一丝尊严；没想到，仅过了一天，副总统苏莱曼宣布，老穆下台。

一个掌舵埃及30年的老人离开，代表了一个时代的终结。还记得他曾在危机之初面对镜头自信满满甚至带有不可一世的语气说，"埃及离开我，谁也治理不好"。我想，他的自信并非空穴来风，而是建立在对埃及的历史和现状，对国际社会、尤其是美国利益诉求的精准把握。他在就任之初并非不想励精图治，但现实很快让他明白，维持现状是最现实可行的办法，虽然经济日益滑坡如温水煮青蛙一样将他置于走钢丝的险境，但从国际政治和世界历史的经验来看，这样的困境最多"有惊"但绝对"无险"——强人政治被认为是阿拉伯国家治理的最有效途径，埃及没有任何人、任何势力能对他构成挑战；捋顺埃以关系则为外部环境上了一道保险，将西方阵营变成自己的保护神和勒索对象，加之在非洲和中东外交棋局中纵横捭阖，老穆深信自己是在埃及

示威活动中，有民众被催泪瓦斯熏倒，被手递手传送出来

第二章 ■ 躺在埃及的漫天沙尘里，沉默着，忘却了季节

审判穆巴拉克期间，有的抗议民众举起了绳索，寓意要将穆巴拉克绳之以法

总统座位上最稳健的而且不可替代的人。假如不是"阿拉伯之春"，或许每个人理性分析利弊的精算结果都是让他留下——他不是一个好的选择，但在当时，其他选择更糟。可惜历史没有假如，它总是在偶然与必然的交替中演进。

对美国来说，穆巴拉克下台虽然有些措手不及，但却可以接受，临危受命的副总统苏莱曼是一个理想的代替者。这位前埃及情报局长从政数十年，难得的没有陷入任何腐败或贪污丑闻。早在2006年，时任美国副国务卿佐利克就在向国务卿的电报中表示，"我为他（苏莱曼）的工作感到高兴，我们可以在一起考虑如何减少哈马斯和伊斯兰运动的分量，苏莱曼的存在将帮我们继续提供关于埃及、伊拉克、巴勒斯坦—以色列的情报。"据说，在穆巴拉克执政的最后几天，美国通过各种渠道劝说老穆尽快让位，以确保苏莱曼的声望和影响力都还在巅峰的时候顺利接班。只可惜，苏莱曼个人的执政意愿不强，不久后也离开政坛，并在美国离奇死亡，给世界留下了遗憾和谜团。

埃及暂时由军方接管,这对民众来说是可以接受的。军队在埃及民众心中声誉良好,尤其是在这次政治运动中,军队一直保持中立,没有同示威者发生冲突,军方将领还在危机期间数次到解放广场看望示威者。老穆下台当天,我又来到解放广场,发现本来严阵以待的士兵们已经和示威民众打成一片,有的负责在外围设立检查点,防止携带武器者入内,有的在向民众分发小国旗,军乐队也早早入场,奏乐欢庆……之前气氛凝重的解放广场变成了军民融合的嘉年华。

作为一名中国记者,驻外第一天,就赶上中东政坛大地震,这样的人生体验还是不多的。带着惊魂未定,带着激情澎湃,带着收获满满,带着喟然长叹,我和同事们一道顺利通过了这场新闻大考,也为接下来

生活恢复平静,埃及民众脸上重现笑容

第二章 ■ 躺在埃及的漫天沙尘里，沉默着，忘却了季节

民众以各种方式表达他们对政权更迭的喜悦

独自面对更为始料不及、更加惊心动魄的驻外生活做了必要的思想与技能储备。

（二）

我坐上出租车，在尼罗河畔的浮光掠影中驰骋，在推背感与猛刹车的无常交替间，享受着开罗热情的时光。

虽然接下来很长一段时间局势依然混乱，但随着众矢之的应声倒下，埃及社会还是有了缓慢重塑的迹象，我也终于可以定定神，静静心，细细

黄昏时分的尼罗河

品味这个古老、多元、神奇的国度。

2月13日，穆巴拉克下台第三天，我终于有时间把一天的工作与生活记成一篇日记，如今回味起来，埃及百姓久旱逢甘露的喜悦欢畅和来自旷野沙漠的淳朴热情，历历犹在眼前——

> 开罗的夕阳总是很美，不论沙尘怎么飞扬，也遮盖不了透亮的天，以及每天不约而至的晚霞。
>
> 下午5点45分，我和梦旭还徘徊在离办公室很远的苏丹街菜市场，寻思着为弹尽粮绝的厨房添点希望。每天，我们都为能在黄昏前后出门走走感到舒心。几天来的经验表明，4点半出门，再接到国内约稿的概率会骤降，但有时会约照片。
>
> 思量再三，今天还是不带相机了，觉得买菜拿着麻烦。然而，约稿猝不及防——在开罗最拥堵的时间段，先回办公室，再去解放广场，按常理不到一个小时那是休想。距离北京时间夜里12点就剩一刻钟了，休想的事情也必须要想。

遇上一个好出租车司机，是幸运的。他阿拉伯语普通话讲得顺畅，路况也熟悉，一路聊下来颇长见识——这是我遇到的第一个对副总统苏莱曼怀有同情心，并对军队和警察爱憎分明的人——索性留他在楼下等我取了相机和电脑，再赶赴解放广场。印象中，我们只在一个路口堵了几十秒钟，但就是这几十秒，却让我意外地吃到了相邻一辆出租车司机从车窗伸手递来的瓜子——好香！

　　到达解放广场时是北京时间凌晨零点30分，顾不上为这神奇的速度兴奋，我径直向广场中央奔去。此时，眼睛里只看着会不会撞到人，满脑子尽是如何取景、构图、立意。版面编辑希望能把"示威者帐篷已清除"这一主题拍摄出来，使我稍有为难——帐篷都没了，怎么展示？奔走间，耳边萦绕着各种"hello""welcome"的招呼声，这猛然提醒了我，帐篷没了只是表象，内在的原因是人们的诉求得到满足，没人再想继续请愿了——那民众的笑容，不正能体现广场气氛的缓和与融洽吗？俯仰之间，几组照片拍摄完毕，迅速找了一块草坪席地坐下，搬出电脑来寻找开罗飘忽不定的无线网络。

　　记者在外，写稿容易传稿难。这里的网络信号半天找不到不说，围上来的人还越来越多，小孩子你戳一下，我拽一下，大人你瞅一眼，我说一句，把我围得严严实实，看天都只能从缝里——我甚至以为，是他们的身体屏蔽了我的信号。终于找到网络，我许诺待会儿给他们照相，他们也就都不吵了。第一组传完，北京时间夜里1点不到，感觉还有时间，抱着本子四处找寻更好的素材。

　　行走间，一幅长约50米、由几百人拉着前行的巨幅埃及国旗出现在了眼前，场景之壮观难以想象。我冲到人群的领头位置，举起相机，所有人都向着我欢呼雀跃——那一刻，我才真正体会到他们由衷的快乐，仿佛看见了埃及青年压抑多年后喷发出的青春烈火！突然，两腿之间一对肩膀把我高高架起，几只大手支撑着我不至于翻身落下，这突如其来的举动惊吓了我，我努力挣扎着要下来，就像唐僧挣脱着不让妖怪把他投进油锅一样——然而，他们只是想让我在更高的地方为他们拍一张见证历史的"全家福"。

有人说，报纸就是遗憾的艺术。在后方编辑的衔接下，起初拍摄的照片见报了，看上去效果不错，然而，后来这张，也是今晚最美丽的图景，将永远存放在我的电脑里，镶嵌在我的记忆里，深埋在我心中，留给我无尽回味，无限温暖力量！

我坐上出租车，在尼罗河畔的浮光掠影中驰骋，在推背感与猛刹车的无常交替间，享受着开罗热情的时光。身体，有节奏地随着曼妙的流行音乐左右摇摆，跟司机一同哼起悠扬的旋律——"什么地方如此迷人？毫无疑问，就是埃及！"

民众拉着一幅长约50米的埃及国旗走过开罗的大街小巷

第二章 ■ 躺在埃及的漫天沙尘里，沉默着，忘却了季节

（三）

古埃及人将太阳神称作"拉"，从金字塔的棱线向西望，金字塔仿佛洒向大地的太阳光芒，于是在《金字塔铭文》中记载着这样的话，"天空把自己的光芒伸向你，以便你可以去到天上，犹如拉的眼睛。"

2月14日，西方情人节，按惯例应是埃及旅游最火热的季节，2011年2月14日却物是人非。偌大的吉萨金字塔景区，只有寥落的几辆旅游警

2011年情人节当天，吉萨金字塔景区冷冷清清

车,以及零星游人的身影。一对大学生情侣非常应景地走在金字塔下,萧瑟的感觉扑面而来。

吉萨金字塔就位于尼罗河西岸、开罗市区与沙漠的交界线上,从一个方向望去是城市,反方向望去就是沙漠,这一神奇的所在,也是数千年来尼罗河沿岸绿洲与戈壁沙漠鼎力博弈的见证。古埃及人相信,太阳西沉的尼罗河西岸是死者之国,所以古埃及第四王朝的祖孙三位法老选在这里集中建设了蔚为壮观的三座金字塔——世界上最大的胡夫法老金字塔、狮身人面像原型哈夫拉法老的金字塔,以及胡夫孙子门卡乌拉的金字塔。最后这一座规模最小,也是第四王朝因为大兴土木而陷入衰退的历史见证。

2008年8月我第一次来金字塔时满是兴奋,虽然地表温度将近50摄氏度了,但我还是兴致勃勃地参观了景点的每个角落。以4700多年前的科技水平,能让胡夫金字塔的四条底边长度相差不到20厘米,在没有机械设备的时代堆砌230万块、最轻1.5吨的石块至40层楼的高度,占据地球人工建筑第一高度长达4500年⋯⋯不论是外星人的鬼斧神工,还是古埃及人的匠

金字塔景区内的一个展馆专门陈设从地下挖掘出来的法老船(又名太阳船)

心独具，以金字塔和狮身人面像为代表的古埃及文明不知启蒙了多少人迷恋科学、探索世界的初心。

据说金字塔内能够加速物品脱水，对木乃伊的形成和保存有奇效，但我进入它的墓室后感觉则截然相反——里面空气不流通，湿度也很高。这或许是进去的人多了，爬上爬下汗水蒸发透不出去的缘故，反过来也说明金字塔的密封性的确好。最近的科学分析显示，金字塔是一个微波谐振腔体，内部的花岗石具有蓄能作用，可以吸收并储存各种宇宙波，而外部的石灰石则可以防止宇宙波扩散。古埃及人将太阳神称作"拉"，从金字塔的棱线向西望，金字塔仿佛洒向大地的太阳光芒，于是在《金字塔铭文》中记载着这样的话，"天空把自己的光芒伸向你，以便你可以去到天上，犹如拉的眼睛。"

几百年后，随着王朝控制力的下降，突兀的金字塔频频成为盗墓者的目标，最后渐渐退出了历史舞台，但也正因为如此，才让保存下来的金字塔更显弥足珍贵。

（四）

古埃及7000年的浩瀚文明，被浓缩、安置在了开罗市中心、尼罗河畔的解放广场之上，任凭时光似水流逝、城市何等喧嚣，只要踏入其中，都会肃然起敬……

几千年来，尼罗河水奔流不息，尼罗河畔的人类文明更是世界历史长河中最为瑰丽的星辰，闪烁神奇光芒，照彻时空角落。梁启超提出的四大文明古国之中，古埃及位列第一，即便算上梁先生因驳斥西方中心论而刻意忽略掉的古希腊，以及远在美洲的古老文明，古埃及地位依然无可撼动。1902年，古埃及7000年的浩瀚文明，被浓缩、安置在了开罗市中心、

坐落于开罗市中心的埃及国家博物馆

尼罗河畔的解放广场之上,任凭时光似水流逝、城市何等喧嚣,只要踏入其中,都会肃然起敬——埃及国家博物馆,这座被誉为世界博物馆明珠的神奇之地,吸引着,也震撼着每一位仰望文明、敬畏历史的来客。

　　博物馆里按照时间顺序,精选了过去7000年来有重要意义的埃及文物展陈,原因是埃及文物实在太多,再有三个这样的博物馆也搁不下。于是,在博物馆里基本看不到赝品或模型,几千年前的大石棺、石刻都露天搁置在博物馆院子里,游人可以随意触摸。其实,除了举世闻名的图坦卡蒙面具和木乃伊以外,博物馆里面还有几件镇馆之宝,包括法老胡夫唯一的坐像——这个坐像小到只有大拇指大小,之所以珍贵,因为这是埃及最大的金字塔里出土的唯一一件还原胡夫原貌的文物,虽然因为博物馆灯光幽暗以及文物实在太小的缘故,很难看清雕塑上胡夫的面容,但越是这样越给人震撼和遐想;还有5000年前用草编织的人类最早的避孕套,以及打造于7000年前的金箔小人。

埃及博物馆不同于西方综合性博物馆的地方在于，这里主要是古埃及文明（约占全部展品的75%，也有一些古罗马和伊斯兰时期的文物，但规模和品质都不是世界顶级馆藏了）的遗产，因为历史太久远，与我们的现实世界已割裂，像是一本真实的神话小说，阳春白雪，高不可攀。

不幸的是，2011年1月28日，埃及人的抗议浪潮也席卷了这座文明圣殿。

那天晚上，数十万示威者聚集在解放广场，他们点燃了尼罗河畔的民族民主党大楼，警察部队则退守广场东侧的广播电视大楼，坚守着宣传与舆论的咽喉，夜色中催泪瓦斯弹不断划破天际，伴着火光，遮天蔽月。混乱中，有三伙人分别打起了博物馆文物的主意。

第一伙人其实得手了，但运气没有站在他们一边，翻出博物馆的围墙时，他们被抓住了。他们自称是博物馆的安保部队，但显然衣服并不合身。众人扒下他们的外衣，大量的博物馆珍品掉落下来。

第二伙人则是小富即安型的，他们通过打碎通风口进入博物馆偷盗。但他们的主要目标是博物馆商店里出售的贵重墨盒、文物仿制品和纪念品等，并没有打真文物的主意。这也符合埃及民众的普遍观念，毕竟文物学问太深，市面上识货的人少，费了周折说不定也出不了手，还可能被抓住，倒不如纪念品有市场，薄利多销。

第三伙人乘乱搭乘消防车的云梯，从着火的民族民主党大楼一侧跳上博物馆楼顶，在众多灵柩和法老的器皿中四处摸索……他们的目标是藏有拉姆西斯二世等地位至为尊贵的法老们的木乃伊展厅。幸运的是，当晚博物馆全馆停电，还有一位警察在木乃伊展厅门口值守。大敌当前，他坚守岗位，借着月色首先发现了盗贼，并开枪示警。黑灯瞎火里，盗贼们搞不清状况，纷纷吓得抱头鼠窜，假如他们知道面前只有一个人、一把枪，估计这些文物的结局会大不相同。后来，这个警察获得了埃及文物部门的隆

埃及国家博物馆一隅

军人荷枪实弹守卫在埃及国家博物馆内

重嘉奖，一时间成了民族英雄。

那晚博物馆约有70件藏品受损，丢失的最珍贵的一件藏品是图坦卡蒙国王站在一只豹子身上的木雕。此外，装有木乃伊灵柩的柜子被打碎了，很可能是因为窃贼们想找黄金和红色水银，因为有人认为红色水银具有魔力。埃及官方称，国家博物馆共丢失了重要文物800件，当天埃及全境还有10个法老古墓被侵入，6处伊斯兰古迹被破坏。假如尚有一点值得庆幸，那就是偷盗者的鉴别水平有限，混乱中遗失的文物多是被随机而非被有目的的洗劫。

埃及是个文物遍地的国家，据统计，整个埃及有96座金字塔，因为技术瓶颈和人员短缺，大部分并未被开发，金字塔周边沙石下面散落着古代文物，防护措施则只是用护栏拦起来。当地人是可以随意进出的，因为政府相信他们没有鉴别能力和把文物贩卖至海外的渠道；但外国人要进入，则要经过周密检查和专人盯防。这也并非空穴来风，历史上埃及人被外国人坑得太惨，一战前后，金字塔里面的木乃伊甚至被砸碎成粉末，运往西方国家当作药材。

后来，有四件古埃及文物被离奇地找了回来。法老阿肯那顿（图坦卡蒙的父亲）的石灰岩质雕像在解放广场靠近博物馆南墙的一个垃圾桶旁边被发现；奈费尔提蒂（图坦卡蒙的母亲）女王像的下半身和一个图坦卡蒙像雕刻在一起，在博物馆的花园中被找到；圣甲虫雕像很小，是在另一个世界伴随死者的祭品，后来在博物馆西侧与礼品店之间的地上被发现；还有一尊古罗马雕像被一群青年人抛进了尼罗河，正好让警察撞见，及时打捞上来，得以挽救。

在埃及国家博物馆内的图坦卡蒙金面具前（游客 摄）

2月21日，作为因政治风波闭馆后进入博物馆的第一名外国记者，我在馆长塔里克·阿瓦迪的亲自带领下参观了整个博物馆。外围坦克、装甲车铸成的铜墙铁壁，馆内荷枪实弹军人的彻夜把守，给了文物最大程度保护。里面已经几乎没有外国人了，我好像一个香饽饽，走到哪里都得到特别热情的致意——风波初霁，埃及人迫切渴望重拾尊严与信心，以前是看着西方人的脸色，现在欣喜地发现，中国人也能给予他们相同甚至是更多支持。

失而复得的法老雕像

在动荡中被砸坏的法老石棺

（五）

第一次来开罗的人，往往满是抱怨。但在这里久住的人，却总是流连忘返。开罗就是这样一座矛盾的城市，它拥有文明的伟力，潜移默化中就俘虏你的心。

去埃及游玩的中国人不算少，但好评的并不多。一方面是古埃及文明太久远，与当下的联系、对当代的影响太少；另一方面，埃及的穷、脏、乱，阻隔了人们探索这个多元社会的冲动，很多好东西没有经年累月的沉淀，感受不到其深刻与伟大。

我在开罗常驻的时候，喜欢黄昏时去一个叫爱资哈尔公园的地方跑步。它位于开罗城东，紧邻着一个叫做"活死人城"的地方。

顾名思义，"死人城"里埋死人，这里就是14世纪奥斯曼帝国统治下王公贵族下葬的陵区，遍布着各式各样的墓室，以及给守墓人居住的墓宅。直到一战以前，这里都还是一个高贵神圣的地方，蕴含着历史记忆、艺术瑰宝、宗族荣光，为人敬仰。但近代以来，随着埃及人口膨胀、社会两极分化加重，越来越多在城里买不起地、盖不起房子的埃及人涌向"死人城"，将近一百万人口将这块不足10平方公里的地方挤得水泄不通，于是这里就有了现在的名字——"活死人城"。

还没进入"活死人城"，垃圾的刺鼻味道就扑面而来。"活死人城"是开罗的贫民窟，卫生条件恶劣，猫狗乱窜，蚊蝇漫天，开车过入其中，紧闭车窗都会被熏得透不过气。里面人穿着邋遢，操着非常二的方言，孩子们就在垃圾堆里玩耍长大，反倒是我们这些外来者显得与此地格格不入。

"活死人城"的小社会是一个闭合的内循环，里面有食品、蔬菜商店，有公交工具，有学校和医疗点，有各式各样的工作机会。但还是有越来越多的年轻人想要走出"活死人城"，到现代化的城市里闯一片天地。

开罗爱资哈尔公园夜景

夜晚，从爱资哈尔公园眺望位于山巅的穆罕默德·阿里清真寺

第二章 ■ 躺在埃及的漫天沙尘里，沉默着，忘却了季节

但这些人不论是在学校，还是在商场，生长环境赋予他们的气质，都与大都市里的人有明显差别，尽管社会一直在宣扬"穆斯林皆兄弟"的包容，但阶层固化的现实已经在埃及社会根深蒂固。

站在穆罕默德·阿里清真寺眺望开罗老城

开罗日落，大漠风沙，血色浪漫

"活死人城"里的开罗古城墙遗址和生活在当地的小朋友

"活死人城"里,老人以下棋、抽水烟为娱乐"必需品"

　　以爱资哈尔公园为中心的大约三公里半径,是近代开罗的核心区域,伊斯兰文明在这里留下了厚重的烙印。古老的爱资哈尔清真寺自不必说,隔着"活死人城",还可以远眺穆罕默德·阿里清真寺——它以19世纪初统治埃及的奥斯曼帕夏的名字命名,立于山巅,俯瞰整个开罗老城,蔚为壮观。穆罕默德·阿里在近代埃及历史中扮演着异常重要的角色,他在1801年和英国人一道打跑了拿破仑。战斗中,他从英国身上看到了现代化军队的重要性,又从法国人统治下的开罗社会看到了西方在科技、管理、

第二章 ■ 躺在埃及的漫天沙尘里，沉默着，忘却了季节

爱资哈尔清真寺

文化等领域的先进之处，打开了埃及"西学东渐"的历史，是现代埃及的奠基人。他凭借英勇善战，纵横四方，除埃及外，苏丹和部分叙利亚、土耳其、巴勒斯坦领土当初也都归于其王朝疆域。将他的陵墓置于开罗城市制高点，代表了埃及人对那段历史的崇尚与荣耀。清真寺所在的中世纪城堡，被称为"萨拉丁城堡"，是阿拉伯民族英雄萨拉丁在12世纪对抗十字军东征、统一阿拉伯世界时使用的古堡。萨拉丁统一了叙利亚、埃及和巴勒斯坦，建立了横跨阿拉伯世界的阿尤布王朝并定都开罗，在伊斯兰教主导后的埃及史上留下了少有的光辉注脚。可以讲，爱资哈尔公园附近的开罗老城，

位于开罗高处的萨拉丁城堡

萨拉丁城堡的走廊

是开罗伊斯兰化后历史的浓缩。

汗·哈里里市场距离爱资哈尔公园也不远,是集阿拉伯及后来的奥斯曼时期伊斯兰艺术、风俗、建筑于一身的活化石,整个市场都是露天集市,置身其中仿佛走在600多年前的繁华街市上,清扬的水烟味道,阿拉伯商人谄媚的微笑,以及石板路上大袍穿梭的影踪,无不将人置身于中世纪的古典与繁荣。我常常在午后来到这里,找间茶馆点上一杯红茶、一支水烟,听着阿拉伯街市的熙熙攘攘,品读这座城市延续千年的荣光。

汗·哈里里市场大体分为三部分,临街的部分主营阿拉伯手工艺品,比如纸草画、斋灯、香水和摆件,我经常在这些门店里面翻翻老物件,有时能找到有些历史的雕刻,还有上世纪六七十年代中国进口来的镜子和收音机,上面雕刻的孔雀与记忆里姥爷家的如出一辙。经常听人说这里能买到象牙或老古董,但我只见过一只犀牛角雕刻的船,其他

汗·哈里里市场及附近的大清真寺

汗·哈里里市场里，当地人娴熟销售着埃及民众的生活必需品——大饼

汗·哈里里市场一隅

开罗老城夜景

开罗老城里的斋灯商铺

的估计都是谣传。第二部分是小商品市场，它位于深入汗·哈里里市场的第三、四条巷子里，主要面对居住在附近的市井民众，销售从拖鞋、大袍，到桌布、箱包之类的各种廉价日常用品，其中很多都进口自中国。再往深处去，穿过蜿蜒的小路，经过两个很有些年代的清真寺，便是第三部分——菜市场了。这里有新鲜蔬果，有果汁面包店，有孩子们玩耍的乒乓球台和沿街老者对弈的棋盘，到处飘散着浓郁祥和的生活气息。行走其中，身边一对对清贫的小情侣羞涩地牵着手，小伙计跟着师傅默默打制铜盘，我的内心也自然地卸下了警惕，随着阿拉伯的时光之河静静流淌。

虽然破败，虽然贫穷，但埃及人很好地保留了自己的生活方式，延续着独特的文化。第一次来开罗的人，往往满是抱怨。但在这里久住的人，却总是流连忘返。开罗就是这样一座矛盾的城市，它拥有文明的伟力，潜移默化中就俘虏你的心。

（六）

馨月的发展轨迹，是千万埃及人所向往的，并且不难实现——只要学好中文，命运就可能改变。

作为一个中国人，在开罗生活可以很舒适，很有尊严，抛开政治和传统友好因素，最主要的一点是，现在中国的发展已然超越埃及很多，中国人更富有，支付开罗的生活成本轻而易举。于是，在开罗会发现这样一个现象——街头的中国面孔非常之少，看着的确是个阿拉伯国家；但在最好的大型商场，比如 City Star 和 Arab Mall 里面，中国人的比例就突然高起来了，特别是逢年过节的时候，商场里中国人多得都难分辨这是在埃及还是在中国。

这样的现象在世界上很多国家都很常见，但本质的区别在于，一般中国富人都集中在西方发达国家或迪拜这样的新兴城市，埃及这种发展水平较低的地方，聚集的多是想在埃及谋生、致富的中产阶层，因此也就更能代表中国人普遍的水平。

这些中国人工作在几个领域，比较辛苦的是以"背包客"为代表的创业者，他们或挨家挨户兜售中国廉价电子产品，或盘下一个小门店，做点小生意，谨慎地守护着自己的一亩三分地。还有一大批从中国西部省份过来读书的人，他们的终极目标是拿到爱资哈尔大学的学历，然后回到家乡在宗教机构谋个职位。爱资哈尔大学是伊斯兰世界的最高学府，但门槛并不高，对外国人还有奖学金，在这里深造最大的障碍是语言。现在越来越多的中国年轻人也在埃及各高校读阿拉伯语，他们边学习边工作，自成体系，与国内正规大学交流来的学生相比，本事一点都不差。来埃及淘金的私营企业家算是一类，所经营的生意科技含量不高，主要都是些互通有无的进出口买卖和基建项目，利润率不高，扎根他乡都是靠着吃苦打拼；使馆和各大企事业单位的外派机构经常在一起，维护着国与国之间宏观的往来交流，他们在工作上代表中国，生活上又要入乡随俗，见识更多，社会关系网也更发达。

2011年以前，与埃及的经贸往来中，中国最大的竞争者是韩国、印度和土耳其。前两者的制造业水平与中国相仿，但标准更接近于西方，易于匹配；后者虽然技术水平低，但在地理和宗教上与埃及更为接近，所以也占据一席之地。这几年，中国各领域发展取得丰硕成果，在国际竞争中优

开罗新行政首都规划图

势逐渐显现，影响力在埃及已一骑绝尘，远远超越了韩印土这些国家，直接对标美日。

2018年3月18日，埃及新行政首都中央商务区（CBD）项目开工仪式举行，这个中国企业承建的大型项目将使埃及第一次拥有世界级的高档中央商务区，并坐拥高345米的非洲第一高楼，实现埃及人的现代化梦想。这只是一个具象的例子，如今，埃及市场上中国的电子产品、白色家电占有率已经遥遥领先，汽车的口碑与韩国品牌不相上下，而且性价比更高，基建领域继续遥遥领先，唯一下滑的是劳动密集型产品的份额，这是好事，以前中国只卖低质便宜货的印象正在从埃及人的观念中消退。

中国影响力提升，从埃及官方反映出来，就是埃及总统密集访华。按照国际关系常理，一国元首就职后会把首访目的地放在与本国关系最密切或最友好的国家。穆巴拉克下台后，第一位当选的总统穆尔西在任职两个月后访华，中国是他作为总统访问的第一个非阿拉伯国家；两年后，推翻穆尔西上台的埃及现任总统塞西，也早早地来了中国，并实现了一年内三次访华。两任政治上完全对立的埃及元首纷纷向中国靠拢，按西方媒体的说法，这"体现了两国关系跨越党派和政府更迭的稳固性"，更足以说明中国对埃及有多重要。现在，埃及内阁还专门成立了负责中国事务的机构，由埃及总理亲自挂帅，为落实两国关系的顶层设计铺路架桥。

埃中友好在民间的反映，就是埃及人学习汉语的热潮。以前人们总说，"学好中国话，朋友遍天下"，但现在外国人学中文早已有了更多意义，更多附加值。放眼世界，孔子学院像雨后春笋一样遍地开花，埃及更不例外，因为需求量很大，一旦招生季过去，想要到埃及孔院学习就只能靠内阁部长打招呼才好用。中文目前已是埃及多所高校的选修课，很多学校从老师到学生都是清一色的埃及人，但操着一口北京话，让人听着又惊又喜。

举一个例子，也是一位当下活跃在中国媒体圈的埃及女记者，名叫馨月。2011年的时候，还显稚嫩的她在埃及汉语桥比赛中拔得头筹，获得来中国深造的机会，而当时我正好在现场。没想到，三年后从叙利亚卸任回国，在国内还能屡屡看见这张面孔，而且不是在党代会，就是在全国两会或G20峰会这样国家最高级别的会议现场——她的身份是一家阿联酋中文

2011年，我和学中文的埃及开罗小学生合影

电视台的出镜记者，流利的中文，中东的面庞，使她经常成为各场活动的风景线。有次聊起来，她告诉我她已经在北京安家，丈夫是沙特驻华使馆的一位阿拉伯职员，日子过得舒服惬

2011年，汉语桥比赛埃及赛区选拔赛现场，馨月获得第一，即将启程前往中国深造

意。她说她喜爱北京的生活,我特别理解,今天的北京算得上是世界上最繁华、最安全、最有活力的城市,哪里是开罗这样的"古城"所能比拟。馨月的发展轨迹,是千万埃及人所向往的,并且不难实现——只要学好中文,命运就可能改变。

(七)

从上合组织到20国集团,从"一带一路"到亚投行、丝路基金,东方文化强势崛起,中国话语权与日俱增,改变着世界政治经济版图,深刻重塑人类发展的蓝图。

刘水明是我工作后的老师,一名资深的《人民日报》记者,一位致力于中阿友好的使者。他倾注了将近40年的时间,报道阿拉伯世界和中国的变迁。最后一任常驻期间,他写了一篇朴实的小文章——《巧识"鸟粪"骗局》,以小见大,很有意思。

前不久,记者去开罗大学采访"第四届埃及大学生中国诗歌朗诵大赛",主办方还邀请我担任评委,正当我西装革履,在"10月6日"大桥西侧、艾哈迈德·阿卜杜·阿齐兹英雄街上的汇丰银行楼外等车时,突然,一团鸟粪模样的东西落在我的左前胸上。我抬头四望,只见离我两三米远的一名埃及中年男子一边向我走近,一边从包里掏出餐巾纸,示意要帮我擦衣服,并手指头顶上的大树对我说,他也多次碰到过这种"倒霉事"。看到他一脸"善意",我严词拒绝了他的"帮助"。因为20年前,我在开罗街头也被这种方式蒙骗过,并损失了装在上衣口袋里的一只钱包,里面埃及镑虽少,但有记者证和驾照等重要证件。所谓"鸟粪",则是开罗小偷行窃时分散路人注意力的道具——烂菜叶汁加生西红柿泥。

坚守战地1200天——一个中国记者眼中的"阿拉伯之殇"

我和师长刘水明(中)、师弟刘睿(左)一起在约旦采访(游客 摄)

中年男子看到"老外"识破了他的诡计,只得悻悻罢手。20年前,我是在靠近贫民区的苏丹街上被窃财物的,而这次"奇遇",却在富人聚集的跨国银行门外,只是有了上次的教训,这次我"毫发未损"。但令我气愤的是,那位中年男子与我对视时,竟没有半点愧疚之意,还嬉皮笑脸地朝我做了一个"鬼脸",转身扬长而去。

大凡在埃及住了一段时间的外国人,都有这样一种感觉,就是自从2011年"1·25"革命后,埃及局势动荡不止,街头巷尾,各类无序状态随处可见。中年男子的举动,就从一个侧面反映了这种现实。

值得欣慰的是,随着埃及政局趋稳,临时政府加大整治力度,埃及的秩序、环境和治安状况也在逐步好转,至今已有25个国家解除到埃及旅游的警告。希望有一天,能够像过去一样,自己开车重返西奈半岛,看遍壮美的山山水水。

字里行间,透露着国内老一辈阿语人对阿拉伯世界深厚情谊的怀念。因为在他们成长的年代,阿拉伯世界的开放、富饶,阿拉伯人的友善、慷慨,给远方的中国朋友留下了深深的印象。

1956年是中埃建交年,这个年份对于两国而言都具有非同寻常的意义。那一年,中国完成了社会主义改造,当时还处于世界低收入国家的中位,GDP不到世界的5%,之后又走了一段弯路,经济滑坡,到1980年时,GDP降到了世界的2.5%。用邓小平同志的话说,"二十年时间,中国实际上处于停滞和徘徊的状态。"

1956年,纳赛尔将苏伊士运河收归国有,从此带领埃及走上了一条倒向苏联阵营的道路,援助和计划经济很快收到奇效,埃及实现了短暂的繁华进步。70年代末,计划经济的局限性开始凸显,埃及最终投向西方怀抱。

两国的差距从1980年起正式拉开。那一年,中国GDP约为1900亿美元(相当于当时美国的1/15),埃及约为230亿美元,人均GDP埃及高出中国不少。但到了2017年,中国GDP超过了12万亿美元(相当于美国的2/3),埃及GDP约为3500亿美元。也就是说,中国增长了60多倍,埃及增长了10多倍,两国发展速度相差明显。其实不只是埃及,任何一个第三世界国家的发展历史,在与中国的比较中都相形见绌。

在埃及,常有人向中国人索要小费。有时略施小计,有时简单粗暴,令人心生厌恶。但久而久之我也释怀了,曾经的一个中东大国,怎会轻易自甘堕落至此呢?无非是生活所

金字塔景区里,一名年轻人在喂食他的骆驼

迫。国家不强，则无法提供给每个公民足够好的发展机会，全社会因为发展局限和时局动荡加速滑向贫困，很少有人能置身事外、独善其身。

"东方"这个词语，在西方人的话语体系中有很多层感情色彩，如遥远、神秘、保守、制度不同，等等。阿拉伯地区之所以被称作中东，是因为在西方人眼里，阿拉伯世界在中等距离的东方（中东），中国则在遥远的东方（远东）。古代西方人对东方的向往更多源于对知识的向往和对未知的好奇，就像阿拉伯谚语所说，"求学不怕远到中国"。但自工业革命时代，东方落后了，一直在低谷徘徊了近200年。

2017年末，美国《时代》周刊的封面以英文及中文简体写上"中国赢了"（China won），这是该杂志封面首次同时出现两种文字。这一期周刊的专题文章名为《中国经济准备好赢得未来》，文中写道，"今天中国的政治和经济制度比二次世界大战结束后主导国际体系的美国模式更为完备，甚至更可持续。此时，是中国，而不是美国，已然成为全球经济舞台上最强大的角色"。从上合组织到20国集团，从"一带一路"到亚投行、丝路基金，东方文化强势崛起，中国话语权与日俱增，改变着世界政治经济版图，深刻重塑人类发展的蓝图。

第三章

我们的生活不能没有面包,但我们的生活也不能没有祖国

（一）

在卡扎菲军队疯狂反击的这一个月中，大规模外国投资者、侨民及工人逃离利比亚，其中就包括了约36000名中国人。

起初，在我看来"阿拉伯之春"风潮最不可能在三个国家获得成功——埃及、利比亚和叙利亚。不仅因为这三个国家属于老牌阿拉伯强国，历史上拥有丰富的反帝反殖民反犹太复国主义的斗争经验，更因为这些国家的统帅（及家族）深耕政坛数十年，牢牢把控着党政军警宪特等要害部门，国家机器看似稳如泰山。

事实证明了我的武断。穆巴拉克的结局鼓舞了周边国家。但利比亚领导人卡扎菲可是真血性，他的整个前半生

夕阳下，利比亚民众挥舞旗帜，呼吁停止战争

几乎都活在提心吊胆、朝不保夕中，政变夺权后接着搞革命，断了英美的石油财路，并与以色列针锋相对。他是一个刚猛的战士，一个娴熟的权力驾驭者，60年的战斗人生绝不允许在执政末年遭受挑战，于是利比亚危机刚有苗头，他就调遣部队猛烈镇压——他的军队大多是外国雇佣军，与普通民众没有感情，只收钱办事，手段堪称残忍。从2月17日危机爆发，至3月16日反对派最后据点班加西面临城破人亡，仅用了一个月的时间。在卡扎菲军队疯狂反击的这一个月中，大规模外国投资者、侨民及工人逃离利比亚，其中就包括了约36000名中国人。

对于撤侨我并不陌生。之前埃及政局动荡的时候，中国曾出动四架包机将滞留在开罗国际机场的500余名中方人员接回，这算是"阿拉伯之春"浪潮里中国的第一次撤侨行动，虽然规模不大，却为后来的利比亚撤侨投石问路，积累了经验。

远处山上就是萨卢姆口岸

2月24日一早6点多，我接到通知紧急前往埃利边境，报道撤侨行动。埃及与利比亚都是北非国土面积较大的国家，从开罗前往边境口岸萨卢姆有800公里车程。我和同事李潇在路边拦下一辆车况较好的现代牌出租车，不到8点钟就启程了。高速公路建在沙漠戈壁中，车辆不多，更没有摄像头，年轻的司机一路以160公里的时速奔驰，但在茫茫沙漠中我们依旧像渺小的甲虫在蠕动。

埃及秀美的自然风光是被这个国家历史古迹所掩盖的惊喜，驰骋在一边是金色沙漠、一边是斑斓海洋的高速路，心旷神怡；休息时，到路边果园摘两个水分十足的无花果，在靠着沙滩的餐厅匆匆吃一盒海鲜简餐，一切都如此平静安详。不知不觉间，时针指向了下午4点钟，我们来到了一座伸向大海的高山下。司机说，山顶上，就是埃及与利比亚的国界。

（二）

中国租用的大巴在边境上静静守候，凌晨1点，当工人们走出关口、看到中国国旗和车辆，很多人泣不成声。

随着海拔升高，气温急速降低，时而飘下零星小雨，与沿途的温暖恍如两个世界。沿着山路，不时看到满载货物的小皮卡穿梭其间，车顶车身捆满被褥与行李的逃难景象令人震惊。山顶的路是平坦的，路边布满铁丝网，能看到联合国各个机构的旗帜和成片的帐篷，路边散落着垃圾和各种行李箱、编织袋，惊魂不定的人们在张望，衣衫褴褛的男人还企图拦下我们的汽车。

使馆的人已先于我们抵达萨卢姆，集中住宿在一个叫做"西拉特"的小旅馆里。旅馆条件非常简陋，没有电视，没有洗澡的热水，餐厅也停业了，外交官们每十个小时能吃一次从山下运上来的冷盒饭。他们专注于手

第三章 ■ 我们的生活不能没有面包，但我们的生活也不能没有祖国

我在萨卢姆口岸采访时唯一的个人照片（央视陈亮 摄）

从利比亚战区逃出的难民

头庞杂的事务，为即将入境埃及的300多位中国公民争分夺秒。

就记得那天夜里，萨卢姆的月亮特别圆，特别大，仿佛因为海拔高，离着它更近了。也幸亏有它，让我们在黑夜里依然能见到光亮。

晚上6点到12点的六个小时里，我们陷入焦急的等待。

口岸那边传来的消息并不乐观，300多名中国工人因为是劳务派遣，相关手续还在利比亚移民局办理，逃难时护照都不在身上，和黑户并无二致。中国驻利比亚大使馆为这些工人租用了几辆大巴车，护送他们从频遭轰炸的苏尔特、班加西等城市集结，疾速向东驶往萨卢姆。同时，一部分使馆人员已在萨卢姆口岸利比亚一侧等候，与利比亚海关、边检人员交涉，以确保他们能在"黑户"状态下顺利通关。

是体现中国影响力的时候了。利比亚一侧，边防人员对中国非常友好，加之中方使馆从中协调，中国公民未受任何阻拦，第一时间出关。埃及一侧，经过中国外交官们近十个小时的密集交涉和沟通，也终于获准无证入关。中国租用的大巴在边境上静静守候，凌晨1点，当工人们走出关口、看到中国国旗和车辆，很多人泣不成声。

25辆从亚历山大租赁的大巴上，每个座位都搁着矿泉水和饼干，每辆车上还安排了中方人员，随时为这些疲惫的工人提供帮助。凌晨2点多，在所有撤出人员都已上车就位后，大巴车队连夜驶向繁华的开罗。车辆开

从利比亚撤出的中国公民坐上了使馆安排的大巴，车辆启动时，大家自发鼓起掌来

动时，所有中国人自发地热烈鼓掌。"这些年，一直远在异国他乡工作。平日里，祖国是我心里遥远的寄托；而在利比亚动荡之时，中国政府及时为我们安排周详的撤离事宜，带给我真切的温暖！"撤出人员牛利新说出了所有人的心声。

抵达开罗，已是25日下午，撤出的这372名中国公民被使馆安排在了金字塔下的一座五星级酒店，以便得到最好的休息和精神疗养。第二天，他们坐上包机返回中国。

（三）

这次我们白天抵达，从而目睹了1.2万人滞留边境口岸的惨状。

一个多月后，当所有滞留的中国人早已脱逃噩梦，我和梦旭再次驱车来到萨卢姆口岸采访。这次我们白天抵达，从而目睹了1.2万人滞留边境口岸的惨状。

口岸白天曝晒得让人抬不起头，地上聚集的人有男有女，大多裹着头巾，在空旷的沙漠地区，这样装扮有着重要的防风、防寒与防晒效果。

滞留的难民主要是乍得、尼日利亚、索马里、毛里塔尼亚和苏丹等国在利比亚务工的人，其中很多人除了随身衣物和被褥外一无所有，他们用被子在地上打个铺盖，席地而卧。其中很多人已经在口岸等待了多天。口岸地处沙漠，昼夜温差大，再加上缺乏睡眠，许多难民情绪很不稳定。

"为什么我们没有矿泉水，而他们有？""为什么虽然有厕所，但厕所里不提供水洗脸？"几个大个子黑人知道我记者的身份后，就围上来表达他们对难民营生活的意见。其中一个扎红围巾的黑人看上去比较沉稳，他让大家停止争论，开始一字一句诉说自己的经历。

这个扎红围巾的男青年是乍得人，利比亚内战爆发前，他在利比亚东部城市班加西从事服装生意。战争爆发后,为了避难,他一路向东来到埃及,"虽然班加西已不是主战场,但反对派拥有武器,生活在这座城市里安全根本没保障;另一方面,目前利比亚从食品、饮料到衣服、汽油等各种物资都很紧缺,物价因此水涨船高,我们本来就不高的收入无法支撑那里的生活了。"

他说,逃难的多数人还没有拿到老板应付的工资,几乎身无分文,肯定回不了国,只能先到了埃及再说。没钱寸步难行,他们过了埃及边境就哪儿也去不了,完全仰仗国际组织和埃及政府的救助。他在萨卢姆口岸已经待了25天,每天风餐露宿。一个多月来通过口岸的乍得人约有五万多,乍得使馆每天只能接走600人,所以像他这样年富力强者,离开的日期就被无限期推后。

一个名叫阿里的埃及难民,曾经在利比亚东部小城马戈鲁开了18年的公交车,因为利比亚更富有,之前很多埃及人到那里打工。他讲述了自己

滞留在萨卢姆无法离开的非洲难民

第三章 ■ 我们的生活不能没有面包，但我们的生活也不能没有祖国

滞留在萨卢姆无法离开的非洲难民

逃难的经历。"我们一家老少先是走到大路边找到了私营的小巴士，包含行李每人花40第纳尔（当时1第纳尔合5.39元人民币）来到班加西。后来从班加西到萨卢姆，我们又辗转乘坐大型公交车，每人收费60第纳尔。两段加起来，每人总共花了100第纳尔，比平时贵了4倍，但依然趟趟满员。大家都想逃命。"据他说，有一群胆大的人专发国难财，一天能开车数次进出生死线运送人员，当然价格也高得离奇，这样子一天就能挣往日一个月甚至更长时间才能挣到的钱。当然，这钱也是拿命换的，在战乱的时候，最好用的就是钱。

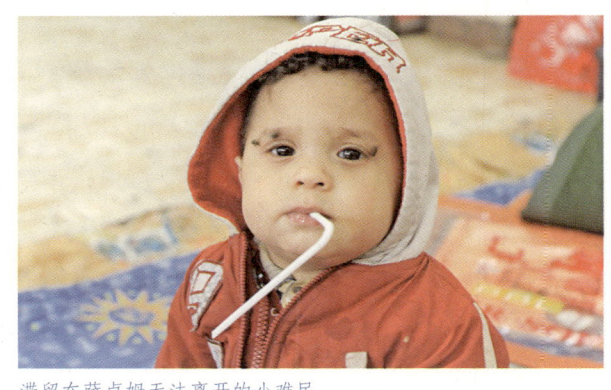
滞留在萨卢姆无法离开的小难民

为了筹钱，很多人想尽办法。现场提供医疗服务的埃及医生马格达说，相当多的难民过来寻求医疗救助，医生免费开的药他们舍不得吃，而是藏在身上准备换钱用。

目睹着他们凄惨的遭遇，想象着那三万多名中国人早已与家人团聚、开始了新的生活，我禁不住感慨——一个国家，能够让人民即便是万里之遥，也能于战火中高枕无忧、安然无恙，这是多少钱、多少奋斗才能换来的幸福啊！古人说，犯我强汉者，虽远必诛。今天的中国，正在以和平的方式，用磅礴的国力，践行着古往今来的诺言。

（四）

利比亚撤离行动标志着一个意义深远的变迁，中国有能力保护其远离祖国的公民，中国有能力采取全球行动。

2016年，报社安排我写了一篇关于中国领事保护的文章（载于《人民日报》2016年1月6日），因为我是亲历者，感情真切。这一章节，我将它原原本本地呈上，见证中国重新走近世界舞台中央。领事保护只是一个小小的切口，但却蕴藏着温暖，孕育着希望。

生命至上，祖国是强大后盾
——我国海外救援与领事保护纪实

出过国的中国人大都有过这样的体验——即便踏上的是一片完全陌生的土地，打开手机那一刻，一条中文短信总会让心里变得更加踏实。这是由中国驻当地使领馆发出的短信，一般都有三句话：告诉你使领馆24小时求助热线；提醒你遵守当地法律，注意安全；祝你在当地生活愉快。

2014年，中国内地居民出境游突破一亿人次，成为海外最大的流动群体。超过两万家中资企业在境外注册，累计派出劳务人员近700万人次，500多万中国同胞在海外定居，170多万人留学海外……

如何维护这么多中国人、这么多中国机构在海外的利益，如何保护他们的安全？

"要切实维护我国海外利益，不断提高保障能力和水平，加强保护力度。"中共中央总书记、国家主席、中央军委主席习近平在2014年11月召开的中央外事工作会议上，为领事保护工作指明方向。

近年来，中国一次次书写波澜壮阔的海外救援篇章，一次次赢得世人的羡慕和尊敬，一次次交出令人满意的领事保护答卷。

撤离战区，国家行动果断开启

放眼当今世界，一些地区仍不太平，战争、冲突、恐怖主义袭击等频繁威胁我在海外人员和机构安全。

2015年11月，习近平主席就三名我国公民在马里人质劫持事件中遇害作出重要批示，要求有关部门加大投入和保障，加强境外安全保护工作，确保我国公民和机构安全。

亲切关怀，精细部署，果断行动。

一张照片，一生回忆：一名海军女战士牵着一个小姑娘准备登上军舰，小姑娘手里拿着一瓶水，一脸幸福。网友给照片配了解说词："别害怕，姐姐带你回家。"

2015年3月下旬，习近平主席下令护航编队执行撤侨任务，三艘中国军舰立即奔赴也门，从战火中撤出613名中国公民，这个小姑娘就是其中的一位。"他们会很自豪、很庆幸自己是中国人。祖国强大，是我们公民人身安全和利益的强大后盾。"海军司令部作战部副部长梁阳这样说。

危险四伏，中国军人临危不乱。4月2日15时许，军舰停靠的亚丁港老城陷入激战，坦克的轰鸣声就在耳畔，码头上的塔吊遭到机枪扫射，武装人员乘快艇频频驶过。一声令下，军舰进入一级战斗部署，备便舰载武器系统，布设重机枪手和狙击手……现场指挥员立即搜索警戒范围，对码头上还没来得及上舰的人员进行贴身护卫，其余人员迅速上舰，在确保侨民安全的前提下强行出航，迅速离开码头。

在数十个小时的历险后，很多人"看到军舰驶来就哭了"；还有人抵达祖国后感慨，"有一种难以述说的感动"……时任外交部领事司司长黄屏借用媒体的一句话说："中国护照含金量不仅在于免签多少个国家，还在于碰到麻烦与危险的时候，祖国带你回家！"

战争的硝烟，死亡的边缘，祖国的召唤，喜悦的泪花……这样的场景，多么似曾相识。

时钟拨回到2011年2月23日夜晚，北非的冷风卷着沙子，扫过埃及与利比亚交界萨卢姆口岸干枯的灌木丛，扫过蜷缩着身体躺在路上的各国难民，扫过一双双兴奋等待的中国外交官和记者的眼睛。这一晚，372名中国公民乘坐大巴撤出利比亚战区。

大巴车上，有人哭了，回想着几个小时前还在死神的眼皮底下，他百感交集；大巴车上，有人睡了，经过连续几天不知疲惫地逃亡，他终于放下了吊在嗓子眼儿里的心；大巴车上，一位中国外交官终于舒心地露出微笑——为了帮助上百名丢失护照的中国公民入境埃及，他前后不知费了多少口舌，跑了多少腿……目送大巴车启程的埃及朋友啧啧赞叹：只有中国政府一个不剩地把在利人员全程接出战区，接回祖国。

这些数字，足以勾勒出撤离行动的恢宏壮阔——只用了不到10天，中国派出91架次民航包机、12架次军机、5艘货轮、1艘军舰，租用35架次外国包机、11艘次外籍邮轮和100余班次客车，35860名中国公民撤离利比亚……

这些数字背后，有多个铭记史册的"中国第一次"——第一次大规模有组织撤离海外人员，第一次海陆空联动，第一次派出军舰与军机参与撤离，第一次动员众多友好国家协助行动……

美国外交关系委员会网站的文章说，中国用行动明确表示不会容忍任何中国工人遇到危险。

卡塔尔半岛电视台评论说，如此规模和气派的撤离行动，也只有强大起来的中国才能做得到。

英国《金融时报》评论称，利比亚撤离行动标志着一个意义深远的变迁，中国有能力保护其远离祖国的公民，表明中国有能力采取全球行动。

从时局动荡的中非共和国，到深陷乱局的埃及，从战火纷飞的伊拉克，到遭受袭击的肯尼亚……哪里有危险，中国外交官就冲向哪里；哪里有需要，中国外交官就出现在哪里。

2006年以来，我国组织实施撤离我海外公民行动十余次，涉及六万多名同胞。处理涉我境外公民遭绑架、袭击案件数百起，涉及我公民千余人。战争的焦土上，留下了许许多多中国领事保护人员的身影，他们践行着"以人为本、外交为民"的理念，为更多中国人行走世界保驾护航，注足底气。

面对灾难，领事保护守望相伴

灾难，总是突然降临，猝不及防。应急处置，是对领事保护能力的考验，更是对国家实力的检验。保护海外同胞，祖国不会缺席。

2013年7月6日，韩亚航空公司的航班在美国旧金山国际机场降落时失事滑出跑道，燃起熊熊大火。机上141位同胞是否平安？祖国人民分外挂念。

习近平总书记对坠机事故造成人员伤亡十分关心，对事故中不幸遇难的中国公民表示哀悼，对遇难中国公民家属和受伤、幸存中国公民及其他乘客表示慰问。外交部和中国驻美国大使馆、驻旧金山总领馆、驻韩国大使馆遵照习近平的指示，迅速行动起来，启动应急机制，成立应急工作小组，全力投入事故处置工作。

在客机残骸升腾的火焰中，在救护车、消防车的轰鸣中，中国外交官奔赴现场。在独立日假期寂静的街头，中国外交官不分昼夜，在总领馆、酒店和当地八家医院间奔波。面对重重困难——一些部门和机构因安全等原因拒绝入内、乘客分布范围广、语言沟通不畅、手机遗落联系不便……他们坚持不放弃，直到成功。

一声"祖国派我们过来"，让很多人热泪盈眶。空难以这种特殊的方式，见证了"生命至上"的坚定信念。

而就在那一年的4月15日，爆炸震颤着美国波士顿马拉松比赛的终点，震动着世界，也牵动着亿万中国人的心——一名中国留学生不幸遇难，另有一名留学生身负重伤。

习近平主席十分关心，作出重要指示。外交部和中国驻美国使馆、驻纽约总领馆迅速投入遇难学生善后和受伤学生救治工作。焚膏继晷，披星戴月，中国外交官们飞驰在美国的城市之间。然而，就在领事保护工作艰难有序展开之际，波士顿发生枪战，机场关闭，公共交通取消，整个地区300多万人都待在了家中。

使命，让脚步从不停歇。在与美国警方沟通后，中国外交官独自驱车行驶在波士顿空荡荡的大街上。一位外交官回忆起当时的场景，仍心有余悸，"路上没人也没车，感觉不是痛快，而是恐怖。"

千头万绪的工作，有条不紊地落实。探望伤者，案发现场取证，安排遇难者家属赴美，新闻发布，举行追悼会……揪心的痛，伤心的泪，生命的脆弱，相助的坚韧，温暖的力量。

从九名香港游客在埃及热气球坠毁事件中遇难，到俄罗斯伊尔库茨克中俄合资木材企业火灾,再到加纳大规模抓扣我涉嫌非法采金人员……2006年以来,中国受理各类领保救助案件30余万起,涉及中国公民数百万人。同胞们走到哪里,领事保护服务就跟到哪里。不论多远,祖国,都在身边。

患难与共,友好故事谱写新篇

2015年4月25日,尼泊尔发生里氏8.1级强烈地震,"世界之巅""众神之国",残垣断壁,遍野哀鸿。在尼泊尔中国游客、中国工人、中国登山者的状况牵动着所有中国人的心。

起初,前方情况紧急,大量人员失联,同时信息沟通不畅,前方使领馆缺乏人员有效信息。于是,外交部全球领事保护与服务应急呼叫中心12308热线成了重要线索来源。"他们的位置、他们的安全状况、他们的考虑,我们第一时间了解汇总,并通报我驻尼泊尔使馆,请其协调尼泊尔政府当局实施救援。"外交部领事司副司长、领事保护中心主任翟雷鸣告诉记者。

在信息的指引下,52架次飞机安全接回滞留在加德满都机场的5685名中国公民,三峡集团250余名工人被中国军队救出……其间,12308热线共接到涉及地震的求助电话408个,涉及2209名中国公民,包括17位港澳台同胞,为救援行动的成功发挥了重要作用。

自2014年9月2日开通至2015年12月,12308热线总共接到来电11万余个,人工坐席接听4万余个,累计受理案件近1.4万起,为海外游子与祖国亲人之间架起了一条全天候、零时差、无障碍的绿色通道。

感人至深,患难中的真情。地震发生后,中国政府在国内同样遭受地震灾害损失、大量人员仍滞留尼泊尔的情况下,向尼泊尔震区派出多个救援队、医疗队、防化洗消队,并援助大量物资;在加德满都开餐馆的中国人杨建国,同时向中国游客和尼泊尔居民免费供餐,成为中尼两国守望相助、共克时艰的参与者、见证者。

在2016年新年贺词中，习近平主席表示："中国将永远向世界敞开怀抱，也将尽己所能向面临困境的人们伸出援手，让我们的'朋友圈'越来越大。"

世界看到，中国在历次海外救援行动中，除了中国公民，也尽最大可能对其他国家公民施以援手。从利比亚协助撤出来自12个国家的约2100名外籍公民；从也门协助撤出来自15个国家的共279名外国公民；中国海军护航编队在亚丁湾、索马里海域执行护航任务，接护、营救、解救的船舶中超过一半来自外国……一次次患难见真情的援助，体现了中国的国际人道主义精神，展现出负责任大国的形象，也是人类命运共同体理念的具体呈现。

中国人民不会忘记，友好国家为中国的救援行动提供了巨大支持。利比亚撤离期间，突尼斯、埃及、希腊和马耳他等国为中国公民撤出敞开大门；也门撤离期间，也门政府一路放行，也门民众给予真情帮助，巴基斯坦舰队更誓言"只要中国留学生不到，我们的军舰就不离港"；波士顿马拉松爆炸案、韩亚航班失事之后，美国政府和民众给予中国遇难者、受伤者大力帮助……

中国为何有这么大的"朋友圈"？

埃及苏伊士运河大学孔子学院埃方院长阿里·阿勒-扎伊特的话能够说明一二："得道多助。中国人在自己的工作和生活中处处展现出聪明、勤劳、善良、友好和乐观等优秀品质，中国政府在国际外交场合也一贯秉承和平共处、互惠互利等原则，使其'友好伙伴'形象深入人心。因此，无论是对于国家形象还是具体个人，人们都把中国看作是一个可以充分信任、并且十分愿意与之合作的朋友和伙伴。"

奉献光荣，共同筑就领保长城

海外救援，领事保护，中国外交官的感人故事数不胜数。浸润其中的，既有在重大行动中的果敢豪情，又有在提供日常领事协助时的默默奉献。

2011年，阵阵枪声中，中国驻利比亚大使馆紧锁的大门慢慢敞开，时任参赞王旭宏和馆员华昱清穿戴好防弹装备，驾车驶入还在激战的街道。这一天，被困在的黎波里酒店里的几位中国记者获释，使馆接他们回家。路上没有车，只有频频跑过的武装分子和漫天流弹。"我们边走边看，当确保一段路安全后，就踩足油门冲过去……"

2012年，隆隆炮声中，千年古城大马士革迎来了又一天的晨曦。面对美国空袭的威胁，中国驻叙利亚大使馆组织在叙中方人员有序撤离。时任中国驻叙利亚大使张迅的椅背上，还挂着那件防弹衣。他镇静地安排其他馆员撤离，但自己坚持留下，随时准备接应在叙利亚最后的20个中国人。"我会陪同最后一个中国公民离开边境。"

2015年，中国军舰上，撤离的侨民开心享用几菜一汤的美食，水兵们却在吃咸菜罐头。为了让饱受惊吓的中外侨民感受家的温暖，舰上官兵把珍贵的绿色蔬菜和水果都拿了出来，9名炊事班的同志连续工作了14个小时。"如果能为这些侨民提供安全保障，吃咸菜，我们海军官兵光荣、骄傲！"

一位长期在领事保护中心工作的外交官，讲过这样一段话："看着父母渐渐老去却不能在身边尽孝，看着妻子年年期盼相伴却年年失望，看着孩子逐渐长大，却在你伸出手时备感陌生地哭泣，有时候会揪心地疼……但我对家庭的亏欠没有白费，他们的儿子、她的丈夫、他的父亲，做了一些有意义的事。"

正是他们，共同筑就了中国领事保护、海外救援的万里长城。

2013年，我驻外机构受理领事保护和协助案件4万余起，涉及5.5万余名中国公民。

2014年，我驻外机构受理领事保护和协助案件近6万起，为7万余名海外中国公民提供了领事保护和协助。

自2008年12月26日至2015年12月25日，中国共派出66艘次舰艇、1万多名官兵执行亚丁湾、索马里海域护航任务，完成903批6102艘船舶护航任务……

面对这样的成绩单，我们骄傲，我们自信。

回想19世纪，华工被"卖猪仔"，运往美国、加拿大和澳大利亚；回想1905年，陈天华在日本东京大森海湾投海自杀，抗议日本颁布的"取缔清国留日学生规则"；回想一战期间，十多万中国劳工犹如"工蚁"，在欧洲出生入死，却饱受歧视和欺凌……沧海桑田的巨变再次证明——唯有一个强大的祖国，才是人民幸福的来源，尊严的保障，安全的港湾。就像法国作家雨果所说，我们的生活不能没有面包，但我们的生活也不能没有祖国。

预计到2020年，中国将有超过1.5亿人次内地居民出境。随着"一带一路"建设的深入推进，中国走出去的步伐将越来越快。高高兴兴地走出去，平平安安地回家来——这是亲人的期待，也是祖国带给我们的信念。

第四章

在历史的军事解释中，战争是最后的仲裁者

（一）

赛义夫……宣讲的"真相"更像是一种西式的演讲说辞，夹杂着阿拉伯式的煽动语调，给人无限遐想，但台下人都心知肚明，只要他父亲在位一天，利比亚就还是那个利比亚。

远眺利比亚的黎波里主城区

利比亚是一块被文明割裂的土地，自古就是。最难忘记的是2011年从战火中逃离出来的那天，我坐着利比亚人阿里驾驶的宝马X5越野车，一路飞奔到突尼斯。路上，车里一直播放着北非土著人野性的歌曲，击鼓、长吟，眼前呈现出一幅北非草原上高举火把追逐野兽的生动画面。音乐与阿里灵魂深处形成于千万年前的基因同频共振，他自在地仿佛要飞起来。

在古代中国进入周朝的时候，利比亚人每天仍过着这样狩猎的生活。直到公元前7世纪，起源于现在黎巴嫩地区的腓尼基人来到这里，建起了贸易港口和海滨集市。随着贸易的繁荣，它成了迦太基帝国重要的组成部分，之后，在历史上著名的布匿战争中，利比亚划归罗马。再往后，拜占庭、阿拉伯、奥斯曼帝国，以及一战后的意大利、英国、法国先后占领这里，当地人被灌输着各式各样的宗教信仰和生活方式，但狂放不羁始终是他们灵魂深处的状态。

散落在利比亚沿海地区的古罗马遗迹

坚守战地1200天——一个中国记者眼中的"阿拉伯之殇"

散落在利比亚沿海地区的古罗马遗迹

奥斯曼时期的拱门内是的黎波里的老市场

2008年，我与这个遥远的国度第一次相遇。那还要从2006年说起，那一年，刚刚与西方和解的卡扎菲允许陈水扁"过境"利比亚。之后的中非合作论坛北京峰会，35位非洲国家的元首、6位政府总理和1位副总统率团来华，唯独利比亚抵触，只派了1位副部长参会。从2006年至2008年，中国与利比亚周边各国谈合作、搞投资，看得眼红的利比亚政府终于坐不住了。2008年正逢中利建交30周

我的利比亚外交官朋友

年，在得知《人民日报》将派遣一个记者组赴非洲后，利比亚驻华使馆主动以每人35元人民币的象征性签证费（原价为635元人民币，利签证官得到其国内指令，给我们抹掉一位数），发给我们记者组一行三人赴利签证，并安排政府人员全程陪同护卫。

我们从阿尔及利亚乘机来到的黎波里国际机场，中国大使馆工作人员和利比亚政府官员已经在贵宾通道迎候。其中一位利比亚外交与新闻委员会官员名叫法伊戈，阳光帅气的他全程热情陪同我们，为此行留下了珍贵美好的记忆。彼时谁曾想，在三年后的利比亚内战中，我们还能遇见，虽然仅仅一面，但老友重逢，沧海桑田，泪流满面。

利比亚给我的最初印象是绿色、富饶。当时利比亚的国旗是全绿色的，就连证件、纸币、横幅、许多房屋的门窗乃至衣衫、帽子和围巾等服饰也都统统是绿色。在首都的黎波里，最知名的公共场所叫"绿色广场"，它位于地中海畔的"红堡"东侧，因地面铺有绿色地砖而得名，地位相当于北京天安门广场。大街上的书店里，摆放着七八种语言版本的卡扎菲著作《绿皮书》，它是卡扎菲治国理政的重要思想成果。其实，绿色是伊斯兰教的经典色，也是泛阿拉伯颜色，卡扎菲年轻时思想上紧紧追随

埃及前总统纳赛尔，梦想着阿拉伯世界的统一和复兴。虽然现实中难以实现，但对绿色的钟爱折射出他的内心始终不曾放弃。

富饶是上天赐予这个国家的恩惠。因为蕴藏着世间罕有的低硫石油，满目黄沙的利比亚却比遍地黄金更加富有。2008年的时候，利比亚人均GDP已经超过了1.6万美元，免费医疗、免费教育，近乎免费养老，对年轻人就业、购车等实施高补贴，这些举措都让人仿佛置身发达国家，而一升汽油不足八角钱人民币的价格，更是这个国家富得流油的生动写照。

在的黎波里以东210公里的米苏拉塔，我们参观了利比亚最大的钢铁

2008年的黎波里街景

位于利比亚沙漠之中的伊斯兰风格院落

第四章 ■ 在历史的军事解释中，战争是最后的仲裁者

2008年的黎波里街景

的黎波里市中心的绿色广场和红色城堡

厂和港口，这是利比亚民族工业的骄傲。这里生产的钢材不仅首次满足了全利比亚的需求，还出口到欧洲，有力回击了外界对利比亚靠资源吃饭的说法。从米苏拉塔再往东200公里，我们来到了苏尔特——卡扎菲的老家。在这里，我们参观了利比亚大人工河项目，其实就是利比亚版的"南水北调工程"。这个项目是在全国建设3500公里的地下管道，将淡水输送

位于苏尔特的大人工河项目

2008年刚到利比亚，就被安排去聆听卡扎菲之子赛义夫的演说

覆盖利比亚几乎所有人口聚集区。想象一个仅有600万人口的国家，在茫茫沙漠下建设如此伟大的工程，殊为不易！而在采访这两个项目的漫长旅程中，我也对米苏拉塔和苏尔特这两座城市的风光、当地人的淳朴，留下了深深的美好印象。但不幸的是，2011年，这两座城市几乎被全面摧毁，苏尔特更成了卡扎菲悲剧命运的归宿地。

但那一行中，我也感受到了利比亚繁华之下掩藏的隐忧。抵达后被安排的第一个活动，就是聆听卡扎菲从欧洲留学回来的儿子赛义夫所做的主题宣讲《真相》。赛义夫曾赴瑞士、奥地利、英国等国留学，在伦敦政治经济学院获博士学位。他能说流利的英语、德语和法语，更重要的是，他曾是利比亚国家改革与发展的希望。正是在赛义夫的斡旋下，卡扎菲于21世纪初改变政策，宣布放弃研发大规模杀伤性武器，并邀请时任英国首相布莱尔访问利比亚，接着向洛克比空难家属作出高额赔偿，这一系列举措大大改变了利比亚在西方世界的形象，也空前展延了利比亚的国际生存空间。作为钦定的接班人和改革派代言人，赛义夫行事雷厉风行，举止优雅睿智，与独裁者卡扎菲截然不同，被西方人寄予希望。但他始终难以摆脱卡扎菲执政38年（2011年时）带给这个国家的烙印，所宣讲的"真相"更像是一种西式的演讲说辞，夹杂着阿

第四章 ■ 在历史的军事解释中，战争是最后的仲裁者

利比亚罗马古迹中的大凯旋门，气势与规模不输欧洲本土同类建筑

拉伯式的煽动语调，给人无限遐想，但台下人都心知肚明，只要他父亲在位一天，利比亚就还是那个利比亚。就像我们在进场前被要求存放手机，出来后通话质量就明显下降了，大概是被安装了监听器。

进出的黎波里，我们遇到了持枪的武装人员岗哨，需要随行官员出示通行证才能通行，这在一个和平国家是不正常的。街头的老百姓不像埃及人那么天真热情，似乎对我们欲言又止，眼神或话语中带着复杂的情绪。时任中国驻利比亚大使王旺生在向我们通报当地情况时也谈到，利比亚政权运转过于依赖卡扎菲的个人意志，政府具有不可预测性，对于国内企业蜂拥而至的投资深表担忧。事实证明，这位老外交官的担忧不是多余的。

（二）

身后，小胡子带一众士兵远远地挥手道别，高喊着"welcome back"。那谄媚像极了书中的葛朗台，相对于当兵，他们更适合去当演员。

北约3月份发起对利比亚的空袭时曾扬言，一个月内推翻卡扎菲政权，结果一个月过去，局面依然胶着。大势虽在反对派一边，但这群散兵游勇在训练有素的卡扎菲雇佣军面前脆弱不堪，只能仰仗着北约空袭徐徐推进，充当着打扫战场的角色。

4月下旬，国内突然通知我们办理赴利比亚的签证，尽早进入战地。这个消息令我兴奋不已，梦想照进现实的喜悦加速着我的心跳。我的父亲曾在1979年上过战场，参加对越自卫还击战，他曾跟我讲，当年他们每天晚上都躺在露天营地，呼啸声中看着两军炮弹在头顶上划出圆润的弧线，如同焰火点亮星空，年轻的小伙子们不知畏惧，就在这忽明忽暗的夜色中枕戈待旦……这画面始终深深印刻在我的脑海中，令我遐想。

我第一时间将签证申请送到利比亚驻埃及大使馆，结果就此石沉大海。一周、两周、三周，利比亚外交官只让我们等待，时间似水浇洒在我希望的火焰上。到了4月底，我因故要回一趟国，于是启动了在利比亚驻华使馆申请签证的努力。

利比亚驻华大使人很好，以前在国内工作时便相识，当下就收了我的申请。但他提示，现在使馆里堆放着中国各家媒体送来的200余份签证申请，但没有一件返签成功。接下来是一轮更漫长的等待，直到两个月后，当报社即将放弃希望，让我返回埃及的时候，一个偶然的机会我联系到了大学同学凯萨卢（阿拉伯名），她提示我，利比亚驻华大使馆已经与的黎波里失去了联络，去利比亚只能靠个人同利比亚外媒局沟通。这样的方式听着很不靠谱，但我，不愿放过任何一根"救命稻草"。

电话拨通了，听着对方像是一个中年阿拉伯人，他听完了我的诉求后问我叫什么名字，我告诉他，我阿拉伯文名字叫塞米。电话那边一下子热情起来，问是不是之前来过利比亚的那个中国记者塞米？我说是啊是啊，就是我！那人很爽快地答复，利比亚有我的资料，签证会很快发出。

即便欣喜若狂，但我还是有一丝保留，毕竟两个多月的努力，结果真会因为一个毫无担保的长途电话改变？但一周后，利比亚驻华使馆真的通知我去取签证了。报社为我举行了热情的欢送仪式，时任报社副总编辑马利亲自来到部里为我加油打气，并再三叮嘱安全第一，安全归来就是胜利；时任国际部主任、知名战地记者吕岩松与我紧紧拥抱；当时国内的所有人——给我鼓励、祝福，凝聚成激励我前行最坚定的力量。

利比亚当时已经全境禁飞了，我要辗转突尼斯，再从陆路进入利比亚。好在有我的大学舍友、时任驻突尼斯使馆外交官彭金栋前后衔接，一行都很顺利。从希望，到迷茫，到近乎绝望，再到绝处逢生，两个多月的等待让我认识到机会来之不易，从而鼓足了劲，愈加珍惜。

但理想很丰满，现实很骨感，还没进入利比亚国境，我就遭遇了当头一棒。

一般而言，陆路边防、海关的管理要比机场业余得多，这也给了好利之徒以机会。7月18日，当我离境突尼斯，向不远处的利比亚拉斯杰迪尔关口走去时，几个身着黑色制服的边防军人突然拦住我，强行检查行李，翻出了我皮箱中的海事卫星电话和防弹衣。其中一个看着像小头目的小胡子军官一脸凶狠地呵斥着，指控我携带武器，声称要抓我，他身边的军人直接掏出手铐在我眼前摇晃。没啥经验的我一遍遍强调自己是记者，是中国人，但还是被带进了一个没有窗户的漆黑岗亭。

我一个人待在岗亭里，所有行李都被扣留在突尼斯军人手上，不知道事件会向什么方向发展，有些惊慌失措。苦等了将近半个小时，有一个看着年纪不大的军人走进小屋，做出一副满脸同情的样子，帮我"出主意"——他说他喜欢中国人，也知道我是记者，但我的确违反了他们的规定（谁知道有没有这个规定），事情很严重，他也无能为力，但他们的军官可以看在突中友谊的份上对我网开一面。说到这，他对我挤挤眼，说，"他喜欢抽烟"。我这时基本明白了他的用意，便示意要跟小胡子谈一谈。

小士兵开心地出去了，不一会儿，小胡子只身走进岗亭，明显和颜悦色了许多，嘴里也开始念叨两国友好的事情了。我强颜欢笑地附和着，悄悄掏出口袋里的不到90突尼斯第纳尔（当时也相当于80美元了）塞进他手里，大家都心知肚明，但还要惺惺作态，场面十分尴尬。小胡子低头点点手上的钱，然后以阿拉伯人惯用的摇手指动作告诉我，这太少了。我说我只有这些，他不信，要看我的钱包。当时钱包里还有五六张100美元的现钞，我怕他都拿走了，就摸出100美元塞给他，示意就这么多了。这个狡猾的小胡子笑着，做出一副替我考虑的模样说："你看我还有这么多兄弟，对他们也得有所表示吧？"眼看在这里已经耽误了很久，想到万一今天抵达不了的黎波里，麻烦会更大，我一咬牙，又掏出一张100美元钞票，然后很坚决地告诉他，这是最后一张，不行就遣返我好了！

或许小胡子被我生气的样子吓到了,也或许已经达到了他的预期,他和气得像个奴才一样弯腰拉开门,搂着我的肩膀走出岗亭,大声教育他的"弟兄们"要善待中国兄弟……几个小士兵也很会演戏,纷纷与我称兄道弟起来。我悉数清点好行李,抓紧向利比亚一侧口岸走去。身后,小胡子带一众士兵远远地挥手道别,高喊着"welcome back"。那谄媚像极了书中的葛朗台,相对于当兵,他们更适合去当演员。

(三)

绝望地祈求好运是我唯一能做的,人在面对死亡时的无助和无能为力,我初次体验,却终生难忘——当然,不仅是我,即便习以为常,利比亚民众的神情也暴露了他们内心的极度恐惧。

两国关口之间的隔离带接近一公里,在热浪滚滚的沙漠中徒步行进,有种要被烤化的感觉。走着走着,我穿的皮鞋开胶了,这应该是地面温度太高的缘故。当我终于来到了利比亚国境口岸时,两个利比亚中年人已经拿着名单在远远地等我了。

他们把我带到拉斯杰迪尔口岸休息站,然后礼貌地替我去办理入境手续,并嘱咐我,等待时绝不能拍照片。他们走后,我一个人来到口岸,看见车队延绵至很远的地方,有等待着出境的,也有大量等待入关的。出境车辆大多裹挟着许多行李,一看就是背井离乡、躲避战火的,但为啥还有那么多汽车要回利比亚,我想不通。初来乍到,还是忍不住职业习惯,掏出相机拍摄了两张口岸的情况,结果相机刚亮出来不到一分钟,两个凶悍的民兵提着AK47冲锋枪就冲上来,不容分说地把我强行带走。刚从突尼斯边防士兵那里虎口余生,这又进了狼穴,我的心吓得扑腾扑腾跳个不停,心想今天的运气真够糟糕的。

在突尼斯入境利比亚的拉斯杰迪尔口岸，车辆排着长队

我被带到口岸警察局——休息站旁边的一间平房。那些民兵和警察的眼珠子都是鼓出来的，头上暴着青筋，看着我就像看着他们的仇敌，让人感到畏惧。他们审问我拍照片准备干什么用，态度非常严厉，气氛跟突尼斯口岸那里装出来的严肃截然不同。好在帮我办证件的人及时赶到将我带走，但他们也告诉我，因为我不听劝告，所以相机就此没收，不再归还了。

我被送上一辆空荡荡的中巴车，车上只坐着一个英国记者，考虑到北约反对卡扎菲政府的立场，安全起见我没有主动跟他讲话。车子在下午4点半准时出发，一路摇摇晃晃向东行驶。这时这个英国记者主动跟我聊起来，他是英国《财经杂志》的记者，名叫迈克尔，两个月前他来过一次的黎波里，他告诉我当时他印象最深的就是利比亚汽油短缺，普通车辆加油要排好几天的队。所以，很多利比亚的汽车要出境到突尼斯加油，很多车还顺带打几桶汽油回来倒卖或者留着自用，那排队入关的车队中多数都是去突尼斯加油回来的车辆。

一路上，我们的中巴车也面临着汽油燃尽的问题，但好在有政府开具的证明，加塞儿加上了油。与之矛盾的是，我们沿途看到了一些油田还在繁忙地运转，火舌从高耸的管道中喷出，说明储量还很充足。大型油罐车进进出出，一片繁忙。但油去哪里了呢？原来，利比亚本国虽然盛产石油，但加工能力薄弱，原油基本都出口到国外加工，然后将成品油再进口回国销售。于是，繁忙的油田只能为利比亚提供源源不断的外汇，却不能保证该国的能源补给，战略命脉不掌握在手中的短板在战时显得尤为致命。

车子前行了大约一个小时，耳边突然响起了飞机的轰鸣声，不远处滚滚浓烟直冲云霄。司机显得很紧张，猛踩油门加速前进，他告诉我这就是北约战机在空袭了，因为科技水平先进，即便是大晴天也看不到飞机在哪里，只听见轰鸣声很大、很近。虽然眼前并没有出现电影中狂轰滥炸的场面，但第一次如此真实地接近战争，接近轰炸和死亡，毛骨悚然的感觉和无法抑制的焦虑还是占据了我的全身。绝望地祈求好运是我唯一能做的，人在面对死亡时的无助和无能为力，我初次体验，却终生难忘——当然，不仅是我，即便习以为常，利比亚民众的神情也暴露了他们内心的极度恐惧。

或许是内心的惶恐控制了我的认知，也或许时局本来就已经岌岌可危了，行驶100多公里来到的黎波里后发现，记忆中那个懒散又祥和的"地中海新娘"已经荡然无存，虽然街上依然有身着白色警服的交警在疏导交通，但路况已是一团乱

汽车行驶中，北约战机轰炸开始，不远处升起滚滚浓烟

麻；随风而起的垃圾，证明这座城市的市政管理已经出了问题；路上的人行色匆匆，看得出人人皆兵，人人自危。来到下榻的RIXOS酒店，两名身着草裙的姑娘迎门送上两杯鲜榨的草莓汁，然而她们的脸上看不到微笑……

（四）

在悬殊的军力对比下，的黎波里像一只被猫抓住的老鼠，在殒命前还遭受着戏谑。

彼时，利比亚东部的国境口岸均已变节，进入反对派大本营班加西的大门向全世界敞开着，各国记者像走马灯一样到班加西"打卡"，于是关于反对派的消息浩如烟海，迎合着北约的需要，牢牢把握着国际舆论主导权。相反，在卡扎菲政府控制下的的黎波里，总共只有不到30名外国记者，加之卡扎菲政府的限制和管控，能发出来的声音小得可怜——这进一步造成了卡扎菲政权在舆论上的被动。

利比亚外媒局把所有外国记者集中安置在RIXOS酒店，名义上是为了大家的安全，实则是为了监控，我们都要跟随外媒局参加一些他们指定的采访，单独采访甚至是单独出酒店都是不被允许的——我们的护照被"统一管理"了，即便出得去门，也面临着当黑户的隐患——西方记者们统一拒绝参加集体采访，而是以游泳、打球、聊天度日，天天消极怠工。

我把行李拖进位于酒店一层的房间，给器材充电，准备着第二天就全面投入工作中去。令我惊喜的是，外媒局的人把我在边境被没收的相机送了回来，里面的照片也都还在。

夜里1点钟，当我准备要入睡的时候，一阵接一阵的轰鸣声将我惊醒，落地窗在巨大的冲击波鼓动下，发出"咣咣"的响声，仿佛很快就要绷不住碎裂开了。我赶忙爬起来，躲到房门处——那里距离玻璃窗最远，即便玻璃碎了，也不容易飞溅过来。轰鸣声断断续续，时远时近，玻璃一直嗡嗡地响着，声音让人发毛。过了十分钟，轰炸暂停，飞机的轰鸣声也消失了，我走到窗前眺望，外面仍然漆黑一片。

我按照酒店的逃生路线图，爬到楼顶，发现已经有记者戴着头盔、穿着防弹衣，架好机器等待拍摄下一次轰炸了。在天台与住了些时日的记者聊天，得知北约的战机轰炸每天都集中在凌晨1点到3点之间，利比亚的防空部队早已被消灭殆尽，北约的战机可以肆意低飞投弹，平均每天对的黎波里城区的轰炸有20—30次。聊天中，城区东面闪现一阵光亮，紧接着传来隆隆的爆炸声，但当我举起相机对焦时，黑暗已再次吞噬这座城市。我想到成语"瓮中捉鳖"，感觉非常形象，在悬殊的军力对比下，的黎波里像一只被猫抓住的老鼠，在殒命前还遭受着戏谑。这一刻，我相信了卡扎菲的政治生涯已经终结，只是还无法预想他个人命运会何去何从。

好在酒店里住着不少西方记者，所以大家也不太担心北约战机把炸弹扔向我们——西方国家一向不拿本国人的生命冒险。但卡扎菲也利用了这一点，把移动转播车停在了酒店大院里，把电台、电视台的直播间设在酒店楼下，这样一来，我们这些外国记者实际上就成了利比亚宣传机器的"人肉盾牌"。回想着当年南斯拉夫人组成"人肉盾牌"保卫贝尔格莱德大桥的场景，备感凄凉悲壮，谁能想到，类似情况十几年后竟也降临到自己身上了。

在沉寂了一段时间后，大家各自回房休息去了。我从酒店前台要来宽胶带，把房间的落地窗贴得像一张蜘蛛网，虽然看着不太美观，但可以很大程度降低玻璃碎裂的飞溅伤害。为了更加安全，我还放弃了床，就睡在床与墙夹缝的地毯上，以床做屏障，可以进一步减少被碎玻璃溅伤的概率。

天亮了，外媒局组织我们前往采访一个部落集会。集会在的黎波里近郊的一个会场举行，现场来了上百名利比亚部落代表，现场情况非常

酒店里我的房间

混乱——一屋子还过着游牧生活的贝都因人、柏柏尔人各说各话，虽然主题都是声援卡扎菲，但却像是个大集市，热闹有余，秩序不足，只重声势，不重内容。然而，这场活动所折射出来的利比亚原始政治生态，很值得玩味。

支持卡扎菲的部落集会

第四章 ■ 在历史的军事解释中，战争是最后的仲裁者

支持卡扎菲的部落集会

在结束被意大利殖民统治之后的很长一段时间里，利比亚分为三个省，分别是东部、西部和南部省，各省份都由自己的部落统治，中央管辖力量薄弱。卡扎菲并非出身显赫，而是出生在南部沙漠地区一支影响力较小的部落，虽然就读于班加西大学（班加西作为利比亚第二大城市，在王朝时期被称作"夏都"，国王夏天在那里办公、避暑，故班加西在利比亚政治生活中的地位举足轻重），后又进入班加西军校就读，但其倚仗的部族势力还是集中在利比亚西部，所以执政后定都的黎波里。他下大力气和各地有影响的部族订立契约、交换利益，并通过高明的政治手腕在各大部落之间穿梭游走，纵横捭阖，打击异己，特别是着力打压班加西这样大型城市的部落、政治势力，强制其俯首称臣。就这样，很快卡扎菲就掌握了对利比亚全境的控制权。危机爆发后，部落的支持即意味着民意的支持，卡扎菲召集这样的部落集会在外人看来像是闹剧，但对利比亚本国人而言

却有着风向标的重要作用。

（五）

原本60万居民已经没了影踪，太阳炙烤着空荡荡的大街，在微风中摇曳的棕榈树是整个城镇里唯一在动的东西，仿佛一切都在屏息等待巷战的来临。

在的黎波里的第三天，政府终于同意带我们去一个接近前线的重镇——兹利坦。它位于的黎波里以东160公里、距离当时打得最血腥的城市米苏拉塔仅20公里，是利比亚第四大城市，也是从东进入的黎波里的最后一个城镇，战略位置极其重要。之前米苏拉塔的反政府武装一直在向兹利坦方向挺进，但因政府军埋设在农田和道路的地雷被拖延。

外媒局之所以同意带我们去，是因为前一天夜里北约战机轰炸了兹利坦的民房和医院，造成了70多人死伤，这成为卡扎菲一方指责西方违背人道主义的证据，却不想反而暴露了兹利坦的危在旦夕。

160公里的高速路上，有十几个荷枪实弹军人把守的哨卡，另外还布设了十几组水泥路障，以延缓反对派前进的速度。大巴车就在路障之间的间隙中慢慢迂回前进，足足跑了四个多小时。抵达兹利坦的时候，我们发现镇子静得出奇，原本60万居民已经没了影踪，太阳炙烤着空荡荡的大街，在微风中摇曳的棕榈树是整个城镇里唯一在动的东西，仿佛一切都在

兹利坦，民众在家乡遭到北约战机轰炸后，痛苦不已

第四章 ■ 在历史的军事解释中,战争是最后的仲裁者

在兹利坦采访期间,我们被暂时困在城内,北约的炸弹在四周落下

北约轰炸后的场景

屏息等待巷战的来临。

突然，寂静的城市不知哪个方向爆发了几声闷响，紧接着又有巨大的轰鸣声从头顶呼啸划过。大家都意识到，北约战机来空袭了。小镇里没有高楼，放眼所及最高的建筑是一家宾馆，大家迅速地跑进楼梯间，以最快的速度爬到六楼楼顶，身后坐电梯上来的记者竟就被突如其来的停电锁在了电梯中。我找到楼顶平台上一个隐蔽处，放下背包，举起相机，准备拍摄下战机空袭的场面。然而，虽然是白天，战斗机却依然是看不见的，只能听见呼啸声如雷贯耳，爆炸时而在东，时而在西，感觉大地随之颤动，爆炸的当量比的黎波里落下的炸弹显然要大得多——毕竟这里是前线。几秒钟后，米苏拉塔和海港方向便升腾起多处白色浓烟。除了零星的冲锋枪声以外，基本听不见防空炮火的还击。

最可怕的就是这冲锋枪的声音，因为很可能是反对派在空袭的掩护

第四章 ■ 在历史的军事解释中，战争是最后的仲裁者

当地小学也遭到了空袭

北约战机轰炸后，愤怒的民众向我控诉，这里是民用设施

下攻城了。战争已经让那些反对派士兵杀红了眼，里面掺杂着越来越多的极端分子，一旦被俘，政府方面的人下场都很惨，直接枪毙算是好的结局了。所以外媒局的人显得异常紧张，比我们更紧张，他们一边打电话询问前线战况，一边调集车辆，随时准备着撤退。手机上始终显示着"仅限紧急呼叫"，海事卫星电话无法接通，尝试了几乎所有人的手机电话，都没有信号，酒店也没有国际长途，我们完全同外界失去了联络。时针一分一秒地行进着，三个小时如流沙般一点点消逝在大漠中，想着国内同事们焦急的等待，我心急如焚——虽然也做了最坏的打算，包括万一被俘后应该怎么向武装分子陈情，但始终没有放弃逃生的信念，随时准备突围。

北约战机在一轮集中轰炸后渐渐远离了，枪声也暂时平息了，我们抓住这个珍贵的窗口期成功撤离！路上，义愤填膺的当地民众从住宅中走出来，沿街大声谴责北约的野蛮轰炸行径，一个名叫萨利姆的当地人举起双手反问："北约凭什么轰炸我们的家园？凭什么周边的国家都能拥有完整的军队，而不允许我们有保卫国家的力量？"说到激动的时候，萨利姆几乎泣不成声，"他们就是想要我们的石油，想要我们的钱，然后让我们兄弟阋墙，自相残杀"。我相信他的举动不是政府为我们准备的表演，因为

从他的眼泪中,我看到了撕心裂肺的悲痛、仇恨和无助。

行进中,我们草草查看了之前被北约炸毁的工人营房和当地医院,估计这些地方都是被当作军事设施摧毁的,炸得很精准。但这也说明,兹利坦的防线已经被清理得差不多了,所以才会腾出精力瞄准后勤设施。事实也是这样,从那天离开兹利坦,政府就没再组织过像样的前线采访,兹利坦的沦陷只是时间问题。

采访中,北约战机轰炸袭来

我在一家被轰炸的医院里采访(同行外国记者 摄)

第五章

如果世界对我们疯狂,我们也会以疯狂回应

（一）

我背过身子，用脊背承受着他的拳头，紧紧攥着相机带不放手。打了几拳，他停下来，示意要掏手枪了。

北约战机依旧在的黎波里上空呼啸肆虐，每天听着外边的轰鸣声，我们却只能在RIXOS酒店的草坪上无聊地被太阳炙烤，大门口有荷枪实弹的军人把守，谁也出不去。因为战事趋紧，到外地采访的安排全停了，在首都也只能跟着大部队去看看街市里虚假的繁荣。

酒店门口的年轻士兵，在长官不在的时候，特别愿意跟我聊天。于是，我讲阿拉伯语的特长就淋漓尽致地展现出来了——送他们几个从中国带来的清凉油，聊聊年轻人都关心的话题，比如汽车、体育、恋爱……我们很快就建立了信任与好感。于是，士兵们允许我每天到酒店对面的小超市买水和零食，但前提是不能超出他们的视线。在试探性地去了两天小超市后，我发现他们也都是心不在焉地站岗放哨，没人专盯我。于是，我决定"越狱"。

24日，又是一个炎热的上午，我一如既往在10点钟来到酒店门口，和每个军人握手问好，然后示意要去超市，他们很爽快地放行，有个军官还问我能不能帮他带一盒555香烟，当即一口答应。我走到超市门口，悄悄回头观察，发现那些士兵都在闲聊，没人关注我，于是撒腿跑进了路口拐角处，消失在军人们的视线以外。我定了定神，招手搭上一辆出租车，司机问："你要去哪里？"我想了半天，也没啥认识的地方，就记得以前绿色广场旁有古城和市场，于是告诉他，去绿色广场。一路上，能看到的车非常有限，估计因为战争，很多人都逃离的黎波里了，司机却说，大多数人是舍不得离开家的，只是因为加不到油，大家的车都在家里趴着。这位司机因为在突尼斯有熟人，用的都是走私汽油，所以还能上路。价格肯定是比平常高了，三四公里路程，经过一番讨价还价，我还花了20第纳尔，相当于100多块人民币。

绿色广场是我三年前最熟悉的地方，也是的黎波里的市中心，利比亚的心脏。只是此时，一切都不复过往，道路上的尘土随风飞扬，花坛无人修理，灌木肆意生长，铁锈斑斑的集装箱轮船停泊在近海，应该是很久没有开动过了——自从北约3月份设置禁飞区，利比亚的海上贸易也全线暂停，物价就从那时起一路飙升。广场上没有人，难得找到一个垂钓者，但却好似睡着了。时间仿佛就停滞在这个恐怖笼罩下的苍茫海岸。

没有人可以采访，我就一个人走着。远远地，一个壮硕的身影向我走来，我很确定他的目标是我，短暂的思考后，我决定迎面而上，逃跑只会暴露我的心虚。我们迎面撞上了，他伸出手，说："护照给我看"。我初步断定他是卡扎菲政府的特务。我掏出钱包准备拿护照，没想到整个钱包

在当时的绿色广场上，一名男子向我走来，后来他向我实施了抢劫

一位老人在的黎波里的海边垂钓，睡着了

被他一下抽走了。

　　我想给利比亚外媒局的人打电话，让他们来处理眼前的危机。但刚刚掏出手机，又被他一把抢走了。我解释说我是记者，请他联系政府确认，但这个壮汉无动于衷，只是浑身上下打量我。看我肩膀上背着相机，于是执拗地说，"这里不能拍照，相机给我！"我下意识地照做了，因为没收相机在利比亚不是第一次了。当我等待着他的进一步"宣判"时，他却调头想走，这引起了我的警觉——不是应该带我回酒店，或者警察局么？看着他的脚步越走越快，我突然明白了，他可能不是特务，至少他现在不是执法，是抢劫！

　　情况紧急，我跑步冲上去，手用力拽着相机带，要把相机抢回来。那人回过头，怒目圆瞪，眼珠子都要从黝黑的脸上凸出来了一样，挥拳就冲我打来。我背过身子，用脊背承受着他的拳头，紧紧攥着相机带不放手。打了几拳，他停下来，示意要掏手枪了。

当时，我脑子里根本想不到害怕，满满的都是这几天所有的相片，以及未来几天的采访，都还要靠这台相机。情急中，我脑海中迸发出了智慧火花——我劝他只带走钱包和手机，把相机留给我。"现在的黎波里已经被封锁，人心惶惶，你拿我这么好的相机，根本出不了手，反而会引发警察注意，就还给我吧。"我说。

我的话对他产生了影响，他中止了掏枪的动作，但还是在用力跟我争抢相机。好话说尽，我也坚定地拉着带子不放手，不管怎么样，拿回相机的决心是不可动摇的。两个人的争夺陷入僵持，随着时间推移，周围渐渐有当地人走过，这成了这场抢夺战的转折点——他惶恐地环顾着四周，看我不松手，索性放开了相机，用力一把将我推倒，回过头大步流星地逃窜。我卧在地上，紧紧把相机抱在怀里，才发现腿其实已经吓得抖个不停，一时没有力气站起来了。

后来，在路人的帮助下，我打车返回酒店。当遇到负责我们采访的利比亚外媒局官员时，我估计会遭到一通狂风暴雨的责难，不想他居然关心地说："这肯定不是政府的人所为。我们会替你报案，但你以后也要当心，不能再自己跑出去了，我们也是为了确保你的安全。"这时，我突然觉得他不再像以前那么奸恶，反而有一点点的亲切。

（二）

战争中满是假象，西方为了侵略夸大其词，甚至无中生有；卡扎菲为了生存弄虚作假，粉饰太平。我也理解，所有的假象都是为了利益，为了生存。

我借凤凰卫视同行的电脑，第一时间跟国内报告了钱包和手机被抢的情况，然后一个人呆坐在房间里，浑身冒着冷汗。既懊恼，悔恨自己当时没有再勇敢一些，为手机和钱包据理力争；又庆幸，那人没对着我开上一枪。

那一天，为安慰我，凤凰卫视的兄弟给我送来了他们点的中餐外卖，红烧牛尾和炒米线。他们知道我爱吃这个，但太贵了，所以平时我不舍得点——在利比亚战争期间，大部分外卖业务都已停止，唯独一家浙江人开的中餐厅还在营业，并坚持送外卖——一份炒米线40美元，一份红烧牛尾70美元，这包含了他们送餐成本，但真的很好吃。

后来有一天晚上，北约空袭异常猛烈，的黎波里的大街上都没人敢出门了，饥饿的我们还是抱着试试看的心态拨打了中餐厅老板的电话，希望能送餐。等了大约一个小时，远远地看到一辆皮卡开过来停在路边，三个中国人从车上下来，一个中年妇女，一个十六七岁的男青年，和一个十四五岁的小姑娘。当三个人走过来，我认出那名妇女就是中餐厅老板娘，身后的两个年轻人应该是她的孩子。"今天太危险了，车不好拦，让你们久等了"，老板娘将还热乎的中餐递给我们，收了钱要走，眼神中却还有些留恋，"我带着他们俩，也是怕出意外，好有人做伴。你们注意安全，如果要走了，给我来个电话"。她的身后，两个孩子用清澈的眼眸望着我们，看不到恐惧，满满都是在异乡见到亲人的喜悦。皮卡渐渐消失在夜色中，虽然就这短短一两分钟的交流，却让我久久难忘。一家人的相依为命，孩子们的天真无邪，战火中的同胞之谊，化作这炎凉乱世中的一股暖流，滋润我心田。

长期处于紧张状态，人的身体和精神会有一些异样的变化。比如睡觉会减少，精力异常旺盛，情绪波动增加，容易大哭大笑。更不好的是身体的零部件会出奇怪的问题，比如有一天我吃早餐，不小心咬到了钢叉，结果门牙被碰掉了一个角，它以前可不是这么脆弱的存在。

除了适应身体的变化，我的脑子还要上紧发条，拆穿来自卡扎菲政府的"表演"。随着战事趋紧，卡扎菲政府就只会带我们看一些支持政府的

"表演",地点多数在的黎波里或周边支持卡扎菲的部落控制区。形式往往也都类似,提前告知我们会有声援政府的游行示威,然后抵达现场,发现场面异常宏大,示威者统一着绿色服装,近乎狂热地舞蹈、呐喊,每次都有至少上万人。一个小细节完全暴露了这一切背后的骗局。

记者们曾被带到距离的黎波里约一个多小时车程的阿齐齐亚省,报道这里声援政府的大游行,当时有一个四五岁年纪的小女孩,吸引了所有人的目光。她面目清丽、天真无邪,就大大方方地站在广场中央,用稚嫩的嗓音呼喊:"我们要和平!"在场者无不为之动容。她仿佛一个小天使,降落在绿色人群中,她的嗓音清亮高昂,仿佛能穿透人的身体,直击人的灵魂,反差之下,战争与侵略者显得肮脏、可恶至极。

然而,在两天后的黎波里绿色广场上举行的另一次集会上,我居然又看到了她的身影,虽然换了一身服装,但那双晶莹剔透的大眼睛,还是让我一眼就能辨认出来。相距80公里的两座城市,为何会有一个相同的女孩?是否在场所有人都是从另一个城市转场而来,并且还将转到下一个目的地?细思恐极……我开始用挑剔的目光观察眼前的示威者,他们多数看似都很贫穷,着装打扮透着一股浓浓的乡村气息,有的则显然是年少无知,来凑热闹的,很难说他们懂不懂在做啥?啥叫政治?此时,我基本确

支持卡扎菲的民众

信，这些人都是雇来的群众演员，粉饰太平给世界看的。

自此以后，我看待所有问题都带着怀疑的眼光，事实也证明，这并不是多虑——酒店周边的加油站基本不用排长队，这是因为禁止民间车辆来此加油，公务用车没有几辆；菜市场的蔬菜水果丰富，且价格合理，但这都是政府之前排练过的，大部分人有钱也买不到新鲜果蔬——我还曾偷偷

民众高举绿色旗帜和标语，发起声援卡扎菲的游行活动

第五章 ■ 如果世界对我们疯狂，我们也会以疯狂回应

跑去一家大型超市，货架上的食品早被一抢而空……

战争中满是假象，西方为了侵略夸大其词，甚至无中生有；卡扎菲为了生存弄虚作假，粉饰太平。我也理解，所有的假象都是为了利益，为了生存。

坚守战地1200天——一个中国记者眼中的"阿拉伯之殇"

（三）

只可惜这样的人才实在太少，一两个精英的抗争，终究挡不住战争机器的摧枯拉朽。

北约导弹、战机的轰炸断断续续，完全不像想象中大规模战争那样轰轰烈烈，但实际效果一点儿也不差。美国的导弹之前炸毁了的黎波里国际机场的航站楼，候机楼就紧挨着航站楼，袭击过后大家去看，发现除了玻璃被震碎，整个候机楼几乎毫发无损。既然有了这样的精确打击能力，西方国家自然就不需要倾泻火药、连累无辜了。利比亚全国的防空系统和空军早在禁飞区设立之初即被完全端掉，卡扎菲如同断了翅膀的大雁，在田野上苦苦挣扎，眼看着自己控制的国土被一点点蚕食殆尽。

卡扎菲的儿子赛义夫在阿拉伯世界、甚至在发展中国家都极具代表性，他们的父辈打下江山，把他们送到西方接受西式教育，寄希望于他们长大回国后，更好地治理国家，并得到西方认可。这些储君身边，聚集

卡扎菲政权发言人易卜拉欣在给记者们通报情况

了一大批有着同样留洋背景的年轻人，普遍操着一口熟练的英语，深谙西方政治的运行模式，甚至比西方人更精于政治和权术。他们早早地成为这些储君的左膀右臂，回国后纷纷走进要害部门、走上关键岗位。与卡扎菲同样出自卡达法部落、在英国获得新闻博士学位的政权发言人易卜拉欣，就是这样一个角色。

易卜拉欣给人的第一感觉是干练。一米八左右的身高并不突出，但紧致的西装和整洁的外表，着实辨识得出他与许多阿拉伯中年男人有本质区别。长年留学英国的经历，赋予了他举手投足欧洲绅士般的气质，字里行间带有的幽默感，展示了他相当高的智商与学识，大大拉近了我们与他的距离。更为重要的是，他的话语充满思辨，能捕捉并牵动倾听者的注意力，透过他那双大眼睛，我们仿佛看到来自一个弱势群体的真情流露。一般而言，新闻发布会他会先用英语、再用阿拉伯语介绍两遍情况，用讲故事的方式将前线局势跟我们娓娓道来，句句都很真诚，说得很实在，像他亲眼看到的一样。这也让我一度认为，卡扎菲政权的命运或许会有转机。

易卜拉欣每天都住在酒店里，我们都在一层。他的房间在大堂另一侧，房门常常是不关上的，里面时不时能传出爽朗的笑声。有空的时候他还会过来跟我们聊聊天，话题非常时尚，仿佛内心里也住着一个激情少年。他的口才好得不行，这让我难以选择与他交流的方式——不论是阿拉伯语，还是英语，他都比我说得更流畅，而且他还会用汉语讲"你好""谢谢"，他还会打乒乓球。

后来，有一件事彻底击垮了易卜拉欣的意志。24日晚上，酒店大堂里一如既往地播放着舒缓的乐曲，突然一声嘶哑的吼叫打破了宁静，随之而来的是痛哭声，哭得撕心裂肺。声音从易卜拉欣的房间传出来，所有人都探头到走廊上看，谁也不敢吱声。几个政府官员先后跑进他的房间，哭嚎声在持续了五分钟之后，渐渐平息下来。谁也没想到，这个声音居然是平时温文尔雅、沉着淡定的易卜拉欣本人发出来的。后来我们得知，易卜拉欣的弟弟效力于卡扎菲军队，战事吃紧，需要增援，为了节省时间，卡扎菲政权方面借着夜色，用快艇运送包括他弟弟在内的200余名士兵前往米苏拉塔前线，结果几艘艇刚刚出海，就被北约的导弹锁定击中，无一生还。

接下来一周的新闻发布会都取消了，卡扎菲的整个新闻团队因为易卜拉欣的崩溃而土崩瓦解。直到我离开，易卜拉欣都没再露面。我理解他面对强大的北约战争机器时，内心的痛苦与无奈。其实，他只是在用自己的天赋、自己的挣扎，去为一个难以挽回的败局缝补漏洞，苟延残喘。我相信，假如每一个利比亚人都像易卜拉欣这般精明能干，利比亚绝对走不到大厦将倾的这一步，只可惜这样的人才实在太少，一两个精英的抗争，终究挡不住战争机器的摧枯拉朽。

（四）

我其实并没有他的电话了，之后也再没联系到他。战争已经结束多年，不论他在哪里，我依然相信，我们还会再见的。

住酒店的费用极高，每天超过300美元的住宿花销让我捉襟见肘，撤离已不可避免。临走前还采访了一场声势浩大的声援集会，政府做了一张足有一平方千米的巨型卡扎菲肖像海报，横铺在绿色广场上——人在地面上的时候，完全不知道脚下为何物，直到登上房顶，才会为眼前的场景所震撼。

海报上，卡扎菲身着军装，表情里透射着坚韧、自信。在如此岌岌可危的时期，还能想到制作一张如此夸张的海报，说明卡扎菲政权还是有钱的，但也暴露了他们在宣传手段上的匮乏。在现场，我遇到一位卡扎菲的女保镖在维持秩序，黑色粗糙的皮肤，壮硕的身材，提着冲锋枪一点都

绿色广场上,铺上了卡扎菲的巨幅肖像

不显费力。卡扎菲的女保镖举世闻名,但世人对她们褒贬不一,有的说是卡扎菲为了吸引世人眼球而成立的"仪仗队",还有人说这些女兵承担着服务卡扎菲生活的职能……但眼前这位应该是来自北非某个穷国的专业保镖。她人很热情,见到我们外国记者尤其笑得灿烂,主动帮我们在人群中开路,解答我们的问题。后来我们到了拍摄地点开展工作,还能瞄见她远远地望着我们,确保能随时应对突发情况。现场活动卡扎菲并没有来,女保镖的出现或许是的黎波里安保力量吃紧的一个体现。

此时,卡扎菲本人也生活在的黎波里城内,他的大本营名叫阿齐齐亚兵营,如一个大迷宫,要进入核心区域需要穿过很多道设有岗哨的高墙。同时,兵营的地道四通八达,可以通达十几公里远的地方。战事开始以后,卡扎菲就一直躲藏在阿齐齐亚兵营里,除了播发电视讲话,本人再也没在公开场合露过面。

通常，卡扎菲由两重势力保护，外层是与之联盟的部落势力，这些联盟依托于各部落同卡扎菲政权建立的经济联系，纯粹以利益为纽带，忠诚度不高，战事打响，很多部落叛变，或是立场摇摆，不堪重用。但卡扎菲还有自己的卫戍部队——第32旅，又称哈米斯旅，是由卡扎菲六儿子哈米斯掌管的精锐部队。

这支部队有多强大？有报道介绍，利比亚全国总共200余辆T-72坦克，大部分隶属于该旅或受其调动，此外，该旅还装备有63式107毫米火箭炮、苏-22战斗轰炸机以及飞毛腿导弹等武器，是一支重型机械化步兵部队。战前，利比亚总兵力超过六万人，但此时还效忠卡扎菲的只有一万余人，哈米斯旅是卡扎菲能够抓住的最后一根救命稻草。

打虎亲兄弟，上阵父子兵。战前，哈米斯一直在国外的军事院校读书，曾经是利比亚的黎波里军事学院、俄罗斯伏龙芝军事学院、俄联邦武装力量总参谋部军事学院的学生，获得了军事博士学位。他精于军事指挥，并对先进武器装备等具有良好的意识与领悟，是利比亚反对派最畏惧的人物，被称为"嗜血的哈米斯"。据说，1986年，3岁的哈米斯在美国对利比亚的空袭中头部受伤，从此埋下了对美国深深的仇恨。2011年2月疾驰回国接手军队之后，哈米斯旅在西部战场上攻城略地，若不是北约介入，他无人能挡。

7月末，阿拉伯世界迎来了2011年血雨腥风的斋月。斋月在伊斯兰文化中是神圣的，所有的战事都应停止，穆斯林应该在斋月中隐忍静修，历练品性，但北约军队可不管这些，照样狂轰滥炸——为了活命，利比亚对战双方也杀得停不下来，但毕竟白天不能进食，士兵都没了力气，战争的烈度明显降了下来。

在临走时参加的一场外交部活动上，我惊喜地见到了阔别三年的老朋友法伊戈。他也远远地见到了我，我们挣脱开人群，紧紧地用拥抱表达对彼此的想念。这时的他已经是利比亚外交部部长助理，也算是政府中数得

第五章 ■ 如果世界对我们疯狂，我们也会以疯狂回应

从使馆眺望北约战机轰炸状况（驻利比亚大使馆提供）

着的人了，但他的穿着还是像以往一样，随意，亲和。然而，他的头发比之前更少了，面对我虽然很高兴，但笑容中难掩疲惫，浓重的眼袋和深邃的皱纹，暴露了他的操劳和焦虑。回想三年前的此时，我们还在罗马遗迹中游走，谈笑中饱览古老文明，谁能想到，时光荏苒，天翻地覆，如今却是导弹纷飞，生死由命了。我很庆幸，他还记得我叫塞米，我也记得他叫法伊戈，但我们这最后一面的交流就只有短短一句话，"塞米，有任何问题，给我打电话。"他紧跟着代表团离开了会场，远去的身影时不时回过头来，手摆出话筒的形状靠在耳边，笑着、恋恋不舍地跟我示意、告别。他的笑容，就此定格在我的心里。因为换了手机——我其实并没有他的电话了，之后也再没联系到他。战争已经结束多年，不论他在哪里，我依然相信，我们还会再见的。

汽车缓缓驶离边境，回望渐行渐远的利比亚，已看不到弥漫的硝烟，紧绷了半个月的神经终于可以松弛下来，心里涌现出从未有过的舒缓、舒畅。面对突尼斯寂静的海岸，我放声大吼，想要把内心郁积的所有惊

恐、不安、挣扎、委屈，通通宣泄入大海！当嗓子喊到沙哑，眼泪止不住地就滑落下来，为了终于从死神身边逃脱的喜悦，也为了死去或还在煎熬着的友人们的悲哀。

（五）

在"地中海新娘"壮美的晚霞中，我看到了久别的堵车场景，回想一个多月前这里草木皆兵、人人自危的境况，备感堵车也是一种幸福。

返回埃及，见到阔别已久的同事，感到很亲切。赶上8月份我的生日，于是亲自下厨，在开罗公寓中做了一顿简餐，与奋战在中东崩塌边缘的战友把酒言欢。

啤酒的发源地是中东，古埃及人将其很好地推广开来。在胡夫金字塔周围，曾经发掘到1000多个金字塔建造者的古墓，墓室里散落着当时的啤酒罐——4600多年前的古埃及啤酒更黏稠，酒精度数更低，是价值很高的

2011年生日那天，我和同事黄培昭、张梦旭在埃及小聚

营养品。据记载，当时工人一天的工资就是一加仑啤酒，而加入椰枣、蜂蜜、乳香等调制的啤酒，充当着古埃及男性向贵族女子求婚的必备礼品。也难怪古埃及有句谚语，"在水里你看到的只是自己的脸，但在酒里你能看到内心的花园"。

后来，埃及人又发现了啤酒的药用价值，以至于在一些墓穴的铭文中，能够找到"啤酒将使他的灵魂得到安息"的字样。或许是巧合，现代埃及最著名的啤酒品牌，即以埃及最古老的金字塔——萨卡拉金字塔命名。萨卡拉啤酒使用著名的埃及小麦和尼罗河水酿制，虽然因为工艺原因口感略显苦涩，但一想到自己和5000年前的古埃及人同饮一杯酒，也是酒不醉人人自醉了。

当我准备再赴利比亚前线时，的黎波里被攻陷的消息传来——8月21日晚间，来自米苏拉塔、扎维耶等多地的反对派武装分多路围攻的黎波里，还有一部分经过海路直接进入的黎波里市区，的黎波里城内也爆发了起义（此前，大量国外情报人员已渗透进入的黎波里，向民众分发了通信设备，并买通军人购得武器）。在多重攻势下，政府军的抵抗未能起太大作用就崩溃了。但阿齐齐亚兵营依然在卡扎菲控制中，它就像一座城市中的孤岛，偶尔有坦克和架设机枪的皮卡从军营大门涌出，一旦听到哪个方向传出枪声，就朝该处漫无目的地开火，然后迅速龟缩回去。

我即刻踏上重返的黎波里的行程。

我还是走的突尼斯拉斯杰迪尔陆路口岸，利比亚一侧已经城头变换旗帜了。纯绿色的旗帜没了踪影，换之以星月为主图案的反对派旗帜。得知我是记者，武装人员特地挪开一个路障，请我单独通过——"中国记者，我们等你好久了"，说话的是口岸里的一位长官，他告诉我，中国与利比亚两国人民才是真朋友。他的身旁，一个瘦高个儿的武装人员学着中国话说着"你好"，另一个年纪稍长的则主动要走了我的护照，帮忙办理一应入境手续。口岸上，随处可见的涂鸦都写着这样的标语——"欢迎来到自

从突尼斯拉斯杰迪尔口岸再入利比亚，城头已经变换了旗帜

由利比亚"。

　　从口岸到的黎波里的170多公里路程，途经了几个满目疮痍的城市。首先是小镇祖瓦拉，在之前的交战中控制权几经易手，又经过轮番的北约战机空袭，城市已是面目全非，临街楼房遍布着大小枪眼，还能看见个别被击毁的坦克车和打爆轮胎的装甲车。每隔数里地便有一个安全检查站，其中一个站点里，一个面目俊秀的小伙子也就国内初中生的年纪，但从他手提冲锋枪那一本正经的样子中感觉得到，他还没有从之前紧张的战斗状态中放松下来。接着来到以罗马古迹闻名的鲁巴达和萨布拉塔两镇，景象更令人触目惊心，尤其是在萨布拉塔，整座楼被炮弹击穿的比比皆是，临街的玻璃窗几无完好，据称卡扎菲武装曾把军械藏匿于古迹之中，北约和反对派投鼠忌器不敢空袭，打的都是巷战；再向前，便是有的黎波里西大门之称的扎维耶，这里不但是军事重镇，还是石油重镇，的黎波里民众得益于扎维耶的炼油厂，已经脱离了油荒，一般车辆个把小时就能加满油开走。

第五章 ■ 如果世界对我们疯狂，我们也会以疯狂回应

沿途能见到战争留下的残垣断壁

一路上，总能看到架着机枪的皮卡飞驰而过，后面往往跟着一串载满武装人员的车辆，看上去的黎波里西部地区战乱尚未平息。进入的黎波里市区时已日暮西山，在"地中海新娘"壮美的晚霞中，我看到了久别的堵车场景，回想一个多月前这里草木皆兵、人人自危的境况，备感堵车也是一种幸福。

的黎波里的黄昏很美，大战过后，重拾宁静

（六）

> 整个的黎波里，就像是充斥着牛鬼蛇神的乐园，大家因为赶走了暴君而欢庆，但失去理智的后果就是把喜剧演成了悲剧。

自由与狂欢之下，危险暗流涌动。

早在卡扎菲执政时期，利比亚政府就号称向民众发放过120万支枪，用于"抵抗殖民侵略"，于是的黎波里人持枪是司空见惯的事。但城头易帜后，的黎波里满大街都是架设着机枪的战车，马路上的年轻人都拎着冲锋枪，对一个靠着基本道德约束和武力制衡运行的社会而言，安全实在来得脆弱——浩渺的夜空，时不时就被带着红色尾焰的子弹划破，重机枪的响声也能震得人肝儿颤，然而这些射击行为都是年轻人游手好闲的娱乐活动，流弹落下击中路人的案例几乎天天都在发生；因为各路武装都聚集在城内，对于财产和权力的争夺往往会诱发冲突，各类武器装备悉数参战，丢十几条人命司空见惯……整个的黎波里，就像是充斥着牛鬼蛇神的乐园，大家因为赶走了暴君而欢庆，但失去理智的后果就是把喜剧演成了悲剧。

度过了第一个难眠的夜晚，我把首个采访地定在了阿齐齐亚兵营。反对派进城后两天，阿齐齐亚兵营就被占领了，卡扎菲父子跑的跑，抓的抓，兵营的神秘面纱自此揭下。

阿齐齐亚兵营在阿拉伯语中有"光荣之门"的寓意，地位类似于法国爱丽舍宫，但它不仅有作为卡扎菲王宫的华丽，还有要塞的坚固，是卡扎菲禁卫军的驻扎地。卡扎菲一生戎马岁月，通过政变上台，并一直活在与反对派、与西方的斗争中，阿齐齐亚兵营复杂的构造恰是他缺乏安全感的集中体现。

兵营结构异常复杂，如同有六七圈围墙环绕的迷宫，每一层围墙都只有一个不起眼的入口通往下一层，这样环环相扣，令攻入者腹背受敌，

战事一停，充斥着的黎波里的武装分子和重型武器，就成了民众生活的隐患

坦克停在进城的高速路旁，不知反对派是否知道如何使用它

无路可退，如同瓮中之鳖。我的汽车进入军营大门，在重重布满弹孔的白色围墙之间迂回穿梭，眼前尽是被反对派武装烧毁的战车、炸塌的石门、打烂的哨台和沉陷的地下结构。墙上多写着利比亚城市的名字——哪里来的部队攻下这个据点，就把自己城市的名字喷漆到墙上，以示光荣。

主楼就是卡扎菲的王宫，楼前屡屡现于荧屏之上、寓意利比亚民众抗击美国侵略的铁手捏碎飞机的雕塑已经荡然无存。它分为三层，一楼主要是行政用的房间，也有客房，类似标准间，带有不大的浴室；二楼则是精华所在，虽然已经前后被洗劫了多次，但其富丽堂皇的程度依稀可见——在一间装饰温馨的大卧室，一位老者从地上拾起絮状物仔细地看，"用羽毛作床垫，奢侈"，老者这样说道。它的旁边，是一个用红色大理石与七彩玻璃装潢的大房间，每个门与窗户都做成美轮美奂的拱型，虽然已经被破坏，但身在其中仍感觉这里好似童话世界——这是卡扎菲孙子的房间。

曾经参与进攻阿齐齐亚兵营的卡拉曼利，是18—19世纪统治利比亚的卡拉曼利王室后人，他在主楼二层与我促膝而谈，"当你苟且偷生时，你

第五章 ■ 如果世界对我们疯狂，我们也会以疯狂回应

只有死路一条；当你下定死的决心，才有活路。"他讲述冲击兵营的当夜，他从邻居那里借来冲锋枪，舍身赴死，当时他也不知道有多少人在向兵营里冲，但"攻击的浪潮如民众的怒火，不可阻挡"。他准备周二就出发去米苏拉塔，支援前线的战斗，"散落利比亚民间的枪支无数，十年之后，当利比亚真的富强了，安全了，自然也就用不着了。"

十年，或许太过乐观。当天，攻击拜尼沃利德的反对派部队被打了回来，内部相互指责，步兵指挥官称部队冲上去了，炮兵还不知在什么位置；装甲兵指挥官则说本来策划坦克开路，不知为何步兵先冲

卡扎菲的阿齐齐亚兵营，成为利比亚民众竞相参观之地

了；司令部指责前线不听命令，怀疑有"奸细"向卡扎菲送信……这就是当时反对派武装混乱无序的缩影。同时，不同地域的部落、家族、政客、众多伊斯兰组织团体，以及各怀鬼胎的西方国家之间矛盾重重，都在打着自己的小算盘，想要用十年时间弥合所有的分歧，切好利益的蛋糕，怕是远远不够。

坚守战地1200天——一个中国记者眼中的"阿拉伯之殇"

卡扎菲的阿齐齐亚兵营中,这间大房子曾经是给卡扎菲的孙子住的,废墟中依然能够一窥从前的奢华

（七）

落后就要挨打，哪怕只落后一点点，失败也都将是压倒性的、致命的。

利比亚有着1900多公里的海岸线，海军对于这个以石油出口为主要收入来源的国家而言有着独特的重要作用。但面对北约，卡扎菲的海军不堪一击。卜西奈基地就位于的黎波里东郊，是卡扎菲时期最重要的海军基地，但在北约袭击中遭受重创。反对派占领首都后，我成为第一个进入卜西奈基地的外国人。

基地大门被横杆阻挡，几辆架有高射炮的皮卡在门前左右列队，荷枪实弹的士兵严阵以待。"即使你是记者，军事禁区也不能入内"，戴着贝雷帽的卫兵义正词严。经我一番软磨硬泡，一位名叫汉姆扎的军官同意带我前往请示基地警备司令——当时整个基地的最高长官。

但我首先被带到了一个军事营区，就像一座大教学楼，教室就是营房。汉姆扎让我在漆黑的走廊里等着，自己突然就消失了。我一个人孤零零站着，不敢胡乱走动，时间一久心里便开始发毛。许久，汉姆扎来到了我的身边，提示我可以去见警备司令了。警备司令萨弗拉尼蓄着络腮胡，热情又不乏严肃地接受了采访，感觉得到他的文化水平不是太高。他表示《人民日报》是在的黎波里易帜之后第一个派员采访该海军基地的国际媒体，感谢中国对利比亚的支持。在他看来，利比亚很富有，未来购买军舰的事不足挂齿，但目前最缺乏的就是技术人才。"一个普通人想要掌握海战技能是很困难的，重建海防需要时间"。

经过萨弗拉尼特别授权，我坐上皮卡军车，在汉姆扎的陪同下巡视整个海军基地。卜西奈海军基地分陆上、海上两部分，陆上部分除了绵延很长的军营及行政楼，还有一个面积超过两个足球场大的广场，以前是士兵训练的地方，如今停满了各式保卫基地的战车。此外，延伸至海里的水泥空地上还有一大片被烧毁的巨型厂房，汉姆扎告诉我，厂房用来储存军火，在北约空袭中被完全烧毁。我在厂房外看到了几个大型螺旋桨及发动机被晾在水泥地上，废墟中还能见到被焚烧过的储油罐及其他军用辎重。

水上部分以四个伸向海里的小码头为核心，周围停靠着数艘或被击沉、或被击伤的大小战舰，触目惊心。在一艘名为"太阳光"、处于半沉没状态的军舰前，我看见该舰被导弹从船脊上拦腰炸断，船头微微翘起，后半部分则完全沉入水下，中间一点的指挥舱还在水面以上，舱内被烧得焦黑一片，只能看见些仪表的轮廓。我正在感慨战争的残酷，汉姆扎过来拍拍我说，"还有大的"。我们坐上车，迂回到第三个码头上，一艘侧翻入海的军舰横在眼前，其真实与惨烈带给人的冲击难以摹状。假如刚才的"太阳光"舰还只是一艘护卫舰，那么这艘倾覆的舰艇则完全够了驱逐舰的吨位。从船体及海岸边焦黑的地方可以推断，这艘舰艇是被导弹从船的左舷侧击中，右翻入海的。整个船体右半身沉入海中，露出水面的部分还清晰可见导弹发射装置与围栏。所幸，还有七八艘舰艇及一个大型船坞相对完好，新利比亚海防也不算一无所有。

在卜西奈海军基地的采访，带给我内心猛烈的冲击。虽然利比亚很有钱，但终究买不到核心技术，大国重器必须牢牢掌握在自己手中。在以科技为生产力的时代，武器的代差直接左右了战争结果。落后就要挨打，哪怕只落后一点点，失败也都将是压倒性的、致命的。

（八）

就像生前常被人叫作"北非骑士"，卡扎菲有驰骋疆场的勇气，

第五章 ■ 如果世界对我们疯狂，我们也会以疯狂回应

的黎波里的卜西奈海军基地，这名士兵来自东部的米苏拉塔

卜西奈海军基地的军火库，此前遭到了北约战机的空袭

基地军港里，各类舰船遭到不同程度损毁

有坚不可摧的理想，有纵横捭阖的智慧，却也因为自恃不凡，晚节不保，自我毁灭。

卡扎菲逃出首都的黎波里后，仍有几个大城市在其控制之下，与反政府武装激烈交战，的黎波里陷落并没有成为利比亚战争的休止符。之所以形成这样的分裂局面，就不得不提利比亚复杂的部落关系。

阿拉伯人最早是在阿拉伯半岛游牧的贝都因人，因为能征善战，阿拉伯文明随其军事扩张逐渐覆盖了西亚、北非的大片疆域。有些国家，如埃及、叙利亚、黎巴嫩等国，因为地缘、自然条件优越，较早开始工业化，成为现代国家；而利比亚地处沙漠腹地，故步自封于富饶的石油资源，社会意识依然停留在部落文明时期。

利比亚境内有近140个部落，其中有10个是跨越国界的部落。为了获取水源，过去的游牧部落流动性很大，相对较小的部落往往会依附于更大的部落，只有这样才能进入其所在的区域取用水源，否则就会被驱逐到荒漠地带。卡扎菲所在的卡达法部落原本是个小部落，曾两次沦为利比亚最大的瓦法拉部落（人口150万，约相当于全利比亚人口的1/4）和第三大的阿瓦拉德·苏莱曼部落的"附庸"。甚至卡扎菲的父亲还为阿瓦拉德·苏莱曼部落的人放过羊和骆驼，这段历史让卡扎菲耿耿于怀。

在位的42年里，卡扎菲运用高超的政治手腕将部落关系作为一种相互制约和联系的工具，并掌控它。科威特报纸《阿拉伯时报》就曾撰文披露，卡扎菲统治期间赋予了各个部落一定的权力，与国家机构在不同层次上形成交叉，防止各部落的联合坐大。同时，卡扎菲政权与部落保持密切联系，形成各个部落分别向他效忠的格局。

卡扎菲的父亲来自苏尔特，母亲来自塞卜哈，这两个城市及周边的部落在过去几十年间得到了卡扎菲政权的特殊优待，对卡扎菲异常忠诚；此外，拜尼沃利德等城市也聚集着大批卡扎菲支持者，在很多部落闻风倒戈的浪潮中，成为卡扎菲政权最后的堡垒。打到最后，卡扎菲自己部落的年轻人几乎死伤殆尽，他就不惜重金，以每天3000美元现金结账的方式从其他部落和非洲邻国征兵抵抗，苟延残喘。

毕竟大势已去，困兽犹斗，10月20日，苏尔特陷落，在经历了殊死抵抗之后，卡扎菲在逃亡路上被武装分子活捉并受重伤而死，结束了传奇的一生。利比亚战争也就此落下帷幕。

在日后的采访中，我遇到的多数利比亚人都对卡扎菲时代表现出了怀念之情。卡扎菲通过果决斗争将石油产业收归国有，促成利比亚经济飞速增长，人均GDP超过1.6万美元是不可磨灭的功绩；以600万人口的规模，在阿拉伯世界、非洲乃至全球拥有哪怕1亿人口国家都无法企及的话语权、影响力，敢于向美国叫板数十年，不得不佩服他的高超智慧和老辣手腕；以一个小部落的卑微出身，整合了几百年来都难以融合的部落和家族，凭个人思考得出控制意识形态、统治国家的宝典《绿皮书》……不得不说他是一位杰出的政治家。

就像生前常被人叫作"北非骑士"，卡扎菲有驰骋疆场的勇气，有坚

的黎波里老城，法式风格建筑犹在，曾经殖民这里的英、法、意等国，在时隔不到一百年，又一次将这里践踏

不可摧的理想，有纵横捭阖的智慧，却也因为自恃不凡，晚节不保，自我毁灭。这让我想起威尔·杜兰特在《历史的教训》中的一段话："人类历史从根本上说，仍然是一个个人和群体中间物竞天择、适者生存的过程，它从不优待善心，它充满了不幸，最终的考验全看生存能力。"

后来，我跟随反对派武装到前线，报道他们与卡扎菲残余武装的交战。采访过程中，因距离炮火太近，耳朵受伤，听力受损。经过激烈的思想斗争，我决定留下，坚持站完了最后一班岗。即便到今天，听力仍无法完全恢复，但我没有一丝后悔，我为能够见证历史的进程而荣幸，为自己的青春无悔而喜悦。

第六章

随意回溯迷蒙的历史，那里永远有一个大马士革

第六章 ■ 随意回溯迷蒙的历史，那里永远有一个大马士革

（一）

大马士革一直都在这条战线上，你所听过的著名帝国，除了中国和印度，几乎全都在叙利亚，在大马士革留下过战争和文明的踪迹。

飘雪中的大马士革大清真寺

随意回溯迷蒙的历史，那里永远有一个大马士革。她目睹了千万个帝国的枯骨，还将会见证千万个帝国的坟墓。对她来说，春秋只是一霎，十年不过弹指之间。她从不用岁岁年年来感受时间的流逝，而是俯瞰帝国的东升繁荣直至破败萧残。大马士革是一种永恒。

——马克·吐温

大马士革，一个厚重的名字，一片文明的焦土。这里应该是有据可查最早的人类文明城邦所在地，数千年的历史，地下埋着七座古城。它处于

地中海东岸,古称沙姆地区,是连接亚、非、欧三个大洲的桥头堡;它有地中海畔宝贵的河流、耕地,是沙漠里的绿洲;它的周边,先后诞生了犹太教、基督教、伊斯兰教,是历史长河中宗教与文化交融的黄金古道。大马士革既是陆上丝绸之路的交汇点,又是海上丝绸之路的支点,古代往来

俯瞰大马士革城和卡松山

两名大马士革儿童在卡松山顶眺望

的商队满载着香料和货物,据说令整个城市芳香四溢,所以古人又称大马士革为"麝香之城"。

大马士革还是穆斯林朝觐的必经之路。传说,伊斯兰教先知穆罕默德在朝圣的路上途经这里,当他在大马士革城北的卡松山远眺时,问仆人:

位于哈梅迪亚市场内的可汗阿萨德·巴夏,原本是往来丝绸之路和朝觐路上的重要驿站

儿童在倭马亚清真寺里玩耍

坚守战地1200天——一个中国记者眼中的"阿拉伯之殇"

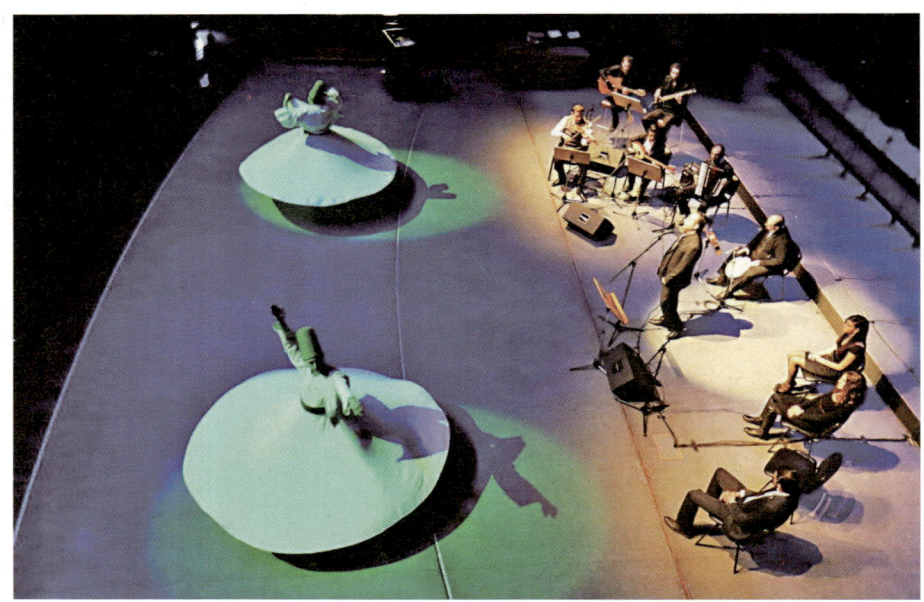

具有浓郁奥斯曼风情的歌舞表演在大马士革歌剧院举行

大马士革城内的一处老清真寺

"这里就是大马士革?"仆人回答说是,他牵着马扭头就走。仆人不解,问为何千里迢迢来到这里,却不进城?穆罕默德说:"人的一生只能进一次天堂,假如今天进入了这座人间天堂,那死后就进不了天上天堂了。"于是,公元7世纪伊斯兰教兴起后,这里成了伊斯兰教圣地,被生动地称作"真主花园""人间天堂"。

从地缘角度,不难理解处在众多文明交汇点的叙利亚为何一直是"多事之地"。大马士革以西代表着西方文明,以北是奥斯曼土耳其文明,以东是波斯和亚洲文明,以南则是犹太文明。这有利于大马士革从文化上借鉴、吸收、保留其他文明的特点并自成一体,却也给这片土地带来了深重的苦难,正如亨廷顿在《文明的冲突与世界秩序的重建》一书中所提及的,文明间(在地缘上的)断裂带将成为未来的战线。

大马士革一直都在这条战线上,你所听过的著名帝国,除了中国和印度,几乎全都在叙利亚,在大马士革留下过战争和文明的踪迹。苏美尔、

新年到,大马士革的基督教信徒点燃蜡烛,祈求和平

坚守战地1200天——一个中国记者眼中的"阿拉伯之殇"

阿兹姆宫位于大马士革老城里，原本是一座王宫，后来变成了一家重要的博物馆

大街上，大马士革民众熙熙攘攘，平日里这里一片祥和繁华

朱庇特神庙遗址就矗立在人们的生活中

夜晚,宁静的老城街巷,仿佛能带人回到18世纪的中东。

古巴比伦、亚述、波斯、马其顿、罗马、阿拉伯、奥斯曼土耳其……就在奥斯曼帝国没落,第一次世界大战开启人类现代史新篇时,叙利亚依然没能搭上和平的列车,英法列强以《赛克斯-皮克协定》将中东版图以个人意志而非民族宗教渊源重新划分,叙利亚又被动地陷入了新的矛盾旋涡,直至今日都无安宁。很难用一两句话概括叙利亚"乱"的根源,所以也没人有办法"治"好叙利亚;得天独厚的地理优势是叙利亚的"禀赋",同时也成了叙利亚的"诅咒"。

作为一个外国人,我喜欢叙利亚,多于埃及、利比亚、突尼斯等其他阿拉伯国家,这个国家有美感,有内涵,有底蕴,有风骨,有让我们难以具象、无法摹状的爱的地方。

站在卡松山顶,大马士革城星星点点,异常美丽(央视张宇　摄)

（二）

这样极好的态度与此前听说的情况并不相符，但我理解，现在中国在中东地区更有影响力。

当日历翻到2012年，"阿拉伯之春"运动的脚步停滞了。突尼斯、埃及、利比亚完成了改朝换代，也门萨利赫政权也在海湾国家斡旋下接近移交，阿尔及利亚、约旦和部分海湾国家的街头暴乱在金钱和武力并用的胡萝卜加大棒政策下迅速平息，全世界的关注点都在叙利亚。

其实不难发现，美国等西方国家在经历"阿拉伯之春"初期发酵之后，还是拿到了这场运动的话语权——海湾国家、约旦等亲美政权都平稳着陆，也门也找到了新的代言人，"眼中钉"卡扎菲政权土崩瓦解，接下来就是拔掉叙利亚这根"肉中刺"了。梳理西方仇恨叙利亚的线条，相对比较清晰——作为苏联的传统盟友，叙利亚延续着与俄罗斯的准盟友关系，并拥有俄在地中海唯一的军事基地；在《戴维营协议》签署后，叙利亚是唯一同以色列保持战争状态的阿拉伯国家，以色列也仍占领着原属叙利亚的戈兰高地；叙利亚总统巴沙尔所属阿拉维派被认为与伊朗什叶派政权关系密切，加上什叶派控制下的伊拉克和黎巴嫩真主党，形成了严重威胁海湾逊尼派国家和以色列安全的什叶派之弧；在中东反恐等议题上，叙利亚极不配合美国，被后者列入了"支持恐怖主义国家名单"。有这么多周边国家和西方势力希望叙利亚政府倒台，那这个国家想不乱都不可能，所以西方和阿拉伯世界主流的预测都认为，巴沙尔政权必将在2012年上半年倒台。

我们也在开罗密切关注着叙利亚及周边局势。4月的一天，国内来电，希望我们中有一位能转战叙利亚前线报道。组织考虑到我在利比亚已经接受了考验，耳朵也被震伤，原则上希望我留守开罗，但是不巧，另外两位记者此前都去过以色列采访，护照上有了进入特拉维夫的签章，无法入境叙利亚。于是，国内询问我，能否再去一趟战场？我毫不犹豫，当即启程回国办理手续。

　　签证很快下来了，我踌躇满志地向大马士革进发！虽然在埃及、利比亚的经历让我已经有了一些做战地采访的经验，但叙利亚的形势更复杂，我预感到此行将是更严峻的考验。

　　4月29日，我乘坐阿提哈德航空，在阿布扎比转机飞大马士革。飞行途中，我遇到了一名中国空姐。在外国航空公司的国际航线上，能看到中国空姐让人备感骄傲、亲切。我脾胃弱，飞机上要喝热水，她就很耐心地为我倒水，其间做了简短交流。她之前在阿联酋航空工作，刚换到阿提哈德航空，能够先后在两个世界顶级的航空公司就职，业务的精干自不必说。我告诉她我是记者，要转机去叙利亚，她皱了一下眉头，忙别的去了。飞机临近着陆，她突然走到我的座位前，递给我一张紧急登机卡，一张阿提哈德航空VIP卡，说："一旦你有危险需要撤离，就出示这张卡，我们的航班会想方设法让你登机。"虽然不清楚这张卡怎么用，但一股暖流还是涌遍我的全身。我很不好意思地说了声"谢谢"，下飞机的时候，她在机舱门口跟我道别："祝你安全归来。"语气很平缓，很坚定。这时我深深地感到，在国外，同胞就像身边的亲人，给予人强大的精神力量。

　　迎着风沙，我第一次踏上叙利亚的土地。大马士革国际机场就像国内三线城市的小机场，没有起眼的现代化设施，草地上散落着叙利亚本国民航飞机，斑斑锈迹掩盖不住还在维护的痕迹，与阿联酋的豪华客机相比简直是古董。因为叙利亚局势不稳，叙利亚航空的航班现在只飞开罗、巴格达和德黑兰等少数国际航线，大部分飞机只能在这片土地上一直等待，一直衰老。

　　因为做了被盘查的充足思想准备，出关过程反倒显得顺畅，没有像突尼斯边防那样的勒索，也没有埃及海关那般贪婪，这里的工作人员衣装整

第六章 ■ 随意回溯迷蒙的历史，那里永远有一个大马士革

哈梅迪亚市场里，一名儿童的脸上画上了叙利亚国旗

洁、态度和善，虽然效率不高，但所有海关、边检人员都会在完成繁琐的工序之后，微笑地说一句"欢迎"。这样极好的态度与此前听说的情况并不相符，但我理解，现在中国在中东地区更有影响力。

（三）

别看有着壮硕的肌肉，手持冲锋枪一副大敌当前的严肃样，他们的骨子里其实住着一颗与军人职业不相匹配的孩子的心。

李逸达夫妇在候机大厅里迎接我，出了空旷的机场停车场，我们一路向大马士革城里风驰电掣。

整座城市似乎都没有什么现代化高楼，街道也不宽，社会发展程度看着还不如开罗，逸达说，20年来这座城市几乎没啥变化。但好在，这座域

市没有特别拥挤，显得很干净，即便是在风沙中，也没有飞扬的杂物。正在经历煎熬的大马士革，显得平静，昨天的四次爆炸使这里的人们陷入恐慌，街道上没什么行人，主要公共设施外围的石墩与检查站让人心有余悸。

马扎区的路边，一名儿童探头去喝直饮水

我和联合国观察团团长同住在一家叫罗塔纳的酒店。联合国观察团在这里有一段时间了，平日就是与政府会谈，然后去一些地区查看，团队里有来自各国的军人，包括中国人。但他们的作用并不显著，西方人主导的"观察"有明显的政治倾向性，一定程度上滋长了危机的加剧。

傍晚，我从酒店眺望着大马士革，陷入沉思。若没有历史的积淀，没有英雄绝唱、红尘往事，这里也无非是一座沙漠中的城市，而暮霭中的清真寺因为文明和文化的照耀，砖砖瓦瓦也才不是被时间风化的标本，而是

因为战事，很多重要机构外都设置了哨卡，需安检通过

活了千年的生命。

第一天晚上，逸达夫妇在"青年宫"为我举行了欢迎晚宴，这里本是大马士革一个重要的青少年活动中心，战争状态下，已经门可罗雀，但依然能够感受到这里的大气豪华。我在这里第一次品尝了加上打碎薄荷的柠檬汁，当地人称之为"polo"，这是当地最受欢迎的饮料，初尝感觉味道怪怪的，但越喝越好喝。久别逢知己，尤其是在这个特别的时期，吃什么都不那么重要，内心的温暖是最深的记

大马士革樱桃汁多味甜，享誉中东

忆。晚上回来，吃了半盒颜色深得异乎寻常的大马士革草莓，特别甜。逸达告诉我，再过一个月，应该就有大马士革樱桃吃了，以前在国内听水明主任提起过大马士革樱桃，这可是整个阿拉伯地区最美味、最享有盛誉的水果。

第二天，迎着在大马士革的第一缕晨光，我走出酒店大门。酒店在马扎区的一个半山腰上，连接着一条条曲径通幽的小路，两旁栽满了各式鲜花，显得格外精致。沿着小路都是两三层高的民宅，虽然都是灰蒙蒙的颜色，但独具匠心的造型让它们看起来并不土气，法国殖民者留下了不一样的文化基因。

太阳升高，地中海气候的炎热干燥开始显现。拾级而上，看着一位刚

买了菜的老人走进了一个防卫森严的大门里，我没加思索也走了过去。叙利亚人的警觉让人吃惊，他们立刻在电话里逐级通告，这时我想走也走不掉了。我什么证件也没有，只有酒店的门卡，索性就说自己是旅行者吧，要说是记者，万一这是敏感机构，估计麻烦更多。

等待中，我就用阿拉伯语强装笑颜地与持枪的年轻人们聊天，尽力减少他们的敌意，也让自己放松下来。好在，最后警卫打电话告知我不能进去，让我有了一个回头走开的借口。有名叫麦基迪的武装人员一直和我说说笑笑，像个天真无邪的孩子，还礼貌地摘了一朵大马士革玫瑰花送给我。我怕有刺，他就用手上的粗皮把刺撸掉。我问他结婚了没有，他说没，我问他为什么不结婚，他笑而不语，反倒让我把花送给前方路过的两个扎头巾的叙利亚女孩。别看有着壮硕的肌肉，手持冲锋枪一副大敌当前的严肃样，他们的骨子里其实住着一颗与军人职业不相匹配的孩子的心。

很久以后我才知道，那天我误入的地方，就是大名鼎鼎的叙利亚空军情报局。

（四）

当夜幕降临，城市的星星点点乘着地中海畔的微风扑面而来，人如同徜徉在缥缈夜空，俯拾时光点滴，吐纳浩瀚星云。

中国驻叙利亚大使馆坐落在大马士革的核心区扎马利克山腰上，抵达叙利亚的第二天，我在逸达陪同下拜访了使馆工作人员。

大使张迅是一位非常精干的长者，上海人，父母都曾是解放战争时期的上海地下党。他的气质与众不同，随和，幽默，但举手投足中又有一股睿智和坚定。武官任东风非常谦和，心地善良，但对待工作有一股韧劲儿,对安全形势有独到见解。公参冯彪是北外的学长,业务能力很强,经常带着使馆人员到坊间调研,要知道中国使馆对面的美国大使馆因为安全原因已经闭馆很久了,他值得尊敬。

使馆人员不多,但见到大家还是备感亲切,尤其还有一批年纪相仿的师兄弟,方敏、李鑫、吕品、关博,还有大使秘书袁泉……大家经常在一起有说有笑的,为我在叙利亚的生活提供了很多帮助,带来了很多欢乐。

扎马利克区再往北,就是对大马士革极为重要的卡松山。从中国《易经》风水来说,大马士革北倚卡松山,南邻巴拉达河,是凝气聚财的风水宝地。大马士革虽历经战火,但文明不断繁衍、生生不息,或许也是冥冥中的注定。越往山上走,道路越陡,房屋也越是简陋,仿佛走进了大马士革的贫民窟,这里聚居着阿拉维派的民众。

阿拉维派是一个教义接近于什叶派的伊斯兰派别,信众以能征善战著称,但因教派独异、人口较少、行为彪悍,在历史上始终被排斥在叙利亚主流社会之外——奥斯曼帝国时期国家禁止阿拉维派的子弟上学,只让他们在塔尔图斯、拉塔基亚这样的沿海地区从事耕种和海防;后来法国殖民者来到叙利亚,成立了五个地区军事纵队,其中四个都是以阿拉维派民众为主组建。直到巴沙尔的父亲哈菲兹上台,阿拉维派民众在叙利亚的状况才得以改善,一部分人进入到大马士革这样的大城市生活。但豪放不羁的天性是难以改变的,阿拉维派民众多数还是效力于叙利亚的军队、警察和政府机构,对政权高度忠诚,但经济地位不高。

行走中,一辆小轿车冲我猛地开过来,然后在我眼前急刹车,在接近30度的陡坡上停了下来。司机是一个憨态可掬、身体壮硕的青年,他摇下车窗玻璃大声与我打招呼,但口音太重,我着实听不明白,只知道他很热情。后来,他走下车炫耀了一下别在腰间的手枪,并着急地反复用蹩脚的阿拉伯语普通话告诉我,他是总统保镖,现在要去保护巴沙尔了。就这样一个衣着普通、满脸大胡子的年轻人,假如不是看到枪,我真的不会相信

大马士革的很多普通民居依山而建，从市中心望去，颇具立体感

他是叙利亚版的"中南海保镖"。后来，他着急去上班，匆匆与我告别。看着他娴熟的车技和驾驶的胆量，我相信他没有吹牛。这个人是我在叙利亚认识的阿拉维派民众的典型，文化程度低，大脑回路短，性格爽朗直率，品性醇厚忠诚。

卡松山是大马士革的主山，向北一侧分布着众多军事哨所和设施，向南一侧则可以俯瞰整个大马士革城区。以前在山顶的公路旁，开着许多能够一览全城风景的餐厅，仿佛坐在空中楼阁里，俯视着真主花园——而当夜幕降临，城市的星星点点乘着地中海畔的微风扑面而来，人如同徜徉在缥缈夜空，俯拾时光点滴，吐纳浩瀚星云。

据说，在伊拉克战争期间，叙利亚敞开国门接纳的很多难民，就居住在卡松山山顶，他们靠提供某些非法服务赚取微薄收入维持生活。当2011年战事初起，反倒是许多叙利亚人成了难民，逃亡国外过起了寄人篱下的生活。

巴沙尔的保镖娴熟地将汽车停在接近30度的坡上，与我们谈笑

坚守战地1200天——一个中国记者眼中的"阿拉伯之殇"

从酒店远眺卡松山夜景，星星点点，犹如镶嵌在黑幕上的宝石

（五）

未来的日子里，我将独自面对的是"圣战"分子，是不知潜伏在何处的明枪暗箭，是不在乎牺牲平民生命的恐怖袭击，这比北约空袭利比亚要恐怖得多，是一种莫名的恐怖。

大马士革的主要街区，遍布着巨大的水泥墩，很多道路已经封堵，还有一些只留下一个小口子，警察逐车安检通过。有一天，我们来到叙利亚中央银行，它就位于大马士革的市中心，防御工事尤其森严，墙体上还能看到明显的大弹坑。逸达告诉我，过去一年的袭击主要都是在外地，首都核心区只在一周多前发生过一次武装袭击，有人清晨扛着火箭筒攻击了中央银行。我大吃一惊，就连火箭筒这样体积的武器都已经运进城了，暗流

第六章 ■ 随意回溯迷蒙的历史，那里永远有一个大马士革

涌动，安全已如此脆弱！

果不其然，更大的恐怖袭击随后就来了。5月10日是个礼拜五，就在整个大马士革还没有从梦乡中苏醒的时候，两声巨响让所有人不知所措。这巨响像极了我在利比亚时听到的北约战机投弹的声音，只是声音更大，更闷，还带着回响和大地的颤抖。人们都被惊醒了，但除了零星的警察，谁也不敢往街上跑，包括我。电视里随后报道了这起袭击事件，两辆载有自杀式炸弹的汽车在大马士革南边较偏的格扎兹区一个十字路口引爆，有55人当场死亡，372人受伤。电视上播出了爆炸后现场血腥的画面，看了直让人反胃。看着满身是血的伤者，听着无辜受害家庭的哭诉，我感到一阵心酸。未来的日子里，我将独自面对的是"圣战"分子，是不知潜伏在何处的明枪暗箭，是不在乎牺牲平民生命的恐怖袭击，这比北约空袭利比亚要恐怖得多，是一种莫名的恐怖。

面对这次骇人听闻的恐怖袭击，国际社会一片哗然。美国《基督教科学箴言报》注意到，在联合国安理会的会议上，美国表现出与之前截然不

格扎兹区安全机构被炸以后，我来到现场采访

同的态度，不再栽赃巴沙尔政府，而将矛头对准了反对派。美国常驻联合国代表称，"叙利亚反对派已经开始使用武装叛乱的战术，如自杀式爆炸等，这是不可接受的。这种发展趋势将导致美国和西方盟友难以继续向巴沙尔政权施压。"

事件没过两天，叙利亚安全部门又宣布，5月份连续在境内多个城市挫败恐怖阴谋。其中最大一起，是11日一名恐怖分子驾驶满载爆炸物的小型巴士，企图在阿勒颇市沙阿尔区制造恐怖袭击。在遭遇安全部门拦截后，该恐怖分子引爆了身上穿的自杀式炸弹背心，但未能引爆车上炸药。安全部门随后拆除了车上的四个爆炸装置，爆炸物共计1.2吨，当量超过了5月10日发生在大马士革的两起爆炸装置的总和。

当时，正面与叙利亚政府军对抗的多是平民和倒戈的军队，手段还算温和，使不出这类极端方式。舆论很快将矛头指向"胜利阵线"（又称"努斯拉阵线"）。当地人说，"胜利阵线"是属于逊尼派的"圣战"组织，它第一次出现在大众视野里是2012年1月，此后接连策划多起恐怖事件，造成惊人的伤亡。从北部前线回来的叙利亚军方人士讲，他们并不怕

爆炸后，路边墙头增设了瞭望岗哨

叙利亚国民议会召开会议

平民反对派,也不怕倒戈军人,这些人是有诉求的,惜命怕死。但"胜利阵线"不一样,他们参战即抱着必死的决心,就像光脚的不怕穿鞋的,与这样的"圣战"分子打仗令人恐怖。

"胜利阵线"头目名叫阿卜·穆罕默德·朱兰尼,据传出生在叙利亚戈兰高地,伊拉克战争期间曾前往巴格达周边参加反美"圣战"。叙利亚局势一乱,他又带人回到叙利亚开辟新战场。"基地组织"领导人扎瓦赫里此前号召叙利亚及周边国家的武装人员拿起武器,争取"叙利亚战事的胜利"。伊拉克内政部也监控到,有一部分武装人员已经从伊拉克进入叙利亚。时间恰好都是2012年1月。

一直对巴沙尔政权口诛笔伐的中东媒体,也在爆炸事件发生后表达了深深的忧虑,报道认为恐怖袭击给世界敲响了警钟,"华盛顿开始相信,目前叙利亚的局势正有向近年来的伊拉克局势靠近的趋势,伊斯兰极端分子已经来到了叙利亚这片新的恐怖沃土"。

即使安全形势恶化,五年一次的议会选举还是如期举行了,大马士革设了很多投票站,整个投票过程都是在严密的安保下进行的,井然有序。

夜幕下，滚滚浓烟腾空而起，大马士革不再安全

社会名流们热衷于借机在电视中抛头露面，提升知名度，没有人想挑战巴沙尔家族的权威；所谓的温和反对派成了媒体焦点，政府给他们的生存空间有限，稍一越轨就会被相关方面带走，实际上这些反对派对于真正的街头革命者来说，是毫无关联，也更无影响力的。

唯一对选举有些政治和现实影响的是库尔德族人群体，他们聚居在叙利亚国土的东北部，一方面保持着族群的相对集中，保留着在该地区一定的自治能力；另一方面又明确效忠中央政府，得到巴沙尔政权的庇护。叙利亚与伊拉克的库尔德人聚集区相连，所占土地油气资源丰富，分别是两个国家主要的外汇来源地。作为世界上最大的没有实体国家的民族，库尔德人群体长期存在着独立的诉求，所以巴沙尔政府表面上与境内库尔德人合作共处，实际上也处处提防、严密监控、保持高压，谨防其羽翼丰满后与土耳其、伊拉克境内的库尔德人联合起事。所以在采访中，我的真实感受是，只有库尔德人是真的带着意见来参加选举的，但他们又佯装顺从，

第六章 ■ 随意回溯迷蒙的历史，那里永远有一个大马士革

一名叙利亚人，向着麦加的方向虔诚祈祷

敢怒不敢言。

初到叙利亚，感受到这里不愧是文明多样性的沃土，残酷的政治斗争，复杂的社会矛盾，多样的武装派别，以及其后盘根错节的利害关系和若隐若现的大国身影，推动着叙利亚危机一步步滑向深渊。

第七章

将命运托付给神灵,是超脱还是悲凉

第七章 ■ 将命运托付给神灵，是超脱还是悲凉

（一）

用生命争取来的自由之门，唯有流着鲜血的手才能敲开，真主褒奖大马士革的子民，大马士革最是阿拉伯世界的荣耀。

夜幕降临，倭马亚清真寺散发着迷人的光彩

黄昏时分，倭马亚清真寺穿戴着一缕金光

大马士革步入历史的巅峰，是在公元661年至750年间的倭马亚王朝，即我们中国史籍所称的"白衣大食"。当时，穆阿维叶以大马士革为首都，创建了东到帕米尔高原、西到北非摩洛哥、北到西班牙、南到尼罗河下游的横跨三大洲的帝国，大马士革也成为当时世界上最繁华、卓越的城市。

巅峰时期的大马士革，为昭示伊斯兰教举世无双的地位，建立了当时最伟大的清真寺——倭马亚清真寺。今天，倭马亚清真寺仍旧"流淌"在大马士革的血脉中，深藏在大马士革的心脏里，它是叙利亚之光。

回想1300多年前，倭马亚清真寺的主持建造者哈利法马利克站在高耸的宣礼塔上俯瞰整个帝国，心情何等豪迈——数千年前，这里就已经是当地阿拉姆人祭拜神灵的庙宇，寄托着众生对生存的期盼；公元1世纪，罗马人铲平庙宇，用巨石堆砌起一座规模远大于希腊帕特农神庙的庙宇，供奉众神之王朱庇特；数百年后，这里改为基督教圣约翰洗礼大教堂。又过了数百年,哈利法马利克主持将它改建成现在的模样,从此沐浴风雨,矗立1300年依然如故。作为世界上的四大圣寺(麦加大清真寺、麦地那先知清真寺、耶路撒冷阿克萨清真寺、大马士革倭马亚清真寺)之一,它限定了后世清真寺的风格,成为全世界清真寺建筑无法逾越的经典,一如倭马亚王朝之于伊斯兰世界历史的开篇盛世。

当一只脚迈入清真寺十米多高的大门里,不论天气多热,寒意瞬间传遍全身,或许这不是冰冷,是内心的敬畏。清真寺的主体由三个封闭式的圆柱大殿和环抱东、北、西三面的列柱拱顶长廊组成,主殿位于庭院南部,朝着麦加的方向。站立在庭院中心,人会感受到在壮阔历史面前是多么渺小,尤其是主殿外墙大理石上镶嵌的黄金和贝壳,无论日月交替、斗转星移,始终闪烁着来自历史深处的智慧光芒。

倭马亚清真寺还与三个人密切相关,这三人分别是耶稣的表兄"施洗约翰",先知穆罕默德的外孙、阿里的次子伊玛目侯赛因,以及抗击欧洲第三次十字军东征的阿拉伯英雄、埃及阿尤布王朝的创建者萨拉丁。这三人所影响的基督教、伊斯兰什叶派和阿拉伯民族,是当今世界依旧举足轻重的群体。千百年来,基督教所代表的西方与伊斯兰教所代表的东方纷争不断,逊尼派与什叶派兄弟阋墙、你死我活,阿拉伯民族觉醒在破与立之间举步维艰,构成了阿拉伯世界纷繁错乱的主要根源,也是人类文明繁荣演进无法跨越的章节。

即便如此,我们依然心怀敬畏,坚信始终,久久为功。就

一名少年在倭马亚清真寺的廊道上憧憬着未来

坚守战地1200天——一个中国记者眼中的"阿拉伯之殇"

倭马亚清真寺外，依稀能看到古罗马神殿的轮廓

像"阿拉伯诗歌王子"艾哈迈德·绍基曾在他的著作《大马士革的灾难》中写道的：用生命争取来的自由之门，唯有流着鲜血的手才能敲开，真主褒奖大马士革的子民，大马士革最是阿拉伯世界的荣耀。

（二）

这是值得每一个外国人探索的神秘地带，里面隐藏着阿拉伯古老驿站、几近失传的大马士革炼钢工艺、叙利亚橄榄皂的秘方和畅销百年的冰激凌……

电影《阿拉伯的劳伦斯》里有一句著名台词——"当大马士革有路灯的时候，英国人还不知道怎么用火"。这足以彰显大马士革文明的久远和伟大。

大马士革经历过两个最辉煌的时代，一是倭马亚王朝，二是阿尤布王朝。假如把倭马亚王朝看作是阿拉伯人开疆拓土、缔造辉煌的时代，那阿尤布王朝则是阿拉伯人收复疆土、再现辉煌的象征。虽然两个王朝的寿命都没超过90年，但它们先后奠基了今天大马士革的模样。

库尔德人苏丹萨拉丁骑马征战的塑像矗立在大马士革城中心、大马士革古堡之前，蔚为壮观。他夺回了穆斯林心中的圣地耶路撒冷，是桀骜不驯的阿拉伯人少有的公认的民族英雄。据说，叙利亚在一战后沦为法国殖民地，法军进入大马士革城后列队前往萨拉丁墓前，以阅兵的形式宣告回归。可见，萨拉丁本人以及大马士革这座城市给基督教世界带来的持久的压迫感。

大马士革城堡即建于阿尤布王朝，它全部由巨大的石块堆砌而成，风格显然区别于倭马亚时期，更接近于中世纪立足防御、固若金汤的拜占庭城堡，是建筑艺术和作战理念进步的体现。叙利亚境内的阿勒颇城堡、骑士城堡等一干被列入《世界文化遗产名录》的建筑，也都属于这一风格。它的内部结构分工细致，好比放大了数十倍的万里长城敌楼，功能比起山

坚守战地1200天——一个中国记者眼中的"阿拉伯之殇"

从大马士革城堡俯瞰老城

因为战事，大马士革城堡已经不再对外开放，我也难得能独自一人与历史对话

西平遥古城的防御工事复杂得多。也难怪,这里曾经面对的是东西方版图的争夺,民族存亡的交战,教派存续的厮杀,重要性自不一样。因为战事,古堡已不再对外开放,我有幸在一次公益活动时进入古堡,一览1000年前的精工制造,并立于墙头,俯瞰大马士革老城。

大马士革古堡是老城的西门,最初老城有七座城门,它们勾勒出了整个大马士革本来的轮廓——古堡以南的直街,售卖各类手工艺品、纺织品和香料等,上千年来始终扮演着大马士革贸易集散地的角色。直到现在,直街上还聚居着犹太教信徒,大马士革人虽然与犹太复国主义者势不两立,但他们尊重宗教的多元性,与温和的犹太教徒和睦相处。

城堡大门直通享誉中东的哈梅迪亚市场,这是值得每一个来大马士革的外国人探索的神秘地带,里面隐藏着阿拉伯古老驿站、几近失传的大马士革炼钢工艺、叙利亚橄榄皂的秘方和畅销百年的冰激凌……我几乎每周都会来这里,漏棚投射而下的丁达尔光束,总让人恍若时空穿梭,回到从前。

哈梅迪亚市场的尽头是一个罗马凯旋门,与倭马亚清真寺相接。再向东通往图马门的不足一公里的区域,是基督教徒的聚集区,也是大马士革老城的精华所在。其中,沙班达酒店有500多年的历史了。最初,一位叙利亚王子千里迢迢迎回了埃及的公主,两人在此长相厮守;300年后,这座宫殿又成为叙利亚反对外来侵略的民族英雄沙班达的居所。但随着沙班达去

大马士革城堡独具匠心的设计穿越千年,依然散发着智慧之光

两名儿童在一所老房子改造的餐厅里玩耍

我和新华社记者姜铁英在朱庇特神庙遗址前

世，宫殿再次人去楼空。2007年，有着俄罗斯血统的当地老板侯赛尼将宫殿改造成了一家五星级酒店，并将悼念沙班达遇刺期间前来吊唁的埃及、黎巴嫩国王居住过的房间设为"顶级套房"，只给最尊贵的客人居住，普通游客有钱也不能入住。酒店还有一间客房，它的浴室里保留着朱庇特神庙的一段石柱，十多年前，布拉德·皮特和安吉丽娜·朱莉在结婚之后，还来到这个房间，徜徉在这有着2000年历史的浴池中。沙班达酒店不远处，坐落着阿祖姆宫，它建于1749年，是800位奥斯曼帝国最优秀的工匠，用时两年打造的贵族宫殿，其中的一砖一瓦都充分体现了艺术之美。现在它是一座民间博物馆，馆藏的珍品中还包括了中国元明两朝出口至中东的精美瓷器……整个区域里，几乎每一家酒店、每一家餐厅、每一家茶馆、每一家酒吧，都有着数百年的历史，现在依然焕发着经典之美与时代活力。

老城里四通八达，既是市场，又是社区，既是现在的，也是过去的，既是叙利亚的，也是世界的。

畅销百年的冰激凌店，每天的顾客依然络绎不绝

1979年，联合国教科文组织将大马士革老城的125座古建筑整体列入《世界文化遗产名录》，成为世界文明万花筒中一抹别样的色彩。

（三）

"大屠杀"在2012年的5、6两个月成为热词，此后就基本泯灭不见——当政治阴谋得逞，当它不再吸引眼球，"刽子手"和"导演"们就会去寻找新的热点，唯留死难者的白骨埋入黄沙，无人再问。

平静与安宁是脆弱的，5月25日晚间，西方媒体突然被"大屠杀"一词刷屏，指责叙利亚政府军在霍姆斯郊区胡拉对90余名平民进行惨无人道的杀害。一时间，舆论充斥着对叙政府的讨伐声，仿佛巴沙尔政权在重压

坚守战地1200天——一个中国记者眼中的"阿拉伯之殇"

哈梅迪亚市场出口直对着倭马亚清真寺

一名大马士革门童,正在清理一座历史悠久的建筑大门,门用木头做成,雕刻精美

第七章 ■ 将命运托付给神灵，是超脱还是悲哀

大马士革老城掩映在夜色中，当地人悠闲地走过，这才是生活

之下已经亮出獠牙，准备鱼死网破。

然而，我对此将信将疑，政府军为何要去歼灭手无寸铁的平民？纵观全国局势，在2012年年中之时，巴沙尔还完全掌握着控制权，只是西方和一些阿拉伯国家利用各种渠道牵制政府军的武力输出，否则危机甚至都已结束。时值联合国前秘书长安南即将带着他的"和平计划"来访，反对派栽赃和破坏的嫌疑非常大。在大马士革的媒体圈流传着各种解读，有说是武装分子假扮政府军所为，也有说是倒戈的政府军所为，整体认同反对派的说辞"缺乏逻辑"。

联合国叙利亚监督团的车队26日一早抵达现场，的确发现了"32具不满10岁的儿童尸体和另外60具成人尸体"，并称攻击中使用了坦克和大炮，但他们并未把矛头明确指向政府，可见他们也有些地方想不通。叙利亚政府回应最为迟缓，27日才在临时新闻发布会上为自己辩护，显得应对不足。

大屠杀究竟何人所为，可能永远都不会有真相，但西方在舆论上的压倒性优势体现得淋漓尽致，除了俄罗斯、伊朗、中国等少数国家，当时世界上几乎所有人都怀疑巴沙尔是"一个屠杀百姓的暴君"。这90多条无辜者的生命差点成为打开"利比亚模式"的钥匙——安南"和平计划"随即搁浅，反对派士气大振，西方世界磨刀霍霍，大马士革笼罩在沮丧与恐惧之中。

一桩本来是非莫辩的"无头案"，却落得如此悬殊反应，令人唏嘘。回想2008年拉萨3·14打砸抢烧严重暴力犯罪事件、2009年乌鲁木齐7·5打砸抢烧严重暴力犯罪事件发生后，西方几乎以同样的方式，不分青红皂白对中国政府横加指责，第三世界国家不仅在军事、经济实力，在以舆论引导力为代表的软实力领域也是败得一塌糊涂。当时，作为已经从业的新闻工作者，我愤怒，却也有深深的无力感，西方把几百年的新闻学实践当成一把匕首，随心所欲地刺瞎世人双眼，割伤他人感情，令人不齿。或许就是从那一刻起，我做记者的目的，开始由记录大千世界，转变为澄清这个世界，由满足自己的好奇，变为伸张正义的声音。

第七章 ■ 将命运托付给神灵，是超脱还是悲凉

屠杀事件过了一周，政府方面终于拿出了足够的证据，拼凑起了他们认为的真相——当天，有600—800名从外地赶来的武装分子向守卫薄弱的胡拉镇发动进攻，因为不是战略要地，兵力不足，镇子很快被攻陷。武装分子要求民众上街拿起武器，加入反政府示威，遭拒绝后向他们下了毒手，死

一名儿童在倭马亚清真寺外的铜器店出神

者因此多呈现近距离枪击和锋利物致死的特征。尸体中还有很多非政府军的武装人员，他们在与政府军的交火中被打死。

民众的反应显然麻木了，谁动的手，谁在撒谎，似乎不再重要，唯一的事实就是，又有平民死了。大家于是更加谨小慎微地活着，祈祷着死神不要降临自己头上。

信息的通达让现代战争变得更加残忍——"大屠杀"在2012年的5、6两个月成为热词，此后就基本泯灭不见——当政治阴谋得逞，当它不再吸引眼球，"刽子手"和"导演"们就会去寻找新的热点，唯留死难者的白骨埋入黄沙，无人再问。

（四）

真正的民心之源，是百姓对平安、幸福生活的向往，在这一点上，反对派越是发动袭击，就越是把民众推向巴沙尔一方。

6月8日，渗透进大马士革城区的武装分子撕下平民的外衣，开始与政

府军交火。

交火地点就在距离我所住的罗塔纳酒店仅一条路之隔的仙人掌园。战斗从下午3时左右开始，我在酒店能听见清晰而连续的机枪声，并能看见仙人掌园里升起滚滚浓烟。交锋开始后不久，陆续有警车、载着荷枪实弹政府军的汽车开往交战区。交战区紧邻一条使馆街。

这场交火早已有了前兆。最近坊间一直有传闻，叙利亚自由军"下一个目标就是最重要的目标"，剑指首都大马士革。而早在6日晚间，卡塔尔半岛电视台就在电视新闻中播放了武装分子于马扎大街（距罗塔纳酒店50米，距仙人掌园也50米）放火阻路的手机拍摄画面，距离之近大大超乎我的想象，形势之严峻也超出我的预期——假如不是楼下有安检岗哨和情报人员，武装分子甚至能直接冲进酒店抓人了。

8日的交火一直持续到9日凌晨1点方才平息，武装分子始终没能冲出包围区，其间政府军还动用了重炮，从卡松山打下来，震得整个夜晚房子都在颤抖。在大马士革一个多月的时间，电视里每天都有为少则30余名、

交火发生在马扎区的仙人掌园，这是我抵达大马士革之后拍到的第一个硝烟画面

第七章 ■ 将命运托付给神灵，是超脱还是悲凉

多则80名士兵、警察举行送别仪式的消息，这也就是政府军每天在战场上的保守伤亡数字。看似一个强大的国家机器、40多万作战大军，真要靠武力去守住每一寸土地时，又是如此捉襟见肘、力不从心——政府在明处，反对派在暗处，消耗下去的唯一结果就是政权透支。

全副武装的士兵走上街头，边疏导交通边进行安全检查

但大马士革的未来、巴沙尔政权的未来，还系于另一个关键因素，那就是民心。战争中，民心摇摆不定，难以捉摸。外部世界更愿意用教派来推演叙利亚的民心走向，他们得到的结论就是，阿拉维派及其他少数派别为了免遭灭族，会抱团取暖，但这些人总共只占叙利亚人口的25%，另外75%就是想当然的受压迫阶层，即逊尼派民众。所以，巴沙尔已经失去民心了。

事实并非如此。我在采访的时候，每当问对方是什么派别，换来的往往是莫名其妙的表情，就仿佛在中国问一个陌生人，你的祖籍是哪里。的确，经过了几十年民族融合，叙利亚的教派色彩已经非常微弱，整个社会的阶层关联早已紧紧捆绑在了利益链条上，某一派别颠覆政权的成本远远超过支持、维系政权——伊拉克、利比亚、埃及的教训也起到了示范、试错作用。所以，真正的民心之源，是百姓对平安、幸福生活的向往，在这一点上，反对派越是发动袭击，就越是把民众推向巴沙尔一方。

因此，即便战火已经烧进了首都，大马士革也没有像当年的的黎波里那样人人自危、草木皆兵，民众在交火区域外依旧正常生活，政府军士兵也没有如临大敌般一脸愁容，还能够谈笑风生。这些看似匪夷所思的情

景，根源都在于民众对政权的信赖，对政府军维稳能力的信心。这是任何一个在大马士革以外的人都难以体会、不能想象的，当全世界都等待着为巴沙尔政权敲响丧钟时，我们却保持着谨慎乐观。

（五）

唱经声穿越宣礼塔尖，在鸟儿的伴舞下回荡天际，我闭上眼，静静地聆听，感受着这贯穿千年的韵律与经典——虔诚，勉励，哭诉，哀伤……当人们只能将自己托付于命运和神灵的时候，是超脱，还是悲凉？

这次巷战由政府军主动发起，对一些可能攻击路障哨所或掀起针对首都更大规模袭击的人进行"预防性打击"。行动取得了战术成功，但也撬开了战争的潘多拉魔盒，大马士革及周边的热战模式由此开启，未来几年时间里，卡松山脚下的人们几乎天天都伴着隆隆炮声入睡。

为了安全，我从罗塔纳酒店搬到了大马士革安保级别最高的四季酒店。四季酒店由沙特人创办，考虑到很多反政府武装听从沙特方面的命令，他们旗下的酒店应该是"免伤害"目标，这无形中提升了安全系数。四季酒店的一楼大厅也有叙利亚安全机构的人蹲点，但他们不会遮遮掩掩，有时还主动上前来跟我搭讪聊天，久而久之便也成了朋友。他们消息灵通，日后很多情况我都是从他们那里核准确认的。

一周的时间过得很快，又很漫长。我几乎天天夜里都听得到漆黑的窗外不知哪里传来的枪响，这些枪声与沉闷的炮声、频繁响起的救护车鸣笛，合奏出一首真实的"死亡交响曲"。

白天，我还是照常出门，寻觅一些了解这个社会的角度。有一天，我在大马士革大学附近认识了一个年轻人，他很普通，又很有典型性。我写了一篇文章，定格他的一天，也定格叙利亚一代人的命运缩影。

扎伊德的一天

早晨8点出门，搭上路边挤满人的面包车，扎伊德开始了他一天的工作。这位家乡在叙利亚德拉省的年轻人是独立IT工程师，四年前从大马士革大学计算机系毕业，两年前月收入达到两万叙镑（约合2000元人民币）。在当时，作为叙利亚年轻人里的中高收入者，他自信满满，对人生有很好的规划。但始于去年的社会动荡，又让他对未来感到迷茫。

扎伊德今天的第一单生意是一个熟人介绍的，客户的电脑程序出了问题。一上午的时间，他全在客户那里伏案工作，终于在中午时分排除了故障，收费400叙镑。饥肠辘辘的他走到街边，买了一个"赦沃勒麦"（一种阿拉伯肉卷），水也不喝就接着上路了。两年前，一个"赦沃勒麦"只要40叙镑，现在要80叙镑，"所有食品的价格都翻了一番，两年前在最贵的餐厅吃饭，两人也不会超过3000叙镑，但现在要花天文数字了"，对于物价的飙升，他显得很无奈。

扎伊德说，叙利亚年轻人上大学的比例在七成左右。成绩最好的学生上免费的公立大学；差一些的，交钱上公立大学；再差一些的，上高教部下属的专科院校；家庭富裕的，可以上私立大学。然而，扎伊德的同学中有四成毕业时找不到工作，因此他更加珍惜目前这份工作，不但上门服务，而且价格比电脑维护中心便宜一半还多。"一年多前，叙利亚局势发生了动荡，我的收入受到极大影响。要不是朋友帮忙，我连在大马士革的房租都交不起"，他说，在大马士革租房最低每月15000叙镑，买房子更不敢想，地段稍好点的要几百万。

看了看窗外时而飞驰而过的豪华轿车，他饶有兴趣地说起了婚姻问题。"在一些地方，至少有一半女孩结婚的前提是男方有车有房"。今年27岁的扎伊德一直没有女朋友，他总希望等做出一番事业后再考虑婚事，"但现在这个年龄确实该成家了"，他的话中带着踌躇。在扎伊德的家乡，结婚只要3万叙镑的聘礼就可以，但他不想这样。"我有8个兄弟姐妹，邻居家更有20个孩子，不到大城市闯闯，我们这一生都只能种地。"扎伊德每周都要回德拉一趟，利用周末完成另一个专业——生物学的学习。扎伊德想成为一名科学家，这是他人生规划中的重要一步。而他有几个朋友甚至天天都往返于这两座相距百余公里的城市之间。

德拉省是一个反政府活动相对集中的地区，但扎伊德说，那里的多数人都是爱好和平的中立者，部分较为极端的人发起了反政府的活动。扎伊德本人没有明确的政治立场，但坚决反对外来势力的干预，作为一名叙利亚人，他认为国家的主权必须得到保障，"我相信，凭借国家内部的力量，最终能够结束这场风波"。而他最迫切希望的也是尽快结束这场危机，让一切变得更好，至少回归正常。

傍晚时分，扎伊德从客户的公司回来，结束了一天的工作。对他而言，现在的奔波只是为了生存，但在这个动荡的时期，理想正与他渐行渐远。

周四晚上，叙利亚电视台反复播放一段安全部门从一名抓获的恐怖分子那里得来的口供，"周五，将有许多'圣战'分子前往大马士革各个清真寺，在礼拜时引爆炸弹"。第二天，大马士革就像一座空城，人们都不敢出门。唱经声穿越宣礼塔尖，在鸟儿的伴舞下回荡天际，我闭上眼，静静地聆听，感受着这贯穿千年的韵律与经典——虔诚，勉励，哭诉，哀伤……当人们只能将自己托付于命运和神灵的时候，是超脱，还是悲凉？

大马士革的空气很洁净，清真寺的宣礼塔掩映在白云中，令人心醉

第八章

战火开始蔓延至这座巴沙尔引以为荣的城市

（一）

> 土耳其一战后从未间断致力恢复奥斯曼帝国的荣耀，而西方则希望在全世界推行秩序，恢复罗马帝国的野心，这是土耳其与西方深层的矛盾所在。

2012年6月22日，一架土耳其战机在叙利亚近海被叙军方击落，国际社会一片哗然，很多人预测，两国关系脆弱的窗户纸将被捅破。

随着叙利亚危机的加剧，大马士革周边的地区形势也变得异常敏感复杂。行走在大马士革街头，扑面而来的还是奥斯曼土耳其帝国的遗风，毕竟从1516年至1918年的400多年时间里，这里都是奥斯曼帝国的一部分。

历史上赫赫有名的"阿拉伯的劳伦斯"，是叙土矛盾最早的导火索之一。当年，英国情报官劳伦斯帮助阿拉伯人挣脱了奥斯曼的统治，对于阿拉伯民族而言是一场伟大的胜利，但土耳其人骨子里却对叙利亚打上了"勾结英国""背叛帝国"的仇恨烙印。冷战时期，土、叙分属美、苏两大阵营，是意识形态、军事力量对抗的前沿，好在巴沙尔父亲哈菲兹凭借高超的政治智慧，与土耳其、卡塔尔等亲美国家施展平衡外交，两国关系才得以"不打不破，说得过去"。

在土耳其正义和发展党上台执政后，两国关系复苏的进程犹如坐上火箭，加之埃尔多安深受伊斯兰宗教影响，开始"转向"与阿拉伯国家发展关系，邻国叙利亚成为他撬开阿拉伯世界的钥匙。特别是土耳其长期谋求加入欧盟而不得，更加重了埃尔多安对叙利亚等周边邻国的倚重。巴沙尔2004年访土，是叙利亚自1946年建国以来第一位访土的国家元首，两国经贸关系随之水涨船高，在阿勒颇地区有大量土耳其人过来开的工厂企业。

2011年危机爆发之初，埃尔多安也曾试图扮演调停者的角色，但他"过于傲慢"。叙利亚的资深政客阿里曾给我讲述了一段当时土耳其官员与巴沙尔会谈的过程——土方以巴沙尔父辈的口气，开口闭口告诉巴沙尔"应该""必须"深度改革，巴沙尔认为这触及了主权，断然拒绝。土方临走时放话，"我不保着你，你就等着成为阶下囚吧"。代表团回国后，埃尔多安当天翻脸，由叙利亚"救赎者"转变为"清算者"，冲在了全世界反对叙利亚政权的前线。

一方面，土耳其联合卡塔尔、埃及穆尔西政权，培植穆斯林兄弟会势力对抗巴沙尔（1982年，巴沙尔父亲炸平了整个哈马城，是穆兄会刻骨铭心的敌人），并将伊斯坦布尔作为叙利亚反对派"全国联盟"的总部所在地（仅2012年就接收了将近20名叛逃的叙利亚准将以上军官）。该组织一直是对叙利亚境内温和反对派最有影响力的机构，在危机最初几年发挥着战场指挥者的主导作用。另一方面，土耳其大开边境，为反政府武装进入叙利亚提供便利，使之获得源源不断的兵力、物资支持。据去过土叙边境的同事邱永峥讲，土叙口岸交通在2012年期间几乎日夜不息，彻夜不眠，一天至少有200辆卡车的来自世界各地的武装分子被土耳其军方护送至边境，然后徒步进入叙利亚北部与政府军交战。叙政府方面统计，仅2012年通过土叙边境进入叙利亚作战的武装力量就超过10万人次，大量极端分子混在其中。

在这个大背景下，巴沙尔击落了土耳其战机，显然是即便冒着风险也要给土耳其一个警告。估计埃尔多安也没预料到巴沙尔会这么硬气，击落事件发生后的一周内，几乎拿不出好的应对方略，只表态"无意将国家带入战争"，反倒是叙利亚一方士气大振，出了胸中一口恶气。

其实，土耳其的回旋空间并不大，他们能做的已经都做到极致了。以美国、欧洲国家、以色列为代表的西方希望在中东煽动教派与族群矛盾，改变政治版图并消灭叙利亚和伊朗、黎巴嫩真主党等"异见者",但是土耳其本身也是一个多教派、多宗族国家,地区政治崩溃大潮一旦开启恐难置身事外,所以埃尔多安只谋求在叙利亚问题上发挥一定作用,为的就是算好投入产出账,实现利益最大化。同时,土耳其一战后从未间断致力恢复奥斯曼帝国的荣耀,而西方则希望在全世界推行秩序,恢复罗马帝国的野心,这是土耳其与西方深层的矛盾所在。土耳其多年脱亚入欧的努力泡

日落西山,政府军的皮卡载着士兵,驶向未知的战场

汤业已证明，欧洲不会接纳一个伊斯兰大国。武力推翻巴沙尔政权易如反掌，但土耳其不甘做西方的马前卒，直接与俄罗斯和伊朗交恶更是要付出代价，什么样的买卖最划算，埃尔多安心里很清楚。

（二）

对叙利亚国家电视台的袭击是一次典型的低成本宣传战，松动了巴沙尔政权在国内外的根基与信心；反观政府一方，及时公开真相并通过组织示威游行予以反制，也算回击得有模有样。

大马士革郊区的交战还在断断续续进行中，每天听到炮声已经成为常态，但从密集程度和声音远近来看，战斗正在一步步升级。政府军每天的死亡数字在60人上下，民众逐渐从对反对派抱有幻想，变得失望至极，恐惧不已。

大马士革城2011年年底起开始出现爆炸，但民众并未陷入恐慌，因为

从我所在的酒店向下张望，经常能看到运兵车疾驰而过

他们从一系列恐怖事件中总结出了一定的规律：一是爆炸一般发生在早晨六七点钟，人们多数还没有出门；二是爆炸一般发生在周五，而周五叙利亚人都休息。通过这些，大马士革人相信，那些武装分子都是怀有政治目的的世俗民众，无意造成平民伤亡。于是，很多人对反对派不但不畏惧，甚至还有一些同情。

但随着5月份的到来，联合国叙利亚监督团开始在大马士革执行任务，密集的爆炸与恐怖事件就接踵而来，以前的这些经验也都不灵了。暴力活动就像滚雪球，在越滚越大的同时，逐渐失去控制，各种大爆炸、大屠杀的消息接二连三，不再有什么规律可循了，但有一个共性，就是爆炸或者屠杀一般都针对政府、安全机构，只是为达目的，时间、地点以及牵连的民众都已不在施暴者考虑范围内。

经济数据的跳水加剧了民众的不安，整个社会的运转近乎陷入瘫痪——相较于危机前的2010年，2012年叙利亚旅游业下滑89%，酒店一般都打两折促销；石化行业损失超过40%，受到欧美和阿盟制裁后，本国产油气仅能满足全国四成需求，民用天然气价格翻了四倍；全国的铁路运输已经完全瘫痪；汽车销售下降了90%，为倾销库存并解决资金问题，叙利亚经济部提出了一个无奈的建议，即将所有还在展厅、仓库内尚未出售的汽车重新出口到国外……大家都在屏息关注着局势的发展，政权能不能挺过未来三个月几乎成为政治赌注的一个风向标。

5月27日一早，我照常打开电视，发现叙利亚国家电视台的信号陷于停滞。迅速转到半岛电视台，快讯显示，叙利亚国家电视台总部被炸。之前在利比亚采访的经验告诉我，电视台属于战争中最重要的战略机关，往往由重兵保护，何况叙利亚国家电视台位于城市核心的倭马亚广场上，是心脏中的心脏，这里遭袭意味着大马士革安保力量或已陷入瘫痪。背上相机，我第一时间赶往倭马亚广场一探究竟。

可能在建设时就遵以最高的安全标准，电视大楼的外墙有足足30厘

第八章 ■ 战火开始蔓延至这座巴沙尔引以为荣的城市

经济衰颓，民不聊生，整个大马士革的运转都是低迷的

米厚，至少可以抵御一般的火箭弹袭击。经过严密安检，我来到了事发处的走廊，这里有被焚烧的痕迹，埋设在墙壁里的管线因为墙壁遭到破坏，无序地掉落下来，周围几间办公室里满是碎裂的玻璃。安检人员告诉我，是反政府的工作人员将液化石油气罐带进了大楼，并在直播间的走廊里引爆，所以爆炸现场更多地显现出被冲击波损坏的模样，假如是火药炸弹，

叙利亚国家电视台爆炸后屋内的惨状

那至少这层楼都要被烧成灰烬。

　　受这次爆炸影响，叙利亚几档访谈类节目暂停，但正常的新闻直播还在继续，政府力求将负面影响降到最低；与此同时，叙利亚媒体协会不失时机地组织记者、编辑们走上广场，抗议反政府分子针对民用设施的恐怖袭击，争取民意同情。对叙利亚国家电视台的袭击是一次典型的低成本宣传战，松动了巴沙尔政权在国内外的根基与信心；反观政府一方，及时公开真相并通过组织示威游行予以反制，也算回击得有模有样。

　　回酒店的路上，我路过了大马士革久负盛名的五星级酒店"沙姆宫"，于是想进去看望一下"龙餐厅"的主厨——来自中国安徽的王师傅。他是一个阳光乐观的人，热衷于将中国美食推向世界，危机爆发后在叙中国人纷纷撤离，只有他还独自支撑这家中餐厅。王师傅在叙利亚经营餐饮多年，带出了不少当地"徒弟"给他打下手，为了迎合当地人喜欢甜

第八章 ■ 战火开始蔓延至这座巴沙尔引以为荣的城市

叙利亚国家电视台被炸后,记者编辑们抗议恐怖主义行径

食的习俗,他做的中餐也进行了改良,无论做啥,只要不是辣味的,就一律都是酸甜口,这在整个阿拉伯世界是个普遍现象。以前,大马士革上层社会的官员和精英,能够被邀请去一趟"龙餐厅",是一件极有面子的事情,就像当地人2000年前能穿上一件中国丝绸外衣一样荣耀。但那天中午,餐厅没有开门,服务员告诉我,因为怕出门遇到危险,住得远的员工上午都不来了,所以"龙餐厅"只有晚上营业。另外,王师傅也回中国去了。

(三)

树倒猢狲散——很容易将这一场景与卡扎菲倒台前的官员大范围叛逃联系到一起,视为巴沙尔政权走到穷途末路的标志——这是西方报道极力想传递给读者听众的。但事实又真的如此么?

局势的滑坡超乎我想象。

政府军努力在边境地区和大马士革周边区域战斗，每天都将成果通过电视新闻呈现。但与此相矛盾的是，在大马士革的真实感受却是治安状况每况愈下，我几乎每天都在炮轰或者爆炸声中醒来，就连市中心司法宫这样的核心政府机关，也成了汽车炸弹的目标，它的马路对面，是我常常光顾的哈梅迪亚老市场。

恐怖阴云笼罩着这座古老的城市，以至于即便艳阳高照，当我行走在以前熙熙攘攘、如今却冷冷清清的大街上时，身体里还是不免透出寒意，不自觉地加紧了脚步。以前当地人总是说，政府军只要想解决哪里的武装分子，最多只需要五分钟；而现在，没人再有信心说这样的话了，即便大家心里都很清楚，政府凶猛得如一头老虎，但老虎与成群的苍蝇作战，还是结果难料。

比爆炸更可怕的是士气低落，尤其当党政军高层官员密集叛逃时，简直就是釜底抽薪。

叙利亚共和国卫队将领、前叙利亚国防部长穆斯塔法·塔莱斯的儿子穆乃夫·塔莱斯7月5日叛变，与其他15名军官一同逃亡土耳其。这是叙利亚危机爆发以来，巴沙尔团队内发生的第一起高规格反叛。小塔莱斯是共和国卫队第105旅旅长，准将军衔，在巴沙尔的弟弟迈哈尔·阿萨德的直接领导下，负责首都大马士革的防务工作，是巴沙尔为数不多的几个亲信之一。

叙利亚驻伊拉克大使法尔斯7月11日晚间抵达卡塔尔首都多哈，随后通过卡塔尔半岛电视台宣布叛逃成功，并号召叙利亚军人和民众加入"革命浪潮"。这是危机以来叛逃的最高级别的外交官，是很接近叙利亚权力核心层的人物。他年轻时曾担任代尔祖尔省复兴党书记，并在此后历任拉塔基亚、伊德利卜等省省长，还兼任过拉塔基亚省政治安全分部主席，在叙利亚情报机关中根基很深，是深受巴沙尔信任的逊尼派官员。

法尔斯叛逃消息传出不久，又有来自白俄罗斯的消息称，前叙利亚驻

第八章 ■ 战火开始蔓延至这座巴沙尔引以为荣的城市

白俄罗斯大使法鲁克·塔哈已经逃往欧洲瑞士。沙特的阿拉伯电视台更是称,目前有31个叙利亚驻外国大使表示了抛弃巴沙尔政权的意向,只是在等待时机。其中,叙利亚驻约旦大使还为叙利亚的革命活动提供了积极支持。2012年3月,叙利亚外交部部长助理阿卜杜·哈希姆·丁加入反政府阵营,叙利亚高级别官员变节浪潮在当年7月达到高峰。

树倒猢狲散——很容易将这一场景与卡扎菲倒台前的官员大范围叛逃联系到一起,视为巴沙尔政权走到穷途末路的标志——这是西方报道极力想传递给读者听众的。但事实又真的如此么?

从当地人的渠道,我得到了一个完全不同的叛逃原委。

大马士革司法官汽车爆炸现场

自2011年起,作为逊尼派军官的小塔莱斯因为与巴沙尔所代表的统治阶层在对待叛变士兵的意见上存在分歧,实际上已经被"软禁",被剥夺了军权。塔莱斯家族也早在其父亲穆斯塔法·塔莱斯担任国防部长后期就已失势,因为老塔莱斯好色成性、妻妾成群,对外则软弱无力,导致那段时期以色列根本不把叙利亚放在眼里。因此,巴沙尔上台之后,老塔莱斯引咎辞职并以"治病"为由离开叙利亚,定居巴黎。小塔莱斯的出逃经过了周密策划,借口参加一个晚宴,席间换车离开。英国《卫报》的消息就指出,小塔莱斯的逃亡之路含糊不清，这绝不是一件可以轻易做到的事情，作为一个"无足轻重的局外人"，巴沙尔对此是默许的。

法尔斯在叙利亚危机爆发之初就有去意，作为驻伊拉克大使，他大部分时间却在伊拉克境外的地方度假，偶尔回到巴格达办公。有人说，他与同样来自代尔祖尔省的叙利亚新总理希贾卜此前都是总理的有力争夺者，两人政见分歧严重。后来希贾卜升任总理，法尔斯作为政治斗争的牺牲品被安排到国外，实际上已遭到架空。也有人说，法尔斯此前与西方的情报机构有过联系，得知西方需要类似他这种在叙政权具有较高地位的人，因此选择了一个可以使自己利益最大化的时机逃往卡塔尔。据称，卡塔尔许诺给法尔斯3000万美元以及未来叙利亚新政府的高官职位，才促使他下了决心。

可见，叙利亚政府中叛逃的官员或是职位虚高，或是大势已去。最早倒向叙利亚反对派阵营的叙利亚前副总统阿卜杜·哈利姆·哈德姆将这一情形归纳为两点：第一，巴沙尔父子经过数十年经营，已经结成了一个较为完善的关系网络与利益链，其凝聚力较之卡扎菲高出许多。第二，哈菲兹在位期间建立起来的国家安全情报体系在全世界独一无二，对叙利亚人形成了强大震慑。这一体系中各条分支相互牵制，只忠诚于巴沙尔本人，这导致很多官员即便有叛逃的念想，也为保周全作罢。

半个多月后，叙利亚新任总理希贾卜叛逃，这一波叛逃浪潮算是达到了最顶点。只是结果又能怎样呢？

（四）

"战火开始蔓延至这座巴沙尔引以为荣的城市。"

7月15日，大马士革刮起了大风。

第八章 ■ 战火开始蔓延至这座巴沙尔引以为荣的城市

卡松山半山腰的商业街上，戴着头巾的妇女和未成年的小伙子们脚步匆匆，显然战争降低了民众购物的欲望，也让闲庭信步变得稀有。

"轰……"下午4点钟，一声巨大的轰鸣，在楼宇和山间震荡起来。有的路人开始停下脚步，为这从未如此清晰、如此接近的轰炸声迟疑起来，然而还不等他们得出结论，"轰轰轰……"连续几声更响的声音让地面震颤，也彻底震碎了人们拼尽所能装出来的镇定。

这是危机爆发以来，大马士革市中心第一次有如此剧烈、连续的轰鸣，人们甚至分不清楚是爆炸还是打炮，恐慌的气氛快速蔓延——妇女拉扯着孩子们撒腿跑了起来，她们也不知道声音哪里来的，只是漫无目的地跑；男人们三三两两聚拢在十字路口，探出脑袋眺望是哪个方向来的声音；穿着整洁的白色制服、平日里就像白猫警长一样在街头站岗的警察们也蒙了，他们连枪都没有配，反击能力几乎为零。但基本的职业素养还是驱使他们招呼路人赶紧回家，表情和语气暴露了他们内心的不安。

当天，我应一位大夫朋友之约去做客，路上遇到这般场景，也不由得加快了脚步。来到诊所，朋友忙不迭地问我这巨响到底是怎么回事，我当时突然有一种感觉，虽然我只是个外国记者，但在突如其来的危机面前，当地人比我还要茫然。在经历了17个月的危机之后，叙利亚人对于战火产生了精神上的麻痹，时而发生的爆炸与枪战已成为他们生活中习以为常的部分。然而，当战火临近时，大马士革人对战争的恐惧终究无法掩饰。《华盛顿邮报》当天的报道这样说道："从15日起，战火开始蔓延至这座巴沙尔引以为荣的城市。"

当天晚上，大马士革的手机和互联网网络全部中断了，轰鸣声还是异常猛烈。街上车很少，电视新闻里播放的仍是那些不协调的繁荣画面，对身边战况的"选择性失明"让人对局势更加担忧了。回想着之前反对派发出的信息——"连接政治中心大马士革与经济中心阿勒颇的公路已经被我们掌控""大马士革将陷入一片火海"……我不得不开始怀疑政府军的能力了。

从我的房间向大马士革城市南面望去,南面已然陷入了一片硝烟火海

很多关键机构的门口也堆上了沙袋,以防武装分子攻入城内

第二天清晨,拉开窗帘,满目黑烟滚滚,并且仍不时有爆炸造成新的浓烟升腾,仿佛天空被打开了口子,掉下了陨石雨。冲突发生在大马士革南郊的几个区域,离我们最近的地方也就两公里,两天前我还在那一带喝过咖啡……楼下平均每十分钟就会听到一次救护车的鸣笛声,时而响起的

第八章 ■ 战火开始蔓延至这座巴沙尔引以为荣的城市

炮声震得酒店玻璃随之颤动。沙特阿拉比亚电视台播放着来自大马士革南部米丹区的直播画面，画面显示，那里的街道已经被打得千疮百孔，反政府武装将沙袋堆在路中央，与远处的政府军对峙。画面中还不时闪现政府军坦克穿过街道的场景，这些铁甲巨兽近距离暴露在反对派的视线中，有的瞬间就被打爆。"米丹区的清真寺开始同情并支援革命军武装"，半岛电视台循环播放着一段手机视频：手持机枪和肩扛式火箭的武装人员站在一条小巷里，他们称自己现在就在大马士革城内，准备同叙利亚军队进行决战，并威胁亲政府的电视台和报社尽早"弃暗投明"……联想到昨天断网的情况，我急着跑下楼去看看当天亲政府的报纸到了没有。果然，叙利亚《复兴报》和《民族报》都没有来，酒店的说法是"至今送报的汽车没有到"。

多方的负面信息汇总成了一幅极为可怕的图景——塔德蒙、戈德姆、米丹、哈利格、马扎等9个区发生了交火事件。要知道整个大马士革也只有不到20个区，等于一夜之间半个城都陷入了巷战！

只是，一些极为奇怪的画面又让我感到，局面可能还没有那么糟。四季酒店的情报人员平日也不避讳自己的身份，我们无话不聊。当天，我就直奔主题地问他们："你们的冲锋枪呢？"

"在车上，酒店保安不让带进来。"一个叫贾麦勒的安全人员做着鬼脸说。

"你们还怕保安？万一反对派打进酒店，怎么办？"我接着问。

"谁不让我们带枪，谁就去跟反对派打呗。"贾麦勒一脸的悠闲。当他察觉到我的忧虑，就拍了一下我的肩膀，说："我们现在在打恐怖分子，这种炮击两天就完了。"

我将信将疑地上楼去了，但有了一点积极的信息，聊以自慰。

又过了炮火连天的一日，形势并没有好转，只不过也没变得更差，酒店楼下还见不到枪战的场景。17日，沙特《中东报》称，"大马士革大决战"正从大马士革城的南部打响,居住在南城的塔蒙德和米丹区的民众很多已经躲进该区域的清真寺或者学校。目前大马士革通往南部德拉省的道路已经被叙利亚自由军截断。消息人士告诉媒体,在大马士革的交战是反对派从一个多月前就开始筹划的,称之为"拉开政权更迭大幕的巷战——大马士革火山地震行动",大马士革自出现反政府示威开始,就已经进入了完结现政权的最终章节。

但我还是将信将疑,因为从炮声来分析,炮弹都是从政府军阵地打向郊区,我清楚地记着作为战地记者的一句格言,"当你耳边是炮声,说明危险还远,安全是没问题的。当耳边是枪声,就要小心了。"反对派在进行舆论战时也暴露了忽悠成分,他们说,政府军在针对反对派的进攻中动用了武装直升机,但我并没有在大马士革的上空发现有类似的直升机飞过,也没有看到反对派宣称的民众在超市疯抢商品的场面。

(五)

叙利亚警察部队、安全部队和军方的最高将领,被一次全歼。

局势在7月18日发生了事实上的、断崖式的坠落。

当天上午,就在我去超市买饮用水的路上,得到消息,叙利亚民族安全机构大楼被炸,当时里面正在举行一个国家最高级别的安全会议,爆炸就发生在会场内。我用最快的时间返回酒店,背上相机,快步跑向事发现场。

民族安全机构大楼就坐落在卡松山的半山腰上,和中国、美国驻叙利亚大使馆相距不足千米,可谓整个大马士革最核心、安保级别最高的区域。我赶到时,叙利亚武装人员已经封锁了道路。我从旁边的一条小巷子抵近,绕到了机构大楼前的巷子树林中。大楼所在区域十分隐秘,与此前被爆炸袭击的政府机构明显不同,它更像是一个大别墅。小巷的南出口放

第八章 ■ 战火开始蔓延至这座巴沙尔引以为荣的城市

印有大马士革玫瑰标记的酒店玻璃被流弹击碎

有高大的石墩,并有武装人员守卫,无法进入;小巷北口是唯一可供出入的路口,正对一条小河,汽车由西向东单行,进入该大楼需要经过重重安检,近乎密不透风。我在现场查看后判断,此案必为政府的"内鬼"所为,因为一来外人不会知晓此地聚集了如此多军方、政府要员,二来也不可能将爆炸物经过安检运送至大楼内。爆炸的威力是很有限的,大楼的外表没有任何损伤,这是精准的"斩首行动"。

令我感到意外的是,叙利亚媒体对于这次爆炸的报道,堪比全世界最成熟的新闻实践,及时并且毫无遮掩。爆炸发生两小时后,叙利亚国家电视台宣布,叙利亚国防部长达乌德·拉吉哈被当场炸死,叙利亚副总统助理侯赛因因伤重不治身亡,叙利亚内政部长穆罕默德·沙阿尔受伤。过了一个小时,又传出消息称叙利亚国防部副部长阿瑟夫·舒卡特也在爆炸事件中身亡。两天后,叙利亚情报局局长阿沙姆·巴赫季亚尔被宣布伤势过重不治身亡。这就等于说,叙利亚警察部队、安全部队和军方的最高将领,被一次性全灭。

国防部长拉吉哈是老人了，因为在"十月战争"（第四次中东战争）中表现出众，在哈菲兹执政期间受到重用。他生于大马士革，1994年升任叙利亚特种部队总司令，2004年任叙利亚军事与武装部队总参谋长，2009年后陆续担任叙利亚军事和武装部队副总司令、叙利亚国防部长等职务。从职务上看，他是当时叙利亚除巴沙尔本人之外军权最大的人。

国防部副部长阿瑟夫·舒卡特兼着叙利亚军事情报机关负责人的职务，这一情报机关被认为是叙利亚最有权势的机构，此外，舒卡特从亲缘关系上说，还是巴沙尔的姐夫。此前有传言，巴沙尔的弟弟迈哈尔·阿萨德并不欣赏这个姐夫（舒卡特曾经结过一次婚，而且有了孩子，且他本人的年龄也比巴沙尔姐姐布沙拉大很多），甚至曾向舒卡特开枪，反对这门婚事，直到巴沙尔执政之后，舒卡特与布沙拉才得以完婚。坊间一直盛传，舒卡特才是叙利亚危机之后主管国内军事行动的"大脑"。

副总统助理侯赛因以前是负责安全事务的重臣，年事已高，被授予副总统助理这样礼节性的职务实际上已经在养老了，但他对整个叙利亚安全工作仍具有举足轻重的影响力；情报局局长阿沙姆·巴赫季亚尔掌管着叙利亚最大的情报机构，也是个重量级人物。

这四位"巨擘"的意外身亡，如晴天霹雳，几乎彻底击穿了亲政府者的心理防线。而更令巴沙尔揪心的人——他的亲弟弟迈哈尔·阿萨德，也被传在此次爆炸中失去了双腿。迈哈尔在老总统哈菲兹的四个儿子中排行第三，是巴沙尔统治期间叙利亚军方的实际掌权者之一，配有叙利亚军队中最高级别的三星肩章。他的成长过程与巴沙尔不同，他早早地进入了军事学院学习，一直在从戎的道路上跑步前进，危机中他掌管着叙利亚最精锐的第四装甲师、总统卫队和共和国卫队，足见巴沙尔对他有多信赖。

那几天，大马士革都是晴天，但在我的记忆中，却是阴霾的，时间似乎凝固了。国家安全的核心团队全军覆灭，这对世界上任何一个政权来说，都无异于灭顶之灾……军人脸上透着茫然，警察黯然神伤，民众对政府的信心崩盘。一个接一个的反对派组织争抢着"认领功劳",穆斯林兄弟会借机鼓动叙利亚民众支援大马士革城内的革命军,声称已经到了"历史性的时刻"。叙利亚自由军甚至称,攻入大马士革的部队已经配备了防毒面具等防护设施,他们确信巴沙尔已经准备使用化学武器做最后的抵抗。(我注意到,这是叙利亚反对派第一次提及政府军使用化学武器的问题。虽然只是一句假设,但能看出,反对派早早地就盯上了化学武器,并为谴责叙利亚政府使用化武做铺垫了。)

事实和我最初判断的"内鬼作案"基本吻合。最靠谱的说法是,总统卫队的一名保镖,将具备先进技术的微缩炸弹绑在腰间混过安检进入民族安全机构大楼会场内,并放置在了会场的圆桌下,在会议开始时引爆;也有说法称,一位高官的安保人员与司机合作,将重达50公斤的炸弹提前运进会场,放置在会场的花盆中,在大人物们聚齐后引爆了炸弹。也有阴谋论者称,遇难的四位高官此前被认为是"强硬派",几人的落难不是巧合,这是"温和派"争夺话语权的一步棋。

叙利亚政府后来说,他们有证据证明,反对派从A国情报机构手中获得了高科技炸弹,B国用3000万美元买通了情报机构大楼的内应,完成了这次堪称当代最成功的集体"斩首行动"。

(六)

眼睛能看到的东西是有限的,作为记者,我要尽量发动自己的各种感官、资源、经验和逻辑,不放弃任何一条线索,在如漫天飞雪的真假信息中,快速筛选,果决判断。

虽然在几位高官遇袭当天,大马士革的安全形势并没有急转直下,佤人们心里都清楚,身边的安全形势有多严峻,无法揣测反对派还能搞出什么更疯狂的举动来。约旦外交部当天发表声明，称该国驻叙利亚大使馆已经开启了多条通道，帮助在叙约旦人回国。

夜路漆黑一片，偶尔有几辆汽车不要命似的飞奔过去，然后就只能看见远处爆炸的光照亮天空。人们躲在屋里，凭枪声揣摩交战打得有多激烈，有多近。密集的炮火就像是受了惊的牛群奋蹄狂奔，只是不清楚他们知否，目标在何方。

19日清晨，太阳重新接管这座城市，一切看上去和昨天并没有太大区别。正如一个老谢赫之前跟我说的，大马士革的白天和夜晚，是两个不同的世界。

这一天，各种消息让我惴惴不安。先是有消息说，反对派武装正在攻打叙利亚国家电视台，而其他几家亲政府的电视台也在遭受攻击。但打开电视后发现这几个电视台的节目依旧正常播出。其后又有消息称，叙利亚共和国卫队发生哗变，大量军人倒戈，警察部队完全失去作用，但我从窗户看下去，楼下依旧见到了身着白色制服、骑摩托车的叙利亚交警在执勤。还有消息称，目前反对派武装已经将中国驻叙利亚大使馆包围，我赶紧电话咨询了大使馆中国工作人员，得到的消息是叙利亚政府已经向使馆增派了守卫人员，在中国驻叙利亚大使的主持下，使馆高度警戒，一切如常……支持叙利亚反对派的阿拉伯电视台19日的消息称，大规模哗变还在上演，伊德利卜有60名军人、带着7辆坦克变节，大马士革郊区有250名军人叛变，代尔祖尔有91名军人逃亡……能得到印证的是，大马士革一个郊区的安全部门大楼被攻占了，离我们的酒店也就十几公里。

窗外的战火场景也发生了改变。具体来说，就是比从前的黑烟少了，青烟多了……这是很可怕的事情，因为黑烟有时候是反对派故意通过引爆汽车、燃烧轮胎等制造出来的恐怖假象，但青烟就是实实在在的爆炸了……一般炸弹或者炮弹爆炸时，炸裂的颜色是暗红色的，伴随着金属碎裂的响声，震颤心肺。爆炸后最早产生的是青烟，卷起尘土和化学粉尘直上云霄。如果爆炸范围内有可燃物，比如说汽油、橡胶、木头，那会燃烧一段时间，直到可燃物耗尽，而这段时间的烟才是黑色的。当然，从爆炸到引燃的过程非常短暂，于是在很多人看来爆炸就直接产生黑烟了。

我在酒店的阳台上，远处战斗还在继续

7月21日起就是2012年的伊斯兰斋月了。为了囤积足够多的食品，我和新华社记者姜铁英搭伴儿，冒着风险到超市采购。姜铁英是个心很细的东北小伙，凭借着英语与强大的社交能力，在这个阿拉伯社会生活工作得游刃有余，在时局最艰难的那段日子里，我们相互支持，并肩战斗。结果，看到所有的蔬菜，除了烂在货架上的番茄，其余早被一扫而光。瓶装的矿泉水也没有了，这倒是可以理解，因为反对派此前放出过向大马士革水源里投毒的消息。最后，我们一人抱着一筐苹果回到酒店，接下来的斋月，我们很有可能被继续困在酒店里面，到时就只能靠着这些青涩的苹果维持生活了。

入夜，卡松山燃起大火，半边天被照得通红。这座山在与以色列针锋相对的几十年里，里里外外安置了大量的军事设施，是政权重重把守的要地。反对派在电视上称，大火源于山上导弹部队弹药库被武装分子引燃。我基本是不信的了，因为稍加理性思考便知道，假如反对派能冲到那么要害的地方去搞破坏，那总理府、议会等驻兵少的地方早该被夷为平地了。

眼睛能看到的东西是有限的，作为记者，我要尽量发动自己的各种感官、资源、经验和逻辑，不放弃任何一条线索，在如漫天飞雪的真假信息中，快速筛选，果决判断。

第九章

一觉醒来，一切令人深爱的东西都不在了

（一）

这些人中"头脑灵活"的，往往就是墙头草、两面派的角色，摇摆不定、两面押注，局势一旦趋于明朗，立刻揭竿而起，旗帜鲜明地落井下石，而且这样的人不在少数。

安全会议遭袭的影响迅速转化在了正面战场上，此前政府军已经宣布攻入了大马士革塔德蒙和米丹两个冲突升级区，结果又不得不撤出，将战果拱手相让，塔德蒙区的安全机构负责人顺势叛逃。反对派叙利亚自由军给政府下了一个月投降的最后通牒。

但最让我印象深刻的，还是见风使舵，人心不古。局势一陷入危急，就有人开始摇摆不定，对中国人的态度也发生了180度大转弯。中国中央电视台在当地有雇员，他们连续收到了身份不明者的威胁，称假如继续给中国媒体工作，就可能引来杀身之祸；而我也在采访中感觉到，很多暗中支持叙利亚反对派的人开始表现出对中国人的敌意，包括语言、态度等。一位支持反对派的叙利亚中产阶层人士对我说，中国的立场在很多叙利亚平民看来就是对巴沙尔的支持。这些人文化素质普遍不高，不懂得国际政治的深邃与玄妙，非常容易被蛊惑。他还警告我，现在大马士革各处都有反对派的人，最好不要出门，否则很可能成为被袭击的对象。果不其然，在之后不久，新华社两位当地雇员在采访中遭遇了绑架。

一些人无法把控自己的命运，唯有随波逐流，夹缝中求生存。这些人中"头脑灵活"的，往往就是墙头草、两面派的角色，摇摆不定、两面押注，局势一旦趋于明朗，立刻揭竿而起，旗帜鲜明地落井下石，而且这样的人不在少数。生存是基本人权，争取更好的生存环境无可厚

迫击炮弹袭击是大马士革经常遭遇的袭击方式，有时一天能有上百枚炮弹打进城里。这是炮弹打进老城，留在地上的弹坑

非，但民众的眼睛也都是雪亮的，投机分子悲哀的结局往往是下错了赌注，而被其他人不耻、唾弃。反观那些从一而终者，不论结局如何，至少让人尊敬。

对叙利亚总理希贾卜的叛逃，不妨也用一颗平常心来看待。8月6日凌晨，他向外界宣称自己前往北部代尔祖尔省调研，实则安排专人护送出大马士革，直奔南部省份德拉，在那里换乘叙利亚自由军的车辆，一路进入约旦境内，完成了偷天换日一般的大叛逃。因为他是政府的首席行政长官，其叛逃在国际上引发的涟漪和震动也最为巨大。国内各大媒体纷纷来电询问：这是否意味着巴沙尔政府开始崩塌？基于对情况的了解，我当时就给出了否定的结论。

首先，希贾卜作为来自代尔祖尔省的官员，没有与巴沙尔建立家族关系，算不得真正意义上核心圈的人。他不隶属于阿拉维派，此前任职都在周边省份，并未涉足最核心的大马士革省，只能看作是巴沙尔民族融合、展现民主过程中比较有代表性、示范性的一员，巴沙尔2012年6月任命他为总理，更多交办的是事务性、程序性工作，实质上却未赋予他多大的决策权。就与巴沙尔的个人关系而言，他甚至不及此前叛逃的共和国卫队将领小塔莱斯。

其次，希贾卜此前任农业部长，接任总理之后，从外界报道中可以看出，他的主要工作是经济与社会发展领域，对军事安全等敏感方面涉足不深，掌握的情况也不够多。一个例证就是，巴沙尔成立的危机应对委员会当中，包括了国防、内政、情报部长以及副总统等多位要员，但没有作为总理的希贾卜，这也是爆炸当天他没有在场、躲过一劫的原因。

现任总理叛逃，这在整个"阿拉伯之春"的浪潮中也是首屈一指的案例，影响不可谓不大。然而，巴沙尔政权随后的表态却风轻云淡——"叙利亚是一个国家机构，任何个人在其中的属性都是为这个机构工作。不论地位多么显赫，任何个人的出逃都不会改变或者影响整个国家的发展道路"，彰显出了一个老牌政党的稳健与底气。作为一个个体，希贾卜的叛逃有千万种原因，我们作为局外人不宜置评，但从日后他落魄枯槁的面容和提心吊胆的生活，可以想见叛逃后日子过得并不滋润。

（二）

翻看中东历史，凡是与"牛奶"一词关联的地方，都是富饶、重要的象征，比如"流着奶与蜜的土地"耶路撒冷，还有阿勒颇。

在大马士革烽烟四起之前，便有传言，叙利亚北部城市阿勒颇将陷入火海。为了辟谣，叙利亚电视台每天直播着阿勒颇主要街市的境况——几辆车、几个人、几盏路灯，萧瑟的电视画面中，感受不到这座能与大马士革齐名的中东古城还留存着多少活力。

漫步在大马士革哈梅迪亚市场，会惊奇地发现，这里最多的商贾不是大马士革当地人，而是阿勒颇人，他们雕刻手艺出众，尤其在黄金、宝石和玻璃工艺品制造领域卓尔不凡，阿勒颇橄榄皂更是作为世界上第一种硬质肥皂久负盛誉。阿勒颇是叙利亚的经济中心，在叙利亚人心中的位置，却绝不仅仅是商业首都那么简单，它的城墙见证过叙利亚人引以为荣的时光。

考古历史学家J.萨瓦杰特撰写的史籍这样描述阿勒颇："在所有叙利亚城市中，阿勒颇是给人印象最深刻的地方。为了到达这里，你必须花费很多时间穿过无人无动物无植物的一望无际的空旷土地，在没有任何提示的情况下，阿勒颇突然出现了。伊斯兰尖塔看上去庄严而神秘，它是这里最高的标志……"这些文字虽然是80多年前写成的，但至今还有真实喻义。

阿勒颇这个名字，就是阿拉伯语"牛奶"一词。传说古时候，犹太人祖先亚伯拉罕来到阿勒颇，把自己奶牛挤出的牛奶分发给当地穷人，城市也因这一典故得名。翻看中东历史，凡是与"牛奶"一词关联的地方，都是富饶、重要的象征，比如"流着奶与蜜的土地"耶路撒冷，还有阿勒颇。

史料记载，阿勒颇有人类居住的历史可以追溯到约公元前9000年，早在4000多年前，阿勒颇就是全世界服装和布料制造中心。它的地理位置距地中海、底格里斯河以及幼发拉底河都不远，并处于古埃及人和赫梯人的贸易通道中间。后来，阿勒颇成为古丝绸之路上的重要一环，中国和印度、波斯的富商纷至沓来，驿站和澡堂内到处都有说着不同语言的商人。16世纪，一些欧洲商人开始在那里开设店铺，莎士比亚的《麦克白》一书中就描述了一名水手要去阿勒颇的故事。

奥斯曼帝国里，阿勒颇曾是继伊斯坦布尔和开罗之后的第三大城市，在那时，它是叙利亚的首都。史籍中这样记载：世界上其他国家在奥斯曼帝国的使馆设在伊斯坦布尔，则必然会把领馆建在阿勒颇，因为这里才是这个宏大帝国的经济中心。直到1869年苏伊士运河开通，阿勒颇的地位才随着陆路运输的没落开始衰弱，像1492年后的欧洲城市比萨或威尼斯一样。但直至危机前，阿勒颇依旧拥有全叙利亚一半以上的工人，占据了全叙利亚出口商品总额的一半还多。

叙利亚的美食名冠中东，阿勒颇的美食名冠叙利亚。一位导游朋友告诉我，叙利亚人烹调喜欢用橄榄、榛子和开心果，只有阿勒颇厨师能把这几种材料烹制出极致美味。此外，这里的甜食也最受叙利亚人喜爱，自奥斯曼帝国时期，这里就是整个帝国的美食之都。

6月底的时候，我曾计划乘机前往尚未爆发战斗的阿勒颇采访，最终未能遂愿。没过两天，阿勒颇战事爆发，听说当时有两个中国人在阿勒颇机场转机回国，因为等待时间较长（据说是五小时），决定到城内简短观光，不想在这五个小时中，被突如其来的战斗阻断了返回机场的道路，从而被困城中，最终还是由使馆出面营救方得以脱身。

从阿勒颇到土耳其边境只有短短80公里，反对派的人员和物资补给可以畅通无阻。在北方边境几乎失控的情况下，政府军投入大量兵力坚守阿勒颇城，周边的乡村则早早就被放弃——从地图上看，阿勒颇早就成为一座孤城。好在阿勒颇发达的工商业，决定了大多数民众与巴沙尔政权利益捆绑，军民一心，铁板一块。但当"大马士革火山地震行动"爆发后，远在北方的反对派武装也受到鼓舞，加大了对阿勒颇的攻坚，这座城市进入了"割据巷战"节奏。

战斗打得最激烈的时候，政府军占领着城中心的阿勒颇城堡，利用高地优势进行火力覆盖；反对派就聚集在城堡南门外，并扼守着城区南部的所有要冲，两军对峙距离不超过100米。到8月初的时候，政府军方面称反对派在阿勒颇的伤亡数字已经超过8000人，但因能获得源源不断的补给，即便武器领先，政府军依然无优势可言。一个例子就是，一支反对派武装在外部力量的支持下，于8月中旬袭击了从叙利亚中部前往阿勒颇支援的装甲部队，40余辆政府军坦克、装甲车被歼灭。

（三）

　　叙利亚东南西北四个方向的国门都已敞开，极端武装分子可以畅通无阻。任谁想来，这都是一件极为恐怖的事。

　　巴沙尔很长时间没有露面了，安全会议爆炸对政权核心层形成了巨大震慑，首都放眼望去遍是硝烟，全国各地的战况每天又似雪花般纷至沓来，如此情形，看上去真的岌岌可危了。外媒报道，巴沙尔已经和家人躲藏进了卡松山下一处极为秘密的避难所，并通过阿拉维派军人打通一条前往沿海省份拉塔基亚的快速通道，准备随时在俄罗斯海军保护下撤离。

　　只有叙利亚军方信心满满，每天还在通过媒体夸耀自己的战场进展，像极了阿拉伯人一如既往的乐观。但军队都在外围抗敌，谁来保护城内民众的安全？8月5日，48人组成的伊朗朝圣团在大马士革郊区被反对派武装绑架，三人被杀；9日，在大马士革郊区采访的四名"叙利亚新闻"电视台的记者被绑架；11日，叙利亚国家通讯社的一位国内新闻负责人在家中被闯入的武装分子杀害……那段时间，我的确不怎么敢出门了，但即便是在房间中，也面临风险。

　　11日中午时分，酒店楼下的主干道突然爆发猛烈枪战，我蹲在阳台上目睹了全过程——一队载满士兵的卡车照常从楼下驶过，不知何处突然打来暗枪，具体打没打中车上的士兵看不清楚，但却惊吓到了整个车队。开路的车辆急速驶过，紧跟的卡车上架设机枪放哨的士兵四处开枪，意图火力压制，但并不知道枪手藏在何处。后面的卡车也跟着开枪扫射，并加速通过遇袭路段，没有军人敢下车。不一会儿，几辆面包车载着荷枪实弹的军人抵达现场，他们有的拿着冲锋枪，有的扛着火箭筒，迅速封锁路口，并对路两旁的楼房逐一排查。大约一个小时后，现场清剿工作结束。此时，酒店内又是一片骚动，隔壁记者所住房间的玻璃被流弹打碎，幸好当时屋里没有人。

时隔四天，与居住有联合国官员的大马士革玫瑰酒店仅一墙之隔的叙利亚某军事机构发生爆炸，这是反对派武装第一次不避讳联合国人员的安危发动袭击。虽然联合国的官员没有伤亡，但却对国际机构干预叙利亚危机的态度产生了潜移默化的影响。

因为联合国和其他国际机构中供职有大量的西方人，所以他们会在国际组织报告中掺杂很多有本国政治倾向的意见，干扰客观评估。具体而言，就是联合国监督团等驻叙机构的报告，整体上秉持着亲西反叙的立场。但随着极端分子进入叙利亚作战案例越来越多，以及地面反对派山头林立，难于协调，联合国人员的安全越来越无法保障，这在一定程度上动摇了国际机构庇护反对派的决心。大马士革玫瑰酒店附近的爆炸案发生后，我明显感觉到，国际组织开始用更多笔墨警示叙利亚已经成为极端主义者的恐怖沃土，对于巴沙尔暴力镇压明里暗里的谴责都减少了。

有人把极端分子加入战争当作巴沙尔政府暴力镇压的托词，这自有其道理，但战场上层出不穷的非叙利亚籍武装人员，却是任何一方都不能忽视的存在。在"伊斯兰国"这样的国际恐怖组织立稳脚跟前的2012年，叙利亚已经是极端主义者的沃土了。危机前期，恐怖武装分子主要从霍姆斯省与黎巴嫩交界地区进入，虽然黎巴嫩真主党和叙利亚政府军部署重兵，但怎奈边境线太长，防不胜防。而叙利亚的东边邻国伊拉克也承认，此前在该国作战的"基地"组织分子正在向叙利亚境内转移；加之北部与土耳其交界地区基本上都已经处于失控状态，南边德拉地区也早已在反对派控制之下，等于说叙利亚东南西北四个方向的国门都已敞开，极端武装分子可以畅通无阻。任谁想来，这都是一件极为恐怖的事。

（四）

就这短短五分钟，我的衣服便被汗湿了。随后，我看到坦克车开进了这片楼宇，它的炮声响起后，里面就再也没有枪声传来。

时间在战火的纷扰中，一分一秒走过，转眼已经到了2012年的8月中下旬，一个叙利亚建国后最惊心动魄的斋月临近尾声。再紧绷的神经，也需要松弛一下，否则人就会崩溃。即便炮声依旧，大马士革街上的行人和车辆还是渐渐多了起来，不得不佩服民众对环境的适应力。

19日清晨，巴沙尔携叙利亚政府总理、外长、议长和叙利亚社会复兴党副书记等众多重要人物前往一所位于使馆区的清真寺作了场礼拜。这是自7月18日叙利亚民族安全机构大楼发生爆炸后，巴沙尔的首次公开露面。安全保卫措施近乎密不透风。18日晚间，清真寺及附近地区就部署了里三层、外三层的武装警戒，所有通往该清真寺的道路，以及周边沙姆医院附近区域全部戒严，直至巴沙尔车队离开，其间还出动了叙利亚最精锐的共和国卫队。这次公开活动打消了外界对巴沙尔逃离、下台、崩溃的各种猜测，也象征着"大马士革火山地震行动"最艰难的日子已经熬了过去。

后来，军方披露出了"大马士革火山地震行动"的细节，不由得让人庆幸，也让人捏一把汗。7月下旬的时候，反对派已经在大马士革周边农村地区集结了大约五万人的力量，他们由不同的国家支持，单兵武器十分先进，但作战的协同性是短板，主要靠头领之间用手机沟通。与此同时，因为政府军撒向了全国各地维稳，真正拱卫首都的，就只有共和国卫队、第四装甲师和各安全机构人员的总共三万人，在兵力上处于明显劣势。但政府军掌握着信息和技术的优势，他们多年经营的信息情报网发挥了作用，反对派任何大规模行动几乎都在掌握中。于是，政府军在7月19日主动采取行动，首先切断了叙利亚境内全部的通信网络，导致各反对派别之间失去联络，陷入孤立，再通过安插的内鬼散播谣言，引诱一部分武装分子首先发起了对大马士革的攻击。政府军就守株待兔，利用埋伏圈和局部优势兵力将这些武装一一吃掉。就这样，大约过了半个月时间，反对派主力部队多数被歼灭。

即便在这期间发生了军方领导层集体殒命的爆炸事件，但叙利亚军事指挥体系在考验中展现出了极强的韧性和层次感，一批业务精良的将领迅速补充上来，保证整个军事行动顺利进行。到8月20日前后，虽然战事看似还很胶着，但反对派最有威胁、锋芒毕露的一波攻势已经成了"哑弹"，大量武装分子被歼或转移至阿勒颇等战场，剩下的只是负隅顽抗，再也无法对巴沙尔的首都构成真正挑战。

正面战场上的"热战"打不过，反对派和极端分子就将更多精力投入到了恐怖袭击中，寄希望在不对称战争中获得先手。8月28日，大马士革郊区的扎尔马尼镇发生汽车爆炸事件，造成12人死亡、48人受伤。我第一时间赶往现场，却因为路况不熟，陷入危机。

扎尔马尼镇的聚居者多是德鲁兹人和基督徒，相对独立于大马士革主流的伊斯兰社会，有着独特的运行模式。因为德鲁兹人和基督徒长期依附于巴沙尔政权的治理，所以该地区民众对政府的忠诚度很高，也因此成了恐怖分子下手的对象。当天下午，扎尔马尼镇的民众在为两名作战死去的青年人举行葬礼时，遭遇事先安放的汽车炸弹袭击，遭受了重大伤亡。在得知这个消息后，我没来得及像往常一样询问好路线，就急不可待地打上一辆自称认识路的出租车，直奔小镇而去。

出租车行驶到机场高速路旁，拐进了一个路口。路边都是林立的居民楼，但街道上没有人，这引起了我的疑虑。我注视着周边的情况，除了随风拂起的黄沙，可以用一片死寂来形容。突然间，枪声响起，特别响，因

扎尔马尼镇发生恐怖爆炸后的现场画面

为很近,还带着楼宇之间的回音。司机慌乱中不知所措,就停下车,推开车门趴到了车下。我也俯身趴在后车座位上,但觉得汽车的铁板和玻璃太薄,恐怕挡不了子弹,于是也开门滚到轮胎旁的地上。"乓乓乓"枪响声在耳边回荡,我们也不知道是谁、从哪里开的枪,只知道把头和身体深深地埋在地上,脑子一片空白。

枪声停歇了一阵,听见旁边有大型车辆开过来的声音。我微微抬起头,看见了插着叙利亚国旗的装甲车!车子停在我们的出租车前,下来一个士兵,急促地示意我们上车。于是司机猫着腰回到座位上,我也上了后排座位,士兵就坐在副驾驶位置上,汽车打上火,冲着装甲车开来的方向疾驰而去。路上,枪声又响了,我下意识地往座位底下钻,坐在副驾驶位置的士兵也埋下头,将冲锋枪从玻璃窗伸出去,连开几枪,边开枪边催着司机踩油门。一条街、两条街,终于,我们逃出了那个交火的街区。

士兵愤怒地斥责司机,不要往交战区冲,说里面藏有狙击手。司机也被吓蒙了,感觉他还没缓过神来。就这短短五分钟,我的衣服便被汗水湿透了。随后,我看到坦克车开进了这片楼宇,它的炮声响起后,里面就再也没有枪声传来。

在政府军的引导下,我来到了自杀式爆炸发生的扎尔马尼镇,其实也

第九章 ■ 一觉醒来，一切令人深爱的东西都不在了

扎尔马尼镇发生恐怖爆炸，我第一时间抵达现场，愤怒的当地民众向我控诉恐怖暴行

就隔着几个街区远。临街的楼房都被炸坏了，就连水泥墙体都被破坏了，可见爆炸威力之大。地上烧毁的车辆露出了炭黑色的金属骨架，街道中弥漫着烧焦的味道。马路上能看到斑斑血迹，但伤员和死者已经转移。无助的当地人走上来，向我倾诉，向我痛斥暴行，他们不明白为什么恐怖分子要针对平民施暴，无法接受失去亲友的痛苦。

（五）

"我好怕哪一天醒来，突然发现这里的巷子变得陌生，一切令人深爱的东西都不在了……"

随着街头逐渐恢复喧闹，我也重回正常的生活节奏，尝试着走进社区，走进老城，走进当地人的生活。

欧洲的文艺复兴，很大程度源于阿拉伯人对古代文化的保留和对东西

两位在大马士革留学的中国女孩,在老城咖啡馆叙聊

方艺术的传播。当代叙利亚人传承了先人在艺术上的气质禀赋,初来大马士革,我即被当地艺术家的画作深深吸引,没事儿就会游走在各种画廊、展厅之间,若购得其一,便如获珍宝、心满意足。这些作品往往以现实主义手法还原社会风貌,并通过适当写意和夸张色调,营造鲜明的悲喜格调,引人无限遐想。其中,具有叙利亚、阿尔及利亚双重国籍的中东知名画家扎塔尔在老城直街旁开的一处画廊,是我时常拜访的"圣地",虽然他本人已经移居迪拜,但从他的画作里,我依然能读到他内心的宁静和对大马士革这座城市的深情。只是这次再来,画廊的大门已经紧锁,看店的小伙计已不知身在何处。其他几家青年画家开的店也基本都闭门歇业了,整体经济萧条是根本原因,治安恶化则加速了关门的节奏。

带着几分失落,我游荡在老城中,不想偶遇了两个来自中国的留学生,并在和她们的交流中,受到深深触动。作为普通人,作为中叙友谊的民间使者,她们的讲述让我感伤。按捺不住内心的冲动,我将与她们的相见写成了一篇通讯,记录中叙两国民众真挚的友情。

中国女孩的大马士革情

"就是闭着眼睛,我也能顺着这些蜿蜒小巷走回大马士革的家。"小郭和珺珺现在依旧生活在大马士革市中心的老城里,她们对这里的每一座

第九章 ■ 一觉醒来，一切令人深爱的东西都不在了

建筑，每一条小路，甚至路边哪儿有只小猫都如数家珍。即便局势正在恶化，她们还是难以割舍对大马士革以及叙利亚百姓的感情。

两个女孩同住在大马士革的一个小院落中，小郭去年5月来到这里研

大马士革老城里，遍布着很多开在古建筑中的咖啡厅和餐馆，闲暇时分，当地人便来到这里，点上水烟，谈笑风生

大马士革老城的道路不宽，但蜿蜒曲折，颇有韵味

习阿拉伯语,她觉得古老的大马士革最能启发她对阿拉伯语言与文化的感悟。"当初的叙利亚就像世外桃源,老城里夜不闭户",她去年到过不少叙利亚的城市,包括危机爆发地德拉,"当时到德拉已经半夜了,但我一点也不害怕,因为安全毫无问题"。

小郭和珺珺带记者来到老城基督教区一家有着300年历史的咖啡店,每周这里都有老者讲述《一千零一夜》的故事。年轻的店老板热情地搬了把凳子坐过来,给我们翻看他手机中儿子的照片,毫不掩饰内心的喜悦。"老城本身就是一个人情社会,在这里住一段时间,就能完全融进叙利亚人淳朴的生活中。"小郭说,她在这里的朋友几乎都是叙利亚人,他们对中国人有着真挚的情谊,跟他们在一起很舒服。

珺珺是一位刚毕业的大学生,在大马士革做实习采访。虽然来的时间并不长,但字里行间听得出她为这里的变化感到惋惜。"即便是在7月初,我们还能听见老城夜里的赛马声,坐在巷子里纳凉的人也还很多,但自从7月中旬后,老城里的气氛变得凝重起来了。"7月15日,叙利亚军方在大马士革城内发动了针对反政府武装的清剿,战火蔓延了10天才趋于平息。其中一天晚上,一颗子弹打进了小郭的房间。"当时我们有些紧张,但很快就镇定下来了,因为老城里有当地民众组织起来的民兵,城外还有军队把守,这里没有反对派躲藏的空隙。"小郭说,那段时间,政府在老城筛选出了品行优良的年轻人,发给他们枪支组成了区域性的民兵组织,那天晚上民兵与军方成功清剿了渗透进老城的恐怖分子。"当时政府问我们要不要枪,我们说不要,因为我们知道,老城里的每一双眼睛都在关注着我们,保护着我们。"

珺珺曾在军队的保护下,随叙利亚国家电视台前往外地拍摄。"叙利亚的士兵并不希望战争,但当战争来临,他们也毫不畏惧。"在跟随军队同行的几天几夜中,她了解到,很多恐怖分子是从阿富汗、巴基斯坦等国的农村被煽动、欺骗甚至拐卖而来,这些人听不懂阿拉伯语,没见过叙利亚国

第九章 ■ 一觉醒来，一切令人深爱的东西都不在了

旗，被蒙在鼓里，还以为自己是在巴勒斯坦被占领土上作战。珺珺说，私下里士兵们也会拿出照片来，思念远在家中的妻儿，或是怀念曾经朝夕与共却在几天前牺牲的战友，"他们对我总有说不完的话，像是怕自己有一天再也说不了了"。真实的战场上危机四伏，新闻的战场上充斥着真假虚实，"士兵们也很累，但他们觉得，为了国家他们必须继续战斗下去"。

走出咖啡馆的时候，老板没有收我们的钱，还招呼我们常来坐。目前在叙利亚的中国人还有60多名，中国驻叙使馆与这些人保持着联络，并随时准备为他们的撤离提供协助。"剩下的中国人都在犹豫，走还是不走，因为大马士革这座城市与这里的人，都太让人难以割舍"，小郭准备11月份回国参加研究生考试，考完之后还想回来。

"我好怕哪一天醒来，突然发现这里的巷子变得陌生，一切令人深爱的东西都不在了……希望这个国家能安然度过危机"，说着说着，珺珺的眼睛湿润了。

一位老者站在大马士革一座老建筑前，乐观张望。因为危机，很多地方都被喷绘上了国旗，以示政治立场与爱国之心

第十章

它的身后有几个很强硬的国家挺着，没那么容易就范

第十章 ■ 它的身后有几个很强硬的国家挺着，没那么容易就范

（一）

最惨不忍睹的，是遇难者的遗骸，断肢残臂散落在地上，有些来不及逃走的遇难者，被大火烧成了黑炭，固定在汽车的钢筋骨架上。

接下来的几个月里，局势就在动荡中徘徊，政府军一遍遍地宣称，"已经全歼"大马士革及周边恐怖分子，"即将收复"阿勒颇及其他重镇，但战事没有一天停歇过，平民遭受的威胁反而越来越大。

几枚迫击炮弹击中了大马士革城内的一条小巷，引发了现场车辆爆炸和起火。这是袭击发生后，军方人员在勘查现场

夜晚降临，一枚迫击炮弹击中了我所住酒店马路对面停放的一辆越野车，随后燃起了大火

213

遭受迫击炮袭击的大马士革城内的一条小巷，迫击炮弹爆炸的弹片击毁了一辆警车

每天掉进城里的迫击炮弹少则十几枚，多则上百枚，是最恐怖的幽灵。因为技术水平低，这些迫击炮的弹道往往匪夷所思，不知谁打，不知打谁，不知何来，不知何去，真的是应验了"枪炮不长眼"的说法。联合国驻叙机构中的中国军官、我的好朋友王向阳曾经把一周内掉落在大马士革的迫击炮弹落点做过统计分布图，发现没有哪一条街没被炮弹击中过，没有哪一个社区是完全安全的。以前的经验是，尽量远离军事设施，远离政府机构，在大马士革这些则完全没用，出门能不能活命，全得看运气。我曾在街上多次目睹过迫击炮弹掉落，第一次是落到我身前大约30米的路

第十章 ■ 它的身后有几个很强硬的国家挺着,没那么容易就范

上,它炸裂时沉闷刺耳的金属声,以及暗红色的烈焰,至今都如噩梦让我难忘。就记得爆炸后,地面掀起一阵白烟,伴随着路人的一片惊叫。炮弹爆炸震碎了周围几辆车的玻璃,但对车体没有造成太大损伤,车上的人头破血流,魂儿都被吓跑了,但性命无忧。还有一次,我在市中心的肯德基吃午餐,一枚迫击炮弹在窗外落下,直接震碎了餐厅的整面玻璃,路上有人被炸飞,流着血但当时还能坐起来……只能说我的运气比较好,一次我刚从大马士革大学出来,几枚炮弹就打进了大学的食堂,15名学生当场殒命。

如果将迫击炮弹的杀伤力量算为10,那自杀式炸弹就得有50,两者对民众的生命安全威胁不可同日而语。每次汽车炸弹爆炸,都能造成数十上百人死伤,周边建筑也遭毁坏,我见到的最惊心动魄的一次自杀式汽车爆炸,发生在2013年2月21日。

那天上午,我一如既往地在房间浏览阿拉伯文、英文新闻,通过多方面的信息跟踪、印证战场动态。突然,"轰"的一声巨响把我的脑子震蒙

剧烈的爆炸震碎了周边几条街的汽车和商铺的玻璃

了,玻璃嗡嗡直响,大楼也在颤动。这效果绝非开炮,更不是迫击炮弹坠落,我判断是爆炸,并且距离非常近!但通过酒店的窗户,我看不到哪个方向的天空有烟尘升腾——这是通常判断袭击方位最快捷有效的办法。但我还是拎着相机,第一时间冲下楼去,我相信如此大规模的爆炸,街上的人群会指出方向。

果不其然,路上能看到人群惊恐地从革命大街方向奔跑过来。我挤过人群,向他们来的方向跑去。沿路商铺的玻璃几乎全被震碎,有商人举着一块巨大的轴承,向我示意,这是从远处爆炸的地方飞过来的。我目测,轴承至少得有十几斤重,这爆炸的威力可想而知!

绕过两排高层建筑,我看到了升腾而起的黑烟,方向既然确定,脚步更加坚定。但一名手持冲锋枪的民兵拦住了去路,禁止人靠近,在我坚持要去采访的时候,他的脸上露出了愤怒的表情——虽然采访本身是被允许的,但考虑到他维持周围秩序的急迫和压力,我还是决定避其锋芒,另辟

从过街天桥上拍摄"2·21"爆炸核心区——革命大街的情况

第十章 ■ 它的身后有几个很强硬的国家挺着，没那么容易就范

"2·21"爆炸核心区——革命大街路旁楼房的阳台和窗户都被炸得没了踪影，一辆大型油罐车被掀翻在地

蹊径。这样临时的封路措施并不周密，从一条平行的小路，我就轻松穿越封锁，进入爆炸核心区。

眼前的场景，是震惊一词难以摹状的。爆炸发生在革命大街的路中央，方圆400米以内，数十辆汽车被炸得只剩骨架，一辆有十几吨重的空载油罐车被掀翻在地，车头因为距离炸弹很近，已经被炸得没了形状，很多车辆还在冒着熊熊火焰。路两旁高层建筑的外立面被整体扒下，不只是玻璃，就连窗户棂、阳台都荡然无存。路中间的钢筋混凝土过街天桥还耸立着，但巨大的钢板已经脱落，玻璃渣满地。最惨不忍睹的，是遇难者的遗骸，断肢残臂散落在地上，有些来不及逃走的遇难者，被大火烧成了黑炭，固定在汽车的钢筋骨架上。引爆炸弹的车辆估计已经碎成了碎片，柏油马路上留下了一个直径5米、深1米的坑。现场，有的人呆坐在血泊中，有的人因为失去亲人号啕痛哭……

军人、警察、医护人员和消防队员都已抵达现场，忙着救助伤员，收拾残局。初步统计，爆炸造成了35人死亡，237人受伤，其中很多人伤势严重。我站在事发地，茫然地环顾着四周，这里距离叙利亚阿拉伯复兴社

我在爆炸现场采访（新华社张迺杰 摄）

"2·21"爆炸核心区——革命大街上，一名在爆炸中失去亲人的妇女趴在救援车辆上失声痛哭（新华社张迺杰 摄）

会党大马士革党部不足百米,距离俄罗斯驻叙利亚大使馆也很近,恐怖分子估计想以这两处设施为目标。但因当时正处在上班高峰期,实际上伤亡者多数是平民,恐怖分子为达目的,手段残忍,令人发指。

后来,现场又发现一辆载有炸弹的面包车,我们被紧急清场,返回酒店。事后,军方公布了调查结果,这起爆炸由极端组织"胜利阵线"策划,原本安排两辆载有汽车炸弹的车先后去炸大马士革郊区的一处军事机构,但汽车在经过革命大街的时候,意外遇到了政府军临时加设的安检岗哨,情急之下第一辆车自行引爆了重达半吨的炸弹。而400米远处,第二辆车上的极端分子毫无准备,被突如其来的爆炸震晕过去了,从而避免了伤亡的进一步增加。通常来说,第一个汽车炸弹多是虚张声势,极端分子在等军队、医疗、消防人员和记者到场后,再通过引爆另一枚埋伏在现场的炸弹,以期造成更有效杀伤。

回到酒店,我快速向国内发回了爆炸的新闻和照片,内心的惊恐久久挥之不去。

(二)

阿拉伯谚语中说道,"人间天堂,即是澡堂"。大马士革古城倚水道而建,澡堂文化久负盛名。

没过几日,位于大马士革市中心的大马士革第二高楼——大马士革塔下又发生了严重爆炸,这次的位置比革命大街距离酒店更近,只有400多米,那一片是我们平日时常光顾的电子信息一条街。

我还是以最快的速度奔向现场,但这次情况不同,因为现场人员复杂,有极端分子混迹在人群中,我先后被两次枪战驱离,远远地躲在立交桥下不能靠近。伴随着一辆辆军车飞驰而来,场面最终得到控制,我也才能抵近查看。这一次,极端分子的目标是大马士革塔下的原叙利亚内政部大楼。但令人费解的是,这里早已不是内政部办公地点,而是一些商户和企业机构的聚集地。之所以还来炸这里,一种可能是施暴者对情况不甚清楚,估计应该不是大马士革本地人所为;另一种可能是政府机构的安防措施起到了效果,极端分子只能转而通过袭击民用目标来散播恐惧。

这场袭击造成了将近100人死伤。

那段时间,大马士革处于自杀式爆炸的高潮期,政府还没找到有效的应对策略,极端分子在西方的资助下为所欲为,大马士革从"人间天堂"变成了"恐怖天堂",危险较之巴格达、喀布尔等有过之而无不及,就连西方媒体都不得不惊呼,叙利亚已经成为全世界恐怖袭击的热土。

只有学会自我调节,才能在压力之下保持健康的身体和昂扬的工作状态。即使恐怖事件频发,我也尽量走进街头巷尾,与当地人聊聊天,寻找独家信息和写作灵感。晚上发射迫击炮弹容易暴露反对派的目标,所以日

大马士革塔下,爆炸掀起的粉尘和浓烟弥漫

第十章 ■ 它的身后有几个很强硬的国家挺着，没那么容易就范

大马士革塔下，爆炸造成一位老人受伤

大马士革塔下，爆炸现场

一名当地人仰头眺望支离破碎的大马士革塔

落之后是相对安全的时间，我经常在此时出门。

　　幽暗的夜色下，大马士革古城冷冷凄凄，隆隆炮声催赶着匆匆行人，冰冷的石板路回响着脚步声声。我与新华社的张迺杰、刘阳两位老师相约到大马士革的澡堂一探究竟。张迺杰是摄影记者，在我们中最为年长，平日生活上照顾我们，还是我摄影方面的导师；刘阳学的德语，在美国生活过多年，又来到阿拉伯国家工作，他虽年轻，但人生甚为丰富，思维活跃，去澡堂的点子便是他出的。

　　当推开一扇门，温暖的水汽与袅袅的烟熏便扑面而来，大马士革花卉独有的芬芳混杂在阿拉伯咖啡香醇的气息中，令人迷醉。这里就是有着1000多年历史的著名阿拉伯浴场——马雷克·查希尔澡堂。

　　阿拉伯谚语中说道，"人间天堂，即是澡堂"。大马士革古城倚水道而建，澡堂文化久负盛名。历史上，倭马亚王朝定都大马士革，哈利法瓦利德一世曾向世人炫耀大马士革四大得天独厚之处——水、空气、水果，以及澡堂。马雷克·查希尔澡堂就坐落在距离倭马亚清真寺百米远的地方。

　　马雷克·查希尔澡堂分外、中、内三大部分，最外是两层楼高的大厅，又称冷却间，南北两边的沙发呈梯田状，供浴者存放物品和休息。浴者在进入澡堂前会从外厅师傅处领取洗澡的"四大件"——一个塑料碗，一块橄榄皂，一团搓澡丝（类似丝瓜瓤的东西）和一瓶香波。除了碗，其余三件都是当地特产。中厅是一个过渡的房间，有低矮的圆形石盆盛水，浴者就在这里席地而坐，用碗舀水洗身。内厅是澡堂的核心，这里没有浴池，也没有淋浴，千百年来一直都是叙利亚的师傅逐一为来客擦洗，整个洗澡的过程就在硬邦邦的石板地面上完成。

　　洗浴之后的休息过程，是阿拉伯人最享受的。大厅中央柔缓的喷泉与四边琉璃窗投射进来的五彩光线，交织出奇幻的光影效果。裹上阿拉伯传统大头巾，或品一口浓香的红茶，或吸一管独特的水烟，在这样幽静而唯

第十章 ■ 它的身后有几个很强硬的国家挺着,没那么容易就范

美的环境中与友人畅谈,令人陶醉。古籍中记载,澡堂一直以来都还扮演着民间俱乐部的角色,叙利亚人喜欢在这样轻松的氛围中会友、聊天、吃饭,老者还相信,澡堂能够祛除疾病。

马雷克·查希尔澡堂邻近哈梅迪亚市场,属于市场澡堂。古往今来,天南海北的商人络绎不绝,澡堂于是成为一个交友纳客、接风洗尘的福地。典籍中记载,古代叙利亚人乐善好施,除了给予金钱和实物,邀请他人洗澡、饮水等也都是主要的行善方式,因此,大马士革有些澡堂是免费的,有一些还提供免费餐饮。

一直以来,纯洁、友善和热情就是阿拉伯文化的特征,也是阿拉伯民族性格的体现。得益于此,历经数次朝代更替和外敌入侵,阿拉伯澡堂始

我和新华社刘阳一起,在马雷克·查希尔澡堂洗浴后休息(新华社张迺杰 摄)

终保存完好，代代相传。即便时局艰难，还是有人来澡堂洗澡、喝茶，在古韵中寻觅一份内心的宁静。

（三）

给出这样的承诺，我感到心安，假如真的因为自己的原因造成无法挽回的结果，我会背负一生的愧疚。

有一天，一条短信让我近乎瞬间崩溃。短信内容只有短短几个字，"假如我今天死去，请原谅我"。发信息的人名叫劳拉，是叙利亚国家博物馆的馆长秘书，属于我在当地结识的第一批朋友。

初来叙利亚那会儿，出于对历史文化的兴趣，我首先选择了叙利亚国家博物馆作为采访对象。因为馆长临时有事，劳拉接替她带我在院内参观。第一次见面时，她扎着白头巾，交流谈吐落落大方，虽然长相平平，看上去也不富裕，但她总能用清晰的思维和热情的表达给访客留下好印象。即便当天博物馆里的贵重文物早已转移至安全地点不再展出，让我的采访扑了空，但劳拉的讲述还是对我了解叙利亚的历史和社会，特别是青年人的思想提供了很有益的助力。交流中，她难掩骄傲地告诉我她毕业于大马士革大学历史系，因为在她看来，大马士革大学是全中东地区最好的高校，能进入这里读书是对个人素质的极高肯定和对未来发展的充分保证。即便遇到了时艰，她依然对自己抱有信心。

然而，现实无情地挫伤了她的骄傲与锐气。一年后再见到她的时候，她的神情里已经没有了最初的睿智、阳光，像是被生活压得直不起腰来，话里话外不再有知识与理想，只充斥着悲观、茫然。她先是抱怨着物价涨了四五倍，工资却还是那么多，感叹人生多艰，继而向我提出，能否借一些钱给她，让她先为家里垫付今年的房租。她全家一年的房租也不是小数

第十章 ■ 它的身后有几个很强硬的国家挺着，没那么容易就范

位于大马士革的叙利亚国家博物馆从2012年起关闭，我在参观叙利亚国博遗迹（新华社张迺杰 摄）

目（记得当时折合1000多美元），我告诉她，让我考虑一下，她便羞愧地低下了头。我能察觉到，开口向我借钱对她的自尊是一次巨大的挑战，或者说是对她骄傲的内心的侮辱，但她应该是别无他法了。后来，她又谈及，她的家在郊区，但已经被反对派攻陷了，她特别想回去拿一些好看的衣服穿来上班，所以每天都在紧盯着当地的战况。这一次见面，我看到了她作为一个备受煎熬的叙利亚人真实的一面。

后来，我为是否借钱给她做着思想斗争，因为像她这样的收入条件，在这样的动荡环境下，根本就不具备偿还能力。最终，我还是从银行提了钱，准备给她，就当是救助一个困难户了。打电话给她时，她告诉我，她得知通往郊区自己家的道路已经打通，迫不及待地要回去取些衣服和饰

品，让我等她回来再说。

之后的第二天，我就收到了那条短信……我赶忙回拨过去，已经无法接通了。想到前一天的对话，我赶忙打电话咨询当地消息灵通的媒体朋友：郊区是否有新的战况？朋友告诉我，之前刚刚打通的农村路今天又遭武装分子袭击，政府军正在与他们激战，伤亡情况不详。虽然只有几面之缘，但当想到一个之前还活得好好的年轻朋友，可能就这样突然与我们长辞了，内心无比难受，当下就止不住哭了起来。很后悔，为什么没第一时间慷慨地帮助她，或许那样就会改变她冒险回家的决定，挽救她的生命。

晚上，萎靡不振的我靠在沙发上出着神。短信又响了，但我不想看，因为它总是带给我沮丧和噩耗。最终我还是看了，这是我收到过的最开心的一条短信，"我的朋友塞米，我回来了，感谢真主，一切都还好。——劳拉"。

我们之后再没见过面，她说她着急跟着父母去外地投奔亲戚，钱也暂时不需要借了。我告诉她，有需要可随时找我。给出这样的承诺，我感到心安，假如真的因为自己的原因造成无法挽回的结果，我会背负一生的愧疚。

对付汽车炸弹最好的办法，就是增加马路上的安检岗哨。有消息传，之前有个别检查哨被反对派买通，导致大量炸药和武器弹药流入大马士革及周边，针对这一问题，叙利亚政府用多个机构交叉设哨布防并随机轮岗的方式，加强钳制，收效明显。

从黎巴嫩边境到大马士革城的高速路，会经过将近十个安全岗哨的盘查，这些岗哨一半由拱卫首都的共和国卫队、第四装甲师设卡，另一半则由空军情报局、民族情报局、安全情报局等安全机构设卡，每辆车都会开箱开盖检查，并用反光镜检查车底，确保检查效果。因为我是中国记者，所以这些检查站一般只要挥挥手、打个招呼就能快速通过，这为我的采访节省了很多时间，也体现出了叙利亚人对中国的友好与信任。

第十章 ■ 它的身后有几个很强硬的国家挺着，没那么容易就范

这些日夜执勤的士兵，除了少数住在城市里的军营，大多住在郊区，于是在大马士革周边形成了大大小小数个"士兵村"，其中最为有名的一个村子，叫做阿萨德村——听名字就知道，这个村子是高度忠于政权的。危机爆发以来，反对派一直试图攻下这里，但没有成功，于是转而在网上炮制该村遇袭之类的新闻，蛊惑民心，动摇军心。揭开这个村子的神秘面纱，也成了我的一个夙愿。2月初的一天，在朋友阿萨姆的引导下，我得以一见阿萨德村的真容。

大马士革市区到阿萨德村，从路牌上看只有10多公里，但跑起来却很长，沿路被枪炮打得面目全非的房屋比比皆是，尤其是一条聚集了大量汽车专卖店的街道已然杳无人烟，所有店铺都被砸烂。朋友阿萨姆快速驾车驶过这一路段，边跑还边让我听车轮与柏油地面摩擦出来的吱吱声响。原来，政府军的坦克不久前在这一带发动了攻势，路面因此被压得坑坑洼洼。一般而言，在政府军大规模出动机械化部队时，反对派就会撤退，但在这条公路不远处，我依然看到坦克的火炮正掀起漫天尘沙与黑烟，显然激战还在继续。

大马士革属于地中海气候，冬季经常下雨，民众以雨水为吉祥的象征，一般情况下是不打伞的

临近村庄时，汽车连续遇到了两个检查站，一个隶属于叙利亚政府军，另一个则属于一个新的武装组织——"叙利亚民防军"。这个亲政府的民兵组织才成立个把月，是在叙利亚特殊战争条件下应运而生的新式武装。这支部队最初约有五万人，定位于同政府军形成高低搭配和功能互补，主要开展同反对派武装的游击战和巷战。后来，这支部队不断吸收投诚而来的武装分子，特别是聚集了一大批作战经验老到的"兵油子"，战力超越了多数叙利亚正规军。

军队开炮的声音每天在阿萨德村听得尤其清晰，"嘣！嗖！轰！"当地人已经能够形象地模仿炮弹从发射到飞行再到落地时的不同声响。村庄的南北两端各有一个大型军营，因为村子紧邻反政府武装聚集的哈拉斯坦等区域，是政府军向反对派发动重炮轰炸的主要阵地，每天都对大马士革及周边反政府武装造成重大伤亡，也难怪反政府武装视其为眼中钉、肉中刺。

有几万人的阿萨德村被大山包围着，村里的青壮年一般都在军队服役，家中留守的多是老人和妇孺，但随着危机的加剧，很多外地人也搬来这里投奔亲戚。"交火一般打不进村里来，旁边的军营是不可逾越的屏障，但每天震耳欲聋的炮声令人心慌"，阿萨姆和妻子有一对一岁半的双胞胎女儿，他的妻子起初对炮声还有些惧怕，但女儿们已经能够在轰鸣声中安然入睡了。

阿萨姆和邻居阿布·穆斯塔法一家的关系很好。阿布·穆斯塔法是一名医生，他的妻子正在为联合国儿童基金会叙利亚项目工作，是我在叙利亚认识的为数不多的有工作的母亲。阿布·穆斯塔法说话很直率，他说他和周围很多人对待危机的态度都是客观、中立的，那就是谁能够为民众提供安全保障和更好的生存条件，他们就支持谁。他的妻子喜欢沏茶，当我请她推荐一款当地茶叶时，她没犹豫就推荐了一款阿拉伯绿茶，因为这款茶能够让人感到放松，"尤其是在当下这个紧张的时期"。

频繁的停电多次打断了我与朋友们的交流，他们生活不富裕，平日里也要为高涨的物价、短缺的物资发愁，但至少他们还有一个安全的家，不用为明天住在哪里操心。

（四）

一家店里，三个优秀精干的年轻人，一死、一伤、一在生死边缘，这样高的伤亡比例令人痛心，却恰是当下叙利亚社会的真实缩影。

时间一天一天地过去，世界大国们围绕叙利亚的博弈僵持不下，这决定了地面上的冲突不会停息。民众渐渐习惯了在惊心动魄中生活，对待生与死的态度更加平和。

在一个阳光灿烂的午后，我来到了位于使馆区的一家水晶饰品店，年轻的店员身着整洁正装，说着流利的英语，店内清香的味道烘托着高贵华丽的氛围，与店外嘈杂的街市反差鲜明。过去几十年，叙利亚政府一直靠着高额补贴维持社会低物价运转。就比如说，在叙利亚加汽油的钱，大约只有邻国黎巴嫩的1/5，但这也是一把双刃剑，造成了国家的相对封闭和工资收入的低廉。久而久之，叙利亚社会呈现均贫化。水晶饰品店这样相对高档的店铺，只能开在使馆区，供外国人和本地商贾选购，普通百姓路过时唯有望而兴叹。

危机爆发后，店铺里的水晶都打折销售，却还是门可罗雀，无人问津。我的到来给这里带去了热闹的气氛，虽然没有买什么东西，但年轻的服务员还是敞开心扉，让我了解了当下真实的大马士革。女店员名叫努尔，是一名基督徒，父母是大学老师，所以她的英语很好。她说，以她的素质，完全可以到黎巴嫩做月薪上千美元的销售工作，但为了守在父母身边，她还是留下了，这家店每月给她发150美金，足够她在大马士革的日常开销。我发现她的胳膊似乎活动不便，询问后得知，一个月前她在下班路上遇到了路边的"声弹"(反对派用来造成恐慌的武器,类似炸弹但没有弹片,爆炸时发出巨大的声响),被气流炸飞出去好几米,落地时胳膊骨折了。她说到这件事时,表情却显得很轻松,好像对一切都习以为常。

　　男店员名叫萨哈尔,是一个精瘦的小伙子,办起事情来比努尔更细心周到。他是大马士革大学国际经济系的毕业生,英语很好,也很喜欢这份体面的工作,但这将是他在店里工作的最后一个月了,下个月就要去入伍打仗。在叙利亚,所有男青年都要服兵役,危机前年轻人趋之若鹜,觉得就是到军队里玩一遭,但危机开始后,随着伤亡率高企,青年人对服兵役开始谈虎色变。"我身边有钱人的孩子为逃兵役都出国了,出不去的交2000美元,服役期就可以推延,但我既出不去国,也没有钱。"他说这话的时候也是微笑着的,看得很开。他还提到,之前店里还有一位年轻店员,在一次

扎尔马尼城外,几栋楼房尚未竣工,便被炮火毁坏

第十章 ■ 它的身后有几个很强硬的国家挺着，没那么容易就范

爆炸中去世了，身边这样的案例越来越多，对死亡已是司空见惯。

一家店里，三个优秀精干的年轻人，一死、一伤、一在生死边缘，这样高的伤亡比例令人痛心，却恰是当下叙利亚社会的真实缩影。

店铺下午3点钟就关门了，萨哈尔准备返回位于扎尔马尼的家。因为之前去采访过汽车爆炸，于是我很好奇小镇如今情况如何。萨哈尔保证安全没有问题，并邀我同往，我于是欣然应允。

一路上，关于扎尔马尼我们聊了很多。这是一个教派融合的典范小镇，居民有上百万，囊括了叙利亚几乎所有的教派，以及迁徙而来的伊拉克与巴勒斯坦难民。自2012年战火燃烧至大马士革郊区以来，它是大马士革郊区唯一一座遭到反政府武装多次攻击但始终未被攻陷的城镇，如一座堡垒屹然挺立在四起的硝烟中间。

进入扎尔马尼的路口边，有坦克隐藏在沙堆之后，周边被炮火打得残垣断壁的楼房鳞次栉比。入口有层层的轮胎和其他路障，持枪士兵逐一对

扎尔马尼的主街上，张悬着巴沙尔和他父亲哈菲兹的画像

车辆进行检查，一番周折后才进入真正的城区。我不敢相信，镇子里完全是另外一番景象，交通运转井然有序，路旁到处是堆满新鲜蔬菜的摊位，还有开张营业的餐厅、百货店和咖啡屋，走在街上的人们面色从容，这里简直就是一片战火中的世外桃源。

只是这脆弱的祥和感在突如其来的炮声后就烟消云散了。人们加快了行走的脚步，警察拿起对讲机说着什么，随即开始疏导车辆远离机场路的方向。小镇有两个主要出口，一个在机场路，一个在卡渣泽区，都是军方与反政府武装争夺异常激烈的地区，不知躲在哪里的狙击手、不知会打到哪里的火箭弹以及不知何时会爆炸的汽车，随时考验着镇上民众的神经。

一位在挑选商品的妇女看到我拍照时有些紧张，再三要求照片不要刊登在媒体上，以免遭受牵连和伤害。面包店老板艾伊曼善于言谈，他是德鲁兹人，他的夫人是逊尼派穆斯林，他最好的朋友是基督徒，他告诉我，"我们首先都是叙利亚人，信仰是每人的自由，现在有极端宗教分子企图通过传谣和暴力改变我们原本的生活"。近来，连续有宗教人士在大马士革被暗杀，一些极端分子在网上散布屠杀叙利亚异教徒的视频和照片，引起了社会恐慌，即便人们不认为存在教派冲突，却也很少愿意在公共场合暴露身份。

黎巴嫩宗教学者哈尼法斯在美国布鲁金斯学会发布的报告中提出过一个观点，即当国家处于弱势，教派主义就会崛起，人们回归到他们的单一身份——某个宗教的教徒。而一个社会的宗教派别越多，这个国家也就越虚弱。这一点在叙利亚危机当中得到了部分应验和体现。

在萨哈尔家，能清晰地看到不远处因交火而腾起的黑烟，炮声震耳欲聋。我不禁问他："反对派已经打到了这么近的地方，你不怕么？"萨哈尔却调侃这是一种"音乐"。他告诉我，在扎尔马尼周边，政府军的兵力多于反对派，交火主要来自邻镇朱巴尔和机场路。往往，反对派使用狙击枪和迫击炮，利用少量兵力暗中下手、牵扯政府军兵力。政府军为了减少损失，用大口径火炮还击，因此造成了激烈的交战场面。但他也指出，一旦反对派进入城镇，就会躲进民居，交战往往牵连整栋楼乃至整个小镇，因此扎尔马尼的居民自始至终都高度团结，抵御外敌，"一旦离开，就再也别想回来，也就无家可归了"，萨哈尔说。

（五）

有人预测，西方可能重演2003年伊拉克战争的旧戏，以化武为借口向叙利亚动武。真正的剧本也是按照这个套路发展的，只是叙利亚不是当年的伊拉克，它的身后有几个很强硬的国家挺着，没那么容易就范。

在整个3月份的战斗中，政府军多线败退——北方省份拉卡被完全攻占，城市中心哈菲兹的雕像被推翻，省长和省复兴党书记被俘；北部伊德利卜省的重要军事要塞——塔夫塔纳兹空军机场被攻陷，切断了政权日后向伊德利卜省投送物资和人员的通道；阿勒颇步兵学院被攻陷，上百名留守的政府军士兵被打死，另一处军事要冲明格空军机场被围困，危在旦夕……在危机两周年之际，巴沙尔军队似乎陷入疲惫，叛逃总理希贾卜曾说，巴沙尔实际上只掌控着叙利亚30%的领土，经济面临崩溃，这些话当时我以为是虚张声势，后来不由得觉得也并非天方夜谭。

更令人感到离奇的是，3月19日，战场上传来了使用化学武器的消

大马士革的黄昏伴着硝烟，这是常见的风景

息。叙利亚官方宣称，反对派武装从阿勒颇的部分控制区向政府军控制区发射携带化学武器的火箭，造成大量伤亡。谁曾想，巴沙尔政权首先以受害者身份打出的化武牌，却最终在化武问题上栽了跟头。

政府方面的消息人士称，叙反对派武装占领了阿勒颇北部大量的工厂，其中部分工厂可生产氯气等化学制剂，早已具备了发动化武攻击的条件；反政府武装内部存在大量来自国外的极端武装分子，其此前已经使用过多种极端手段，包括砍头、分尸、自杀式爆炸等，发动化武袭击也并不奇怪。但反对派对此矢口否认，并快速列举了政府军在霍姆斯、大马士革和阿勒颇先后四次使用化学武器的"证据"，一时间化武袭击变成了对弈双方的口水战、舆论战焦点。

可能真的并非由西方策划，这突如其来的化武指控令英美等国十分茫然，一时不知所措。按惯常做法，他们会不分青红皂白，先把矛头指向叙利亚政府，但鉴于战场上已经加入了很多极端分子，轻易袒护任何一方都可能造成局势失控，特别是美国和以色列。两年来，美国对武装、资助反对派迟疑不决的主要原因就是害怕极端势力掌握先进武器，威胁自身在全球的安全利益；以色列作为叙利亚的邻国，更加担心极端组织壮大。数月前，关于叙利亚政府可能使用化武的谣言甚嚣尘上，以色列却一反常态，出面证实"叙利亚的化学武器处于安全状态下"，可见此事对以色列而言敏感攸关。美国华盛顿学院阿拉伯政治计划研究主任大卫就撰文称，叙利亚有"基地"组织背景的武装已经威胁将战火燃至以色列，以打通通往耶路撒冷的路。假如极端武装拥有了化学武器，则以色列很有可能考虑："留着巴沙尔这个不会与它开战的总统，会不会更好？"

很快，英美两国都拿到了被化学物质污染过的土壤样本，确认叙利亚境内曾有人使用过化学武器。一盘新的大棋局拉开了序幕。西方首先要求联合国成立化武调查小组，进入叙利亚全境调查，但巴沙尔很清楚，这种所谓的调查小组往往会给反对派武装带来利好，比如输送情报或关键性武器，所以拒绝了联合国的要求，只允许其在阿勒颇政府军遭袭地点勘察。当时就有人预测，西方可能重演2003年伊拉克战争的旧戏，以化武为借口向叙利亚动武。真正的剧本也是按照这个套路发展的，只是叙利亚不是当年的伊拉克，它的身后有几个很强硬的国家挺着，没那么容易就范。

（六）

不能否认……叙利亚的宗教、派别、家族、血缘都在被人为割裂，暴力厮杀正在成为结束危机的唯一选择……

3月22日晚间，大马士革伊曼清真寺传来巨大爆炸声，叙利亚宗教标志性人物、倭马亚清真寺哈提卜·布提和另外48名做礼拜的穆斯林被炸死。现场的电视画面显示，当晚在布提

伊曼清真寺的台阶上，还留有死伤者的血迹

于清真寺祷告经文时，混入现场的极端分子首先用枪击中布提，紧接着引爆炸弹，造成了进一步伤亡。这是危机爆发以来，针对叙利亚宗教界最严重的一次袭击。

布提84岁高龄，因其在宗教领域的崇高地位和对伊斯兰教义的精深解读，在叙利亚乃至阿拉伯世界都享有盛誉。布提本人属于逊尼派，所以他也被看作是叙利亚教派和睦的代表人物。危机爆发以来，他坚定地站在巴

沙尔一方，频繁在公开场合批评叙境内恐怖主义行径，引发了反政府人士的怀恨。他的活动安排很规律，每周二、周四两天为伊斯兰教徒上课，周五带领全国穆斯林祷告，极端分子正是抓住了这一规律，发动了袭击。

布提死讯传来，叙利亚社会上下一片震惊，民众无不为这位老者的死去扼腕痛心。巴沙尔第一时间发了唁电，反对派叙利亚自由军也表达了哀悼，坚称爆炸并非该武装所为。我的当地朋友深夜12点依然无法入睡，给我发短信诉说内心的痛苦。叙利亚官方宣布，24日将在倭马亚清真寺为布提举行隆重葬礼。

去还是不去？我的内心满是纠结。官方如此高调宣布葬礼日期和地点，活动必然有大量政府要员和民众参加，也就必然成为极端分子攻击的目标。安保措施是否可靠？即便炸弹运不进来，城外的迫击炮还是能够打进倭马亚清真寺的，万一弹如雨下，安全怎么保证……一系列问题困扰着我，一夜辗转难眠。24日清晨，当阳光洒进我房间的那一刻，我做出了决定——去！假如去，我可能会遇到危险，可能会后悔；假如不去，那我作为一名记者的职责与使命何在？我一定会后悔！

布提葬礼那天清晨，哈梅迪亚市场里，商铺都停止了营业

运载着布提遗体的汽车在警摩开道下，驶过哈梅迪亚市场，来到倭马亚清真寺

古城清晨的道路异常宁静，通往倭马亚清真寺的交通全部封闭，城市沉浸在失去布提的痛苦与哀思之中。哈梅迪亚市场没有一家商铺开业，军队和持枪警察在道路上层层设防，空旷令人心生敬畏。

9时许，在警摩开道下，载着布提遗体的灵车缓缓驶过哈梅迪亚市场，驶过古罗马神庙的大门，来到倭马亚清真寺门前。叙利亚各界人士与自发前来的民众在清真寺的广场上祈祷。一位携带宝剑的信徒久久跪地，无法接受失去宗教长老的痛苦现实。

布提的棺椁被众人高举双手传递至清真寺内，每个人都想摸一摸这位老人的棺椁，送他最后一程。作为一个亲历者，我被这种强大的宗教力量和民众愤怒的咆哮深深震撼着。不能否认，政府的控制力严重滑坡；恐怖分子惨无人道、没有底线；叙利亚的宗教、派别、家族、血缘都在被人为割裂，暴力厮杀正在成为结束危机的唯一选择……然而，屠戮平民的反人类行径不可容忍、不可接受，这是促成巴沙尔合法政权不倒，以至于力挽狂澜的民心因素、关键因素。

坚守战地1200天——一个中国记者眼中的"阿拉伯之殇"

一名携带宝剑的信徒久久跪地

倭马亚清真寺里，布提葬礼隆重举行

大马士革基督教领袖步入现场

第十一章
世界大国和地区势力的微缩博弈场

（一）

我们经过了一些分散的村庄和城镇，除了士兵已经看不到人烟，建筑有一半被轰塌，另一些则布满枪眼和大片被黑烟烧过的痕迹，走在其中就像穿行在鬼城，满目疮痍。

政府军每天都在行动，可有什么办法能让我到前线看看真实情况，而不是待在被打得遍地伤痕的城里？在朋友的介绍下，我拜访了叙利亚军队政治局，这里是叙利亚的军事中枢，他们负责的一个重要项目就是安排战地采访。苏莱曼准将专门负责新闻工作，他告诉我，只有军队自己的记者和叙利亚国家媒体才能参与报道，外国记者不在召集之列。在

我在国防部政治局院内，接受叙利亚方面的采访（新华社张迺杰　摄）

我的再三请求下，他答应，如有适宜的采访行动，会邀请我参加，并欢迎我随时来他这里做客。后面一句话，等于给我开了通行证，从此只需要"刷脸"，便可以自由出入叙利亚的核心军事重地。

从那以后，我只要没写作任务，起床了便梳洗出门，泡在政治局里一整天。苏莱曼和他的副手们对我很热情，每天茶水咖啡招待，我们谈天说地，很快成了很好的朋友。但我发现他们不吃午饭，于是我每天也都要在饥肠辘辘中度过。但是，我的精神是充实的，密集的交谈让我对叙利亚的历史、社会、宗教、文化等都有了深入的了解，这里就像一个知识的宝库，把我从一个外国人熏陶成了一个沙姆人（地中海东岸居民）。所谓滴水穿石，随着感情的增进，我也水到渠成地进入了战地采访名单，可以跟着政府军上前线了！

第一次的前线采访，通知来得很早——"塞米，7点钟到政治局来，我们出去采访"。当时是早晨6点半，我从睡梦中醒来，带上全套的摄影摄像器材和头盔、防弹衣，奔赴政治局。到达的时候，当地电视台的人已经在等候了，军方让我自己开车，跟着引路车前往阵地。苏莱曼本人不去，他特地叮嘱随行的共和国卫队士兵，"照顾好中国朋友塞米"。

我们首先要通过机场路。大马士革机场作为战略要冲，在东、北、南三个方向陆路交通受干扰的情况下，成了大马士革及农村省异常重要的交通与补给通道。机场周边仅有约2公里半径的区域纵深由政府军掌控，反对派可以轻易攻击到临近降落的民航。或许是从人道主义的角度考虑，或许是"9·11"事件的记忆仍在隐隐作痛，美国不允许盟友给反对派配备能打飞机的导弹。临行前，政治局特地给我们上了一课——机场路周边藏有反对派狙击手，开车最好靠近路中央，坐在外侧的人须穿戴防弹衣和头盔，"假如路上听到枪响，只管踩油门冲过去，不可观望，开道和断后的军车会进行火力压制"。

一路上，我的车紧跟着一辆载有多名共和国卫队机枪手的敞篷皮

在军车开道下,我们驶过激烈争夺后的东胡桃地区

清真寺也没能躲过一劫

在东胡桃地区采访期间,我跟着政府军士兵一起吃着霍姆斯酱蘸大饼。这是一种在当地很普遍的食品,深受军人喜欢(央视王薇薇 摄)

卡,以平均100公里的时速行进在机场路上。机场路上有零星的汽车驶过,路两侧密布的树林让人无法看清外面的景象。因为出发时间早,我们一路并未遭受狙击手攻击,据说反对派一般都从中午开始活动。经过了几个检查站,我进入大马士革国际机场。从外表看,机场与去年我来时的状况并无大异,还是普普通通、杂草丛生。只是停机坪上的飞机寥寥无几,并且都是叙利亚航空的航班,我来时乘坐的卡塔尔航空已经停飞大马士革航线了。叙利亚机场运行官法赫德告诉我,大马士革国际机场每天还有十余架飞机起落,航线只有往来莫斯科、德黑兰、巴格达、开罗和除阿勒颇之外的国内主要城市,这也说明阿勒颇的情况比较糟糕。我在机场周边看到了不少装甲车、载有火箭弹和重机枪的皮卡,士兵倒是看起来一脸轻松的样子。

机场周边很大一片区域属于大马士革郊区省的东胡桃区,过去一个多月里,这里聚集了数千名反对派武装,成为大马士革近郊争夺最为激烈的战场。在机场停留不久我们就接着出发了,皮卡前又增加了两辆坦克开路,在沙漠里颠簸穿行。随军记者阿里在路上告诉我说,虽然清剿工作顺利,但东胡桃的主要公路都不安全,还是走沙漠里更保险些。

路上,我们经过了一些分散的村庄和城镇,除了士兵已经看不到人

在东胡桃地区,坦克为我们开道

激烈争夺后的东胡桃地区杳无人烟，房屋被打得千疮百孔，路边还有被击毁的装甲车残骸

烟，建筑有一半被轰塌，另一些则布满枪眼和大片被黑烟熏过的痕迹，走在其中就像穿行在鬼城，满目疮痍。行进中，一个四壁损毁却依然矗立的清真寺让我颇感惊心，民众心中圣洁的宗教场所也未能逃过战火的浩劫。一名士兵告诉我们，这里所有的建筑都曾被武装分子用作战斗工事，有可能是他们在撤离前毁坏了尚未被破坏的建筑。

最终，我们在一个防空阵地落脚，东胡桃战区指挥官马哈穆德上校迎接了我们。他说，该地区的武装分子多来自约旦边境，几天来政府军截断了其向叙利亚境内运送弹药和补给的线路，反对派武装陷入重围。

我隐蔽在战壕后亲见政府军动用坦克、装甲车、重机枪以及狙击手等手段对反对派武装控制区发起全方位攻势。虽然因为距离较远看不到隐藏在树林里的武装分子，但能看见从阴暗的树林间射出的火舌。政府军坦克用大炮猛轰丛林，腾起的浓烟和飞沙遮蔽了半边天空。反对派也

第十一章 ■ 世界大国和地区势力的微缩博弈场

我与政府军士兵在一处临时指挥所外休整
（新华社张迺杰 摄）

坦克兵从车辆内爬出，庆祝他们在东胡桃地区的军事行动取得成功

用迫击炮还击，一枚炮弹就落在距离我百余米远的地方，震得大地都在颤抖。旁边的士兵拍着我的肩膀安慰说，"不要怕，他们打不准"。虽然已是困兽犹斗，但战场上还是危机四伏，来不得半点大意。

战斗持续了四个多小时，最终反对派被歼灭。我们去到交火的地方，看到了方才被击毁的皮卡车，以及武装分子逃走时遗弃的大量轻型装备——反对派在装

一名军官从一辆四管高射机枪装甲车旁走过。叙利亚战争期间，很多防空武器也用于地面作战，这类高射机枪的穿甲效果非常好

备和火力上明显处于下风。这也是西方虚伪冷血的地方，他们向反对派提供资金和武器，让他们打代理人战争，但又有所保留，不提供最好的武器，这直接导致了反对派伤亡惨重，只能牵制骚扰，无力正面对抗。

几名士兵在战壕一侧准备射击

一名来自哈马的士兵一直负责我的保卫工作，他从军两年来，在战场上击毙过四个反政府武装分子。他说，很多被击毙的武装分子来自国外，没有任何证明身份的东西，被打死之后还会被同伙用刀子把脸刮模糊，以防政府确认身份。他也实事求是地告诉我，击毙每一个武装分子都要耗费大量弹药，政府军方面的伤亡也很大。

（二）

相对于30年无战事的叙政府军，黎巴嫩真主党的战斗力高出许多，虽然其部队总人数只有约三万人，但真实战斗力足以战胜黎巴嫩和约旦两个国家的军队总和。

大马士革的天气逐渐暖和了起来，就像人们的心情。政府军下属的、拥有伊拉克什叶派背景的"艾布·发道尔·阿巴斯旅"宣布，已经解放了大马士革郊区距离最近且幅员辽阔的达拉亚,这将有效缓解城内被迫击炮弹袭击的现状。这同时暴露了,大马士革已经在悄无声息中变成了多国部队的混战场。

支持叙利亚政府的黎巴嫩真主党第一个全面介入叙利亚内战。聊起这个组织的历史,就不得不回溯叙利亚与黎巴嫩这两个国家的恩怨。从地图上不难发现,黎巴嫩面积很小,和叙利亚的边境线犬牙交错,融为一体,历史上两国也长期是一体的。直到1943年,法国结束对叙黎的委任统治,两个国家才分开并先后建国。1975年起,叙利亚将3.5万人派驻黎巴嫩调解内战,并在战后保持军事占领。2000年巴沙尔上台后,叙利亚逐步从黎巴嫩撤军,至2005年全部撤离。但在这29年驻军期间,在叙利亚支持的阿迈勒运动的基础上,产生了黎巴嫩真主党。黎巴嫩实行联合政府制,基督教、伊斯兰教逊尼派、什叶派各占1/3的议席,这就导致政府主导的军队各有所属,很不团结,没有稳定的战斗力,而其境内唯一存在的民间武装——黎巴嫩真主党,战斗力远在黎巴嫩政府军之上。叙利亚《复兴报》社副社长萨哈尔告诉我,相对于30年无战事的叙政府军,黎巴嫩真主党的战斗力高出许多,虽然其部队总人数只有约三万人,但真实战斗力足以战胜黎巴嫩和约旦两个国家的军队总和。

这支部队在危机之初只是在边境线黎巴嫩一侧策应叙政府军,防止武装人员通过叙黎边境进入霍姆斯作战。但进入2013年后,叙土和叙约边境成了武装分子疯狂偷渡的口岸,黎巴嫩一侧的压力减小。为了进一步缓解巴沙尔的压力,真主党武装开始进入与黎巴嫩临近的霍姆斯省作战,我记得在一次新闻发布会上,有人质问黎巴嫩真主党为何出兵叙利亚?真主党的回答是:"霍姆斯省的民众在亲缘上与黎巴嫩人很近,我们出兵,为的是保护我们在叙利亚居住的亲友。"于情于理都无可挑剔。

真主党这些久经战场的兵油子一介入,立刻展示出了高于叙常规军的战斗力(巴沙尔最精锐的共和国卫队、第四师、特种部队等主要都在

在叙利亚北部山区采访期间,与黎巴嫩真主党武装人员合影(同事宦翔 摄)

守卫大马士革,其他省份的部队战斗力偏弱),霍姆斯战况瞬间扭转,反对派节节败退。这也是促成巴沙尔可以集中精力解除大马士革围困的一个重要原因。

当然,战争的影响总是双向蔓延,黎巴嫩也因叙利亚内战而动荡不安。我也曾短暂前往黎巴嫩,好在有央视好友刁正丽为我当向导,姜铁英还特地从大马士革驱车前往贝鲁特陪我一起返回。我们在那里度过了一段难忘的时光,真切感受到了脆弱的和平与涌动的暗流。

撕裂的社会没有未来

仲夏夜的贝鲁特橄榄湾,红霞满天,光影迷人。湾里静静停泊着上百艘豪华游艇,与远处城市的灯光交相辉映,宛如镶嵌在地中海东岸的颗

第十一章 ■ 世界大国和地区势力的微缩博弈场

位于黎巴嫩比布鲁斯海湾畔的"红房子"

贝鲁特市中心的星光广场，遗留着法国殖民者的建筑风格。图为新华社记者陈聪陪我在当地采访

位于黎巴嫩北部的巴尔贝克古神庙遗址

位于贝鲁特市中心的大清真寺

位于黎巴嫩北部的巴尔贝克古神庙遗址

颗宝石。黎巴嫩人悠闲地漫步于海湾栈道,一大块草坪上还在举行露天婚礼。一对年轻情侣请笔者为他们合影,小小的取景框里,是他们甜蜜的表情,以及黎巴嫩无愧于"中东小巴黎"美誉的浪漫风情。

然而,从贝鲁特出发,向南或向北,不出几十公里,却是完全不同的图景。北部城市的黎波里,爆炸与枪战已持续数月,政府军与安全部队最近不得不向冲突两派的火力点开火,以制止冲突。南部城市赛达,在数天前萨拉菲派武装与政府军发生冲突、并造成上百人死伤后,一直气氛紧张。这些冲突,有的是根深蒂固的教派分歧、家族纷争,有的却是言行过激或流言蜚语招致的血案。在周边国家局势动荡、地区安全形势下滑的背景下,黎巴嫩变得"易怒"了。

首都贝鲁特周边的地区几乎都陷入了冲突泥沼,安宁与暴力仅一步之遥。黎巴嫩真主党日前称,该组织武装介入叙利亚,是为了阻止战火向黎巴嫩蔓延。英国《经济学家》杂志分析认为,黎巴嫩局势的动荡是邻国叙利亚教派冲突的反映。

黎巴嫩曾是一个被宗教派别深深撕裂的国家,20世纪70年代中期后持续15年的内战,造成10余万人死亡。《塔伊夫协议》签署后,黎巴嫩短暂走出战争阴霾,国内的政治、宗教与民兵派别在实际人口比例基础上的权力分配方式,为化解教派冲突提供了新思路,也打破了"多宗教国家无法在中东持久存在"的魔咒。然而,邻国危机的外溢,大国政治的博弈,国内日趋复杂的政治环境以及教派、家族间千丝万缕的利益纠葛,再次让黎巴嫩的和平面临严峻考验。

橄榄湾畔,两座千疮百孔、满是弹痕的老楼突兀地矗立在现代化楼宇中间,显得格外刺眼。入夜,昏暗的灯光从破损的窗户中透射出来,宛如

第十一章 ■ 世界大国和地区势力的微缩博弈场

贝鲁特郊区有形形色色的难民营，专门接纳从叙利亚逃出的难民

哀悼逝者的烛光，传递着凄凉。在贝鲁特市区，这种历经战火却不再修复的楼房有很多，它们矗立在现实生活中，时刻提醒民众不忘战争的血泪历史，警示世人不要重蹈覆辙，再陷泥潭。

飞往贝鲁特的航班上，小孩子尤其多，很多旅居海外的黎巴嫩人希望孩子能够回到祖国长大。然而，一下飞机就面对的严格安检，街头上时常出现的装甲车与荷枪实弹的军人，令这些父母们踌躇。黎巴嫩的安宁已经岌岌可危，它面临着抉择的考验，理性抑或冲动，和解抑或冲突，发展抑或倒退……危机的暗潮在橄榄湾的浮光掠影下涌动，饱经战祸的民众再也不想战争重演。

（三）

这个聪明的国家始终很好地把握着尺度，既对威胁其安全的叙境内目标进行有效打击，又不扩大打击范围，避免引发周边阿拉伯世界的警惕和敌对。

在萨达姆政权被推翻后，伊拉克诞生了一个亲伊朗的什叶派政权，这令美国始料未及。虽然表面上还保持着与美国的合作，但伊拉克已然偏离了美国为它预设的轨道。

叙利亚危机中，伊拉克意外成为叙利亚东部方向阻止外部入侵的屏障。马利基政府虽然能力有限，却没有让叙伊边境为极端分子敞开大门，起到了闸门作用。3月份，叙反对派武装围攻边境口岸亚鲁比亚，眼看就要失守，40多名叙利亚边防士兵索性逃向伊拉克寻求庇护。

此外，伊朗作为巴沙尔最大的援助国，大量物资都通过伊拉克陆路运抵叙利亚，支撑着数年来的内战消耗。伊拉克政权并未明确、直接介入叙利亚作战，但是通过民兵的形式，鼓励自发入叙作战，这些士兵主要分布在大马士革周边郊区和叙伊边境省份，人数和影响力不及真主党，却也是巴沙尔友邦军团中一股不可忽视的力量。

南方邻国约旦扮演的角色与伊拉克相似，但阵营相反，它在政治上保持中立，但行动上服从美国的整体安排，是向南方战区反政府武装提供物资和培训的主要渠道。然而，由于约旦国小人少，《戴维营协议》后一直奉行和平外交政策，无论官方还是民间都缺乏作战意愿和经验，所以无力在叙利亚战场投放兵力。比起伊拉克之于巴沙尔，约旦对反对派的支持作用小很多。

以色列是一个重点要说的国家。在第二次世界大战结束后，这个国家几乎吸收了全球一半的火力，五次中东战争，以及数不尽的局部冲突，都是围绕以色列占领阿拉伯国家领土问题展开的。本来，以色列是乐见叙利亚陷入内战的，坐山观虎斗。但随着危机的持续深入，尤其是极端组织坐大和黎巴嫩真主党、伊朗革命卫队等反以兵团加入战场，以色列感受到了威胁，开始有限参战。

2013年5月5日，以色列发动了危机以来第一次大规模袭击，也是1973年以来对叙利亚的第一次导弹袭击。当天凌晨2点钟，一阵猛烈的冲击波震得酒店大楼都在晃动，随即大马士革全城停电。我当时还没睡，

第十一章 ■ 世界大国和地区势力的微缩博弈场

能够清晰分辨出这次爆炸的强度绝非一般的恐怖袭击所能及。酒店北边的卡松山火光熊熊，照亮了大马士革半边天空，楼下救护车飞驰而过。火焰升腾的方向是叙利亚的军事重地，反对派武装火力覆盖不到那里、我判断这次爆炸绝非一般的恐怖事件。果然，在两个多小时之后，叙官方发布消息，称以色列的18架战机在凌晨袭击了位于大马士革郊区的军事研究中心、共和国卫队、特种部队、情报院校等八个军事目标。燃烧起来的地方，是政府军的一个武器库。随后，反政府武装向大马士革及郊区的安检站发动了一波集中攻势。滑稽的是，叙利亚反对派"全国联盟"发表声明，既谴责以色列空袭叙利亚的侵略行为是为了达到私利，又指责叙利亚政府把军队投入内战，应该承担全部责任，好像只有他们是置身事外的正义审判官。

5日下午，我驱车十余公里前往以色列空袭地点——大马士革郊区扎玛拉亚查看。该地区处于以卡松山为主要山峰的重山之中，全境均为军事禁区，禁止拍照。事件主要发生地——军事科研中心方圆一公里大小，大量建筑被摧毁，时隔轰炸12个多小时，依然有许多白烟从场地内

我在位于大马士革郊区扎玛拉亚的以色列空袭现场采访拍摄。当时地上散落着大量子弹，被炸的建筑应该是一个小型弹药库（新华社张迺杰　摄）

冒出。负责守卫的士兵在公路每隔100米处即部署两个警戒岗哨戒备，我不能靠近。

两天后，在任东风武官的协调下，我们终于进入遭袭的研究中心。虽然距离袭击过去了一段时间，但被炸的楼房废墟依然矗立在大山中，地上散落的子弹也来不及清理。实地看不出被袭的科研中心有什么高科技。以色列方面称，这次打击的目标是巴沙尔向黎巴嫩真主党运送的导弹，这倒是可信。大马士革外交圈的朋友告诉我，以色列军事和科技力量高于叙利亚不止一代，对叙利亚发动类似的低空夜袭，叙方基本上无法防御。

几天后，叙政府军又从反对派武装手中缴获了安装着以色列通讯设备的军车，此后又陆续曝出以色列暗地接收南方战场上受伤的反对派成员，其参与危机程度之深昭然若揭。但这个聪明的国家始终很好地把握着尺度，既对威胁其安全的叙境内目标进行有效打击，又不扩大打击范围，避免引发周边阿拉伯世界的警惕和敌对。

（四）

叙利亚全国的反对派武装人数已经由此前最高峰的近20万人，下降到了10万余人。显然，反对派最强势的时期已经过去，但政府军杀敌一千，也自损八百。

政府军5月份起集中兵力猛攻中部省份霍姆斯。从地图上不难发现，霍姆斯西通黎巴嫩，东插沙漠腹地，从地理上完全把叙利亚分割成了南北两半，是叙利亚实实在在的中部枢纽，得霍姆斯者得叙利亚天下。与此同时，黎巴嫩境内的极端派别萨拉菲和自海陆而来的"圣战"分子主要从霍姆斯入境叙利亚参战，控制住霍姆斯省等于关闭了反对派武

士兵们在霍姆斯老城内巡查，经过激烈战斗，哈利迪亚区基本收归政府军所有

装渗透的大闸，战略意义重大。所以，自危机爆发以来，对这里的争夺就没停过。

战斗最激烈的时候，霍姆斯省重镇古赛尔"每分钟会落下50枚炮弹，每小时还会遭受三至四次空袭"，反对派祭出了"死亡之墙"行动，依托民用设施负隅抵抗，以很大的伤亡代价有效拖住了政府军的攻势。4—6月的三个月时间里，反对派武装超过3000人在古赛尔阵亡，平均每天战死超30人。反观叙利亚政府一方，虽然有重型火力掩护，可一旦进入巷战就会遭受重创，就拿反对派方面5月19日一天的统计来说，当天他们打死了50名叙利亚军人和23名越境作战的黎巴嫩真主党成员。

这体现了叙利亚军方战略的转变。叙利亚国防部少将格桑在接受我采访时说，危机以来，叙军队的战术是限制反对派的行动范围，以控制伤亡、减少破坏为优先。但两年过去，限制战术非但无法奏效，还助燃了日益猖狂的恐怖主义。所以，在开打霍姆斯战役时，叙军明确开启决战模式，以在战场上消灭反对派有生力量为目标，不计成本予以杀伤。

亲政府的车辆在霍姆斯老城内巡查

这是在哈利迪亚区建筑废墟中遗留的儿童玩具

古赛尔在7月被攻下，政府军打进了霍姆斯城，叙利亚第三大城市的易主具有标志性意义。"数千颗导弹和炮弹对哈利迪亚的地毯式轰炸，导致反对派无法支撑，已经失去了对区域60%以上的控制权"，7月28日，新闻里这样描述反对派在霍姆斯老城内的生存状况。我敏锐地意识到，按照政府军的节奏，随时可能宣布霍姆斯老城解放，于是将所有装备准备到位，与政治局保持联络，一有消息立即出发。

果然，30日清晨，政治局来电，说霍姆斯老城哈利迪亚区已经初

第十一章 ■ 世界大国和地区势力的微缩博弈场

士兵们在霍姆斯老城内巡查

步解放，基本具备了记者前往的条件。我第一时间开上车，以100多公里的时速飞奔向霍姆斯城。路上，因为速度太快，在一处安检岗哨没及时停住车，撞上了油桶做的掩体，好在车辆受损不大，我可以继续前进。

　　一个多小时的工夫，我就开到了距离大马士革以北150公里的霍姆斯城。霍姆斯城的外围早已在政府军的控制之下，这里的人们几乎在正常地生活，但风声鹤唳。越往城里走，局势越紧张，很多路口已经被封闭，老城一圈实际上只留下了两三个经过层层安检才能出入的通道。这也是过去一年多，政府军围而不攻战术下应运而生的工事。

　　在作战部队的引路下，我进入了老城，景象就完全不同了——整个城市都呈现灰色调，建筑被打得七零八落，路上布满炮火过后遗留的尘土，街道上零零散散停放着被焚毁的车辆，居民早已没有影踪，只有军人穿梭来往。在一栋楼房改造的前线指挥部里，我看到了一张

哈利迪亚区的街道上，悬挂着巨大的布，犹如一堵柔软的墙，阻挡着反对派的视线

霍姆斯地形图，图中央区域颜色泛绿，形状犹如一个口袋，四周用红色填充。指挥官埃米尔准将告诉我，反对派武装已经被完全包围在了这个口袋中，政府军用了20天时间攻下哈利迪亚老城区，反对派的生存空间被压缩到了与此前相比约四分之一大小的地方。他表示，哈利迪亚区属于历史古城，建筑杂乱无序，反对派此前把弹药都存放在了哈立德·本·瓦利德清真寺内，并挖掘地道与周边地区连接，清剿难度很大。

  指挥部门外约20米宽的街道，被一块巨大的布完全遮住，犹如一堵柔软的墙，阻挡着对面的视线。埃米尔告诉我，虽然哈利迪亚城内的反对派武装已经被清空，但区域周边地带仍有大量狙击手埋伏，人员行动面临严重威胁，除了个别街道已经被军方用幕布或者石砖垒住，剩余的开放路口需要快速跑步通过，并特意叮嘱士兵，不让我穿越超过10米宽的路口。

第十一章 ■ 世界大国和地区势力的微缩博弈场

圆顶建筑就是哈立德·本·瓦利德清真寺

虽然哈利迪亚区已经基本收归政府军所有，但一些路口依然暴露在反对派狙击手的视线内。采访期间，我们需要跑步快速通过（新华社张迺杰　摄）

在士兵的前后保护下,我进入哈利迪亚城区,眼前尽是被炸塌的楼房、破碎的家具、焚毁的汽车,以及被战火一遍遍掀起又落下的尘土。脚下踩过的地方,有一家人散落的鞋子、儿童的娃娃和还没有写满的作业本,身着军服的人在街头巡逻查看,累了就跨过一面坍塌的矮墙,到不知是哪户人家的沙发上坐着休息。所有住户的房门几乎都被损坏,入室可见散落满地的衣物,不知是原住户走得匆忙,还是被后来者洗劫至此。古城内的标志性建筑哈立德·本·瓦利德清真寺周边位置空旷,我不能靠近,但远远地看见这座有着一千多年历史的建筑穹顶被炸出了很多个洞。

每经过一个路口,士兵都会引领我奔袭而过,直到跑到对面有建筑做掩护的位置。采访期间,枪声始终就没停下,来自叙利亚政治局的军官马基说,这些枪声有的是军队发现可疑人员后的示警,有的就是远处的狙击手。他提醒我听仔细,假如枪声过后很快传来炮声,那就是政府军发现了狙击手的位置,并通过炮火还击。"假如没有这么多狙击手,

这是我在哈利迪亚区一栋破损的楼内拍摄采访(新华社张迺杰 摄)

霍姆斯在危机开始四个月之内就恢复太平了",他说,面对藏在暗处的狙击手,军方只能推测其大概位置,并用威力巨大的坦克、大炮等进行"面杀伤"。

我沿着破损的楼梯,爬上了一栋一面墙已经被炸塌的五层楼房,楼顶平台上散落着几个水箱,密密麻麻都是弹孔。放眼眺望,霍姆斯老城还有四五处冒着烟,显然政府军的清剿行动还在继续,"快下来,别抬头!"一名士兵在背后叫住我,告诉我在房顶上最容易成为狙击手的目标。我低头往下走的时候,就听见水箱"铛"的一声,应该是被一枚子弹击中了。

采访中我了解到,解放霍姆斯老城的部队并非黎巴嫩真主党武装,也不是叙利亚政府军,而是支持政府的民兵组织——民防军。这个组织之前有一个绰号,叫"沙比哈",在阿拉伯语里面的意思是"跟随的小鬼",最早的组成人员以阿拉维派男性为主。他们忠于巴沙尔政权并拥有武器和特权,其中有些人骄横跋扈、欺压民众、虐待俘虏的视频被上传网络后,成为西方攻讦巴沙尔的软肋。但这支部队战斗力强,是巴沙尔政府掌控局势不可或缺的力量,所以后来被巴沙尔整编为民防军并实行近似于军事化管理,军风军纪才有了明显改善。特别是一些反对派武装投降后,都由民防军收编,这支部队的战斗力和规模与日俱增,成为政府一方不可或缺的武装力量。埃米尔就说,战场上,正规军主要在军事上做统一的指挥,并调动重型武器,民防军则负责封锁各条要道和检查哨所,在炮火掩护下身先士卒,挨家挨户展开清剿。当时,霍姆斯城内的民防军数量就逾1.7万,远超在当地的政府军人数。

那天,我们能到的地方,也只占哈利迪亚区的四分之一不到,其他区域因为距离反对派控制区太近,仍不安全。就在我们离开后的第三天,武装分子袭击了霍姆斯城内的一处弹药库,巨大的蘑菇云从十几公里外都能看得清楚。反对派称,巴沙尔一方40多人死亡,120余人受伤。与此同时,反对派在阿勒颇省坎阿萨地区枪杀了51名叙利亚政府军成员以及部分民众。几天内在坎阿萨被杀的政府军和民众人数总计超过了150人。

沿着破损的楼梯,爬上了一栋一面墙已经被炸塌的五层楼房,楼顶平台上散落着几个水箱,上面密密麻麻都是弹孔

第十一章 ■ 世界大国和地区势力的微缩博弈场

采访中，我和新华社记者张逎杰留下珍贵合影

在哈利迪亚区为人民网的电视新闻作出镜报道（新华社张逎杰　摄）

据传，叙利亚全国的反对派武装人数已经由此前最高峰的近20万人，下降到了10万余人。显然，反对派最强势的时期已经过去，但政府军杀敌一千，也自损八百。

（五）

但终归，事情的发展还是一如西方和反对派联袂策划的那样，虽然很生硬，但是很顺利。

8月18日，联合国化学武器调查小组抵达大马士革，开始在叙利亚为期两周的调查，主要地点集中在大马士革郊区、拉塔基亚和阿勒颇。第一个点是反对派指认政府军使用化武的地区，后两个反之，这一安排体现了一定的公平性，否则叙利亚政府是不会同意国际组织人员在叙利亚境内穿梭的，因为他们还承担了给西方提供情报、给反对派传递信息的双重使命，这几乎是公开的秘密。

随着化武调查小组的抵达，大戏拉开序幕——21日，反对派传出消息，政府军使用化武，在大马士革郊区东胡桃地区造成1300人死亡，逾6000人受伤。每次国际组织到访，反对派武装都会发布类似"大屠杀"的消息，人数少则数十，多则上百，在叙记者们早已习以为常。但此番"化武袭击致死"人数创历次之最。于是，当天许多地区和国家媒体都以这则消息为头条，大肆解读报道，配合着政治上推翻巴沙尔的企图。就比如卡塔尔半岛电视台和沙特阿拉伯电视台，反复播放一群孩子灰头土脸、躺在地上、生死不明的画面，看不出是在哪里，也看不出是什么人，解说说是政府军化武袭击之后的现场。这样的新闻，做的其实已经很劣质了，且不说有没有新闻性、真实性，就是哪怕一点逻辑性都没有，跟演话剧一样，盖一间小屋，找一帮演员，给观众一个结论。

第十一章 ■ 世界大国和地区势力的微缩博弈场

大马士革街头，经常有各界民众自发组织起来，声援巴沙尔

我刚去过东胡桃地区，知道那里的情况，全镇的妇孺加起来也就几十人吧，这么集中地死在一起，除非是被人为聚集起来。况且，反对派说死了1300人，就看到了这几十具"尸体"被反复播放，其他人都哪去了？化武袭击的话，尸体都是完整的，不会灰飞烟灭。另外，依照当时在东胡桃地区的军力对比，政府军在战场占优的形势下还大规模使用化武、启用这玉石俱焚的方案，必然招致国际社会谴责。什么样的智商才能做出这种事来？巴沙尔说，西方的报告是"对正常感官的侮辱"，我赞同。

一位叙利亚安全机构的朋友告诉我，21日那天使用的化学武器是一种由印度生产的手雷式轻型化学武器，它在印度生产，并由土耳其获得后交给反政府武装。这种手雷化武的特性在于，投放至露天区域会快速消散，不会要人性命，但在室内的封闭空间里则会致人死亡。从反对派于化武疑似攻击地点拍回的图像可以看出，死者死亡时并无外伤，明显不是由所谓导弹袭击造成的。而当天救援者抵达后，也没有穿着必要的防化服，说明化武的药力微弱，或已经散尽，这在逻辑上是通顺的。

美国却说，他们监听到了巴沙尔军队官员之间的通话，上级军官询问前线为何使用了化武。虽然各种情报犹如罗生门，让人好似雾里看花，但终归，事情的发展还是一如西方和反对派联袂策划的那样，虽然很生硬，但是很顺利。英国外交大臣黑格当天说，将在安理会授权之外组建攻击联盟，已经有三十六七个国家有加入的意向了。法国外长法比尤斯也说，"（打击）不会太迟，且将是严厉的"。"军事打击是一个可能的选项"，只有奥巴马的话模棱两可，作为刚上任就获得诺贝尔和平奖的他陷入了纠结，小布什的教训历历在目，但整个西方和阿拉伯世界都在跃跃欲试地等着他吹响进攻号。

虽然嘴上还在扛，叙利亚政府军其实已经在为防空袭做准备了。从28日夜间开始，从大马士革市中心卡松山及马扎军事机场发射的炮火基本停止。反对派称，叙利亚军队已经将卡松山上的炮兵撤离，并完成了104师、105师和精锐第四师的换防。卡松山连绵数个山峰，连接大马士革东、北、西三个方面，是战略高地，也是交通要道。因此，该地区的山脉基本都被挖空，用做防空洞、武器库和其他军事用途。由于常年与邻国以色列处于敌对状态，叙利亚的战争储备充足，并且地下掩体牢固可靠、位置不易锁定，防空袭能力较强。

30日，叙利亚新闻部和军方政治局共同组成了战时媒体委员会，要求对在叙利亚的所有新闻媒体实施新闻监督，防止敌对国势力利用媒体资源窃取战略情报。几乎与此同时，叙利亚的各大电视台中，以往的电视剧、电影等娱乐节目纷纷取消，全天候播放专家解读抵抗侵略的对话栏目，以及军队的宣传片。值得注意的是，当时叙利亚尚未获得来自俄罗斯方面的S-300型防空导弹，但宣传片却把它放在了杀

大马士革老城里,民众从有着悠久历史的拱门下穿行而过

手铜的环节,说叙利亚可以从250千米远的地方监控并准备拦截来袭导弹。

　　大街上,民众草木皆兵,尤其入夜后,本来熙熙攘攘甚至拥堵不堪的街道,一下子就全无人烟了。这一切,都源于联合国化学武器调查小组31日清晨将离开,西方媒体把这当作是美国开战的前兆。

　　反对派早已急不可待。大马士革在8月底遭受了反对派一轮极为密集的迫击炮弹袭击。叙利亚《我们的国家报》形象地称,"迫击炮弹、火箭弹和子弹就像下雨一样毫无区别地落入大马士革每一个区,这已经成为一种生活的气候,人们活在死亡的游戏中,唯有刻意淡忘死亡才会找到一丝快乐。"

入夜,迫击炮弹落入大马士革的景象

（六）

压抑之下，普通民众的求生欲超出了我的想象。一场战争阴云下的婚礼，深深震撼着我的内心。

距离奥巴马做决定的时间已经越来越近了，国内部署各家单位撤离或减员。而实际上，那时在叙利亚的中国人只剩下46人。张迅大使来电话问："焦翔，你撤不撤？"我说："不撤，等到最后再撤。"张大使说："好，那我就陪你到最后，你走的时候给我来个电话，我一定陪你走出叙利亚国境。"

一股暖流涌上心头。这位法语大使，能够在战火纷飞的叙利亚坚守两年，始终保持学法语的人特有的浪漫风格，笑看风起云涌，运筹帷幄之中，为中国外交抉择做出了不可磨灭的贡献。虽然有时觉得他不拘小节，甚至玩世不恭，但危难之时的担当和镇定，让我感到这才是一个有血有肉、顶天立地的人，一位值得我尊敬的共和国外交官。

一阵喧嚣过后，英国、德国、意大利立场纷纷退让，只有法国还坚定支持、怂恿美国动武。在阿拉伯世界，约旦、阿尔及利亚、埃及、黎巴嫩和伊拉克也旗帜鲜明地反对武力干预。虽然美国一家足以打垮叙利亚，但奥巴马不想置美国于风口浪尖，不想陷入战争泥沼，他十分爱惜自己的羽毛。

31日晚间，大马士革大街小巷上空无一人，所有人或通过电视，或通过广播，密切关注着大洋彼岸，来自美国总统对叙利亚的"裁决"。"攻击或许在明天，或许在下周，或者要等上一个月"，"最好还是要有国会的授权"……据说，奥巴马在发表演讲前，自己一人在白宫踱步长达40分钟，当时他内心的挣扎，恐怕是平生都不曾有过，也难再有的。当场,酒店安全人员萨米尔兴冲冲地跑过来握着我的手说,美国又退缩了!大马士革的大街小巷也顿时出现了很多奔驰而过的汽车和熙熙攘攘的人群,城市仿佛从冬眠中醒来。埃及《金字塔报》的评论庆幸地说,这是整个阿拉伯世界,乃至全世界的胜利。今天美国能打叙利亚,明天就能打埃及,所以这个决定胎死腹中再好不过。

叙利亚人的爱国热情,在美国退让的脚步声中熊熊燃烧,他们自发地以各种形式,表达对政府的支持和对西方的痛恨。

"假如美国的导弹要打到叙利亚的土地,那就必须先经过我的身体",21岁的大学生艾哈迈德·哈姆德与众多叙利亚年轻人静坐在卡松山的山顶上,这里是城市的中心,也是大马士革的战略制高点。

从9月1日起,叙利亚民间开始出现"平民人盾"的组织,社交网站上收到了超过一万叙利亚人的响应,这些人陆续从全国各地聚集到大马

2013年9月,叙利亚民间开始出现"平民人盾"组织,他们聚集到卡松山顶,用身体抵挡美国可能打来的导弹

第十一章 ■ 世界大国和地区势力的微缩博弈场

采访"平民人盾"组织

士革，用身体保卫可能受到美国打击的目标。这些民众或身披国旗，或高举标语，静坐在山腰和山顶上，抗议美国可能发动的攻击。"踏过我死去的身体""叙利亚的侵略者就是人命的践踏者""假如我们不剿灭恐怖主义，恐怖主义就会剿灭美国"……标语上的口号尖锐、极富煽动性，民众表情严肃、目光如炬。

压抑之下，普通民众的求生欲超乎我的想象。一场战争阴云下的婚礼，深深震撼着我的内心。

战争阴云下的婚礼

下午6点，大马士革老城又停电了，但漆黑的巷子里却是人挤人。"注意弹坑"，一个叙利亚人拿着手机，照着地上一周前被迫击炮打出来的大坑，提醒后面的人不要摔倒。两天前，美国总统奥巴马的讲话，透露出对叙开战或将推迟的消息，大马士革民众于是井喷一样走出家门，呼吸一口新鲜空气。

一座老建筑里传出的歌声在老城延绵的巷道回旋，一场婚礼正在热闹地进行着。婚礼现场嘉宾近百人，他们身着晚礼服，在拥挤的餐桌间扭动身姿、翩翩起舞。一个不大的舞台上，新郎新娘接受着亲朋好友的祝福。

新郎乔治和新娘克里斯汀当晚显得有些憔悴，因为在一周前，他们刚被一枚落在停车场的迫击炮弹炸伤，身体尚未恢复。"听了奥巴马的讲话，全家都觉得最近两天不会开战，所以赶紧把婚礼办了"，新郎的父亲说。此时记者突然注意到，餐厅播放的主题曲目是赞美叙利亚国家。新娘的朋友卢比说，内战两年多来，民间创作出了30多首赞美国家的歌曲，祝福叙利亚能够在内战中挺过来。这些歌曲现在已经家喻户晓，大马士革老城里的每一场聚会，都会播放这些歌曲。

对于这场婚礼，卢比觉得虽然热闹，但比她以往参加过的婚礼要平淡太多。"内战前，我们的婚礼都要去郊区办，至少请八百或上千人参加，不热闹到第二天凌晨三四点不会结束，现在只能算是迷你版了。而且，从安全的角度出发，必须在夜里12点左右结束。"她依然很羡慕这对新人能够步入婚姻殿堂，在莫测的时局中相依相伴。卢比也有未婚夫，但今年4月便逃至黎巴嫩定居，至今没有回来。虽然关系还保持着，但他们的未来充满变数。卢比家境很好，有足够的经济能力移居海外，但她不舍得离开家乡，未婚夫多次邀她去黎巴嫩成婚，都被她拒绝了。"我能等他四年甚至更久，直至危机结束的那一天，但我不会离开叙利亚。"她提到，未婚夫出国是为了逃避兵役，"现在参军太危险，我理解他的决定"。据联合国统计，因内战死去的叙利亚人目前已超过10万，其中军人占很大比例。一位军官此前曾告诉记者，危机以来，仅在中部省份霍姆斯一地，阵亡的军人就已超过5000人。

因为战争，叙利亚的家庭数目正在急速缩减。据叙利亚官方统计，目前叙利亚已经有150万座住宅因战火被毁，各种原因导致叙利亚每天的离婚家庭超过100个，而青年人登记结婚的数量较危机前锐减。参加婚礼的

第十一章 ■ 世界大国和地区势力的微缩博弈场

美国空袭威胁下，一场大马士革平民的婚礼正在热闹举行中

一位男嘉宾艾弗里德告诉记者，大马士革大部分家庭的收入也就仅够最低生活开销，结婚需要买房、买车，年轻人多数都失业，不可能承受得起。而美国现在又可能军事打击叙利亚，这让更多年轻人对前景失去希望。"已经有叙利亚人组成团体，用身躯昼夜保护国家战略目标，但我不会去，假如美国打来，我只能在家坐着，听天由命。"

艾弗里德说，现在很多叙利亚人为了把孩子送去国外安全的地方，不

2013年底,在大马士革文化中心,一场祈福活动正在进行,一名小朋友手捧蜡烛,期盼着危机尽早结束

惜变卖祖产,但他最大的愿望却是留下来,做未来叙利亚的教育部长,教育人如何生活。"革命应该带来进步,而不是厮杀。"

当晚参加婚礼的嘉宾,算得上是大马士革中产以上的阶层,就像卢比,她的月收入是大马士革普通人的四倍。更多老百姓现在根本不会去谈感情,活下去是他们的唯一期待。联合国9月3日的统计称,叙难民人数已经达到700万,相当于叙利亚全国人口的近三分之一。(载于《人民日报》2013年9月4日21版)

第十二章

欲望、利益、纷争,久拖不决亦战略

(一)

在化武问题上，俄美展现了老练的外交技艺和高超的政治智慧，变零和博弈为双赢结局。

2013年9月5日至6日，G20峰会在圣彼得堡举行，席间奥巴马与普京的一番窃窃私语，为叙利亚局势的峰回路转找到了突破口。

交谈后的第二天，时任国务卿克里在看似"不经意"的谈话中，提到了销毁化武换和平的可能性；紧接着，当天下午俄罗斯便提出了官方的方案，主要内容是在国际社会监督下销毁叙利亚化学武器换取美国不开战承诺；叙利亚外长穆阿利姆当时正在俄罗斯访问，当即回复同意这个提议。于是，一时剑拔弩张的叙利亚危局，就在这云淡风轻中化解了。

据说，土耳其时任总理埃尔多安对此很是不满，直接找到了奥巴马本人。卡塔尔《祖国报》披露，埃尔多安与奥巴马会见中，要求美国军事介入叙利亚以保护土耳其安全。奥巴马回复：你是北约盟国，假如北约同意，美国自然会加入军事行动（然而，北约秘书长拉斯穆森已经明确表示不打，即便美国开打北约也不参与）。埃尔多安又提，俄罗斯袒护叙利亚立场太强硬，美国应该向俄施压。奥巴马回复：我和普京关系一般，土耳其与俄罗斯的贸易额更大，你们自己施压效果会更好。

实际上，俄罗斯当初也做好了两手打算。就在美国宣扬准备开打之际，俄罗斯派遣了几乎相当于美国军舰数量两倍的舰艇进入叙利亚沿海，名义上这些舰艇进入地中海是为了撤出在叙利亚的侨民，实则是对美国可能发动的攻击实施威慑。俄罗斯驻叙使节曾表示，一旦美国开打，则俄罗斯将有可能在拉塔基亚、塔尔图斯等地开辟"安全走廊"，既方便撤出侨民，也为协助巴沙尔撤退做好准备。

　　这一过程看似水波不兴，实则颇有学问，再次印证了大国才是决定世界走向的关键力量。世界舆论普遍认为，"普京巧妙地利用西方的犹豫以及他们对伊拉克战争的痛苦记忆给了西方巨大打击"。奥巴马则不以为然，曾经承诺要从伊拉克、阿富汗撤军并从中东抽身的他，侥幸回避了自己的食言，就像他在接受NBC采访时说的，"我不太在意风格分数，更关注让政策对头"。在化武问题上，俄美展现了老练的外交技艺和高超的政治智慧，变零和博弈为双赢结局。

　　而对叙利亚，这一提案显然是好的。叙利亚自1973年开始生产化学武器，直到1998年停止生产，整个过程时间并不长，也没有过使用的记录。叙利亚驻约旦大使巴哈吉·苏莱曼告诉我，犹太复国主义国家以色列拥有核武器，叙利亚通过生产并掌握化学武器予以制衡，此外别无他用。

在大马士革郊区，政府军从反对派控制的地区缴获了大量的土制炸弹和疑似化学制剂

禁止化学武器公约组织官员温是我的好朋友，他后来向我介绍了关于处理化武的一些技术性问题。叙利亚销毁化学武器主要有两种方法，一种是燃烧，一种是使用化学试剂中和。对于碳含量较高的化学药剂，就用燃烧的方式，其他微量元素可以较为轻易地消散；对于难以燃烧销毁或者容易产生较重污染的，就利用化学反应。对于用坦克和大锤销毁化学武器，他认为这并不是笑话，因为销毁化武是一个综合的过程，既销毁化学物质也销毁武器和相关设备，因此物理措施也是必需的。

二战结束后，化学武器获得了长足的发展，质量较此前有大的提高，但因为生产化学武器并不算是高尖端科技，世界上越来越多的国家掌握了这一技术。当西方看到化学武器已经不再成为一种战略武器之后，便在全球范围内呼吁禁止化武，从而抵消一些国家的战略实力以便继续领跑。叙利亚的化学武器发展得到了俄罗斯的帮助，掌握的主要是沙林毒气，它比VS毒气等要低端一些，但沙林毒气中毒的症状应该是死者痛苦不堪、全身抽搐，而在叙利亚发生的化学武器袭击显示，死者比较安详。温认为，死者窒息后被添加化学制剂造成化武袭击的可能性更高。禁化武组织特使代表拉马尼也称，反对派在指责政府使用化武问题上存在巨大的漏洞，因为化学武器会造成所有生物、包括昆虫的大面积伤亡，但在东胡桃地区只有人死的报告，没有一只鸟或者一只猫被化学制剂毒死，令人生疑。

对抗化学武器，要以逃跑为主，不能迷信防化设备。一方面，防毒面具的过滤装置剂量有限，假如遇到氯气攻击，会在几分钟之内饱和，失去防毒效果，因此必须在第一时间戴上防毒面具，尽快逃出污染区，而非戴上以后就无所顾忌了。另一方面，防化服也并不能完全防化，其有一个渗透期，经过一定时间的渗透，化学物质依然可以对人的皮肤造成损伤。

温认为，在美英法德意几十年的经营下，相关国际组织实际上已经被西方操纵，所谓的独立鉴定无法被监督，因此反对派使用化学武器注定成

大马士革郊区的激战还在进行,这是我跟着政府军在巷战现场

为一个无头案,叙利亚就要吃这个哑巴亏。但在派往叙利亚的化武监督组织当中,特别加入了中国和俄罗斯的少量工作人员,其余国家均只能从禁化武组织内派人,展示出了叙利亚的战略眼光。

在美国战争警报解除后,叙利亚军队爆发出了旺盛的战斗力,对士气受挫、怨声载道的反对派武装发动猛攻。9月22日,反对派此前精心经营的机场路重镇沙巴阿镇被收复,该镇距离大马士革城

大马士革郊区的激战还在进行,这是叙军方坦克停在还冒着黑烟的建筑一侧,保持警戒

经过激战,政府军夺回了大马士革郊区的沙巴阿镇,发现了大量的作战用地道,其间还安装了照明设备。大量房屋墙壁被凿开,以便极端分子快速转移

区十余公里,反对派武装人员很久之前便在此修缮战争工事,频频向邻近的军方检查站和机场路发动攻击,导致大马士革国际机场数度停用。收复一周前,聚集在该镇的反对派武装分子达2500人。

  我抵达时,坦克车依然把守在镇子各个主要的交通路口,几处浓烟仍然没有散去,战地指挥官阿里·优素福上校告诉我,反对派武装撤离后,还引爆了事先埋好的炸弹。在几家不起眼的民宅里,我看到其中大有学问——民宅的墙被凿通,以便反对派武装分子穿梭其中,更有隐蔽的地道蜿蜒数百米,通往不同的方向。在一处地道中我注意到,反对派武装为了照明,还在地道中安装了电线和照明设备,如此复杂工程绝非一朝一夕能够完成。"最长的两个地道有500米长,分别通向机场路边的狙击点和补给点,武装分子都不在地面活动。"其实,叙利亚民间一直很推崇中国的战争智慧,尤其是毛泽东提出的"人民战争"概念、"农村包围城市"战略,地雷战、地道战、游击战等战术,均被广泛模仿和运用,即便只是依葫芦画瓢,也已令政府军头疼不已。

  在反对派的指挥地点,留有极端组织"胜利阵线"的字样和痕迹,并有大量自制的爆炸设备,极端分子规模不能小觑。这些极端武装的战斗力令人瞠目结舌,叙利亚最精锐的共和国卫队长官就曾跟我说,"这些人不怕死,他们受到蛊惑,认为为'圣战'而死可以上天堂,每天都有72个处女相伴,所以不惜以性命相搏。"战况也印证了这一说法,当月叙利亚世俗反对派武装"自由军"在北部地区与"伊斯兰国"争抢地盘,结果伤亡比是485∶85,极端武装的损失只是"自由军"的零头。此前,叙政府军的明格机场失守,也是因为极端分子开着装满了炸药的大铲车冲击哨所,守军只有口径较小的RPG(火箭筒),几枚火箭弹打上去都没彻底摧毁这辆铲车,最终导致它开到了机场门前引爆,从而瓦解了防御工事。要知道,在此之前,世俗派武装围攻这个机场一年多,死了3000人也没攻下来。

有时想到我们就跟极端分子临着几条街住,开车时还会路过他们的伏击圈,自己也是够命大的。

通往大马士革的高速路旁,经常能看到类似的检查站。墙上的文字意为:阿萨德万岁

（二）

最后她说，"霍姆斯的姑娘公认是叙利亚各省之中最漂亮的，假如你有朋友在大马士革有个家，我可以为他服务，当他的新娘"……叙利亚众多的"莱拉"们，正通过各自的方式为生存拼争。

大马士革—霍姆斯高速路是连接叙利亚首都与中北部地区的战略要道，2013年11月反政府武装发动"卡莱蒙战役"，投入约1.5万人切断了政府军的战略补给线，政府军被迫反击。我先后两次奔赴前线采访，用日记记录了当时的点滴。

叙利亚因为没有重工业污染，又接壤沙漠和地中海，天气状况尤佳，常能观赏到这样东边日出西边雨的美景

第十二章 ■ 欲望、利益、纷争，久拖不决亦战略

12月4日，晴转小雨。

早早起来，就准备着前往卡莱蒙山区采访的事情。大马士革清早还有太阳，随后下起了雨，从淅淅沥沥到阴云密布，再到东边太阳西边雨，如此多变的天气是北京见不到的。阿拉伯人认为下雨是吉祥的征兆，所以即便雨点密集，路上也没有人打雨伞。电话来了，10:40，政治局艾克萨姆上校来电，12点在亚布鲁克的交汇口集合。我开始还以为这个交汇口在大马士革，不急不慢地给友人哈桑致电，他说那里不安全，不能去。细细一问，原来那是卡莱蒙山区的一个镇子，紧邻高速路，从大马士革过去大概80公里。

卡莱蒙山区位于大马士革通往霍姆斯的高速路上，此前一直有武装分子盘踞。10天前，他们从迪里·阿图勒、纳巴克和亚布鲁克等沿途城镇出击，切断了高速路。致电新华社首席记者陈聪，约他一同前往，自己早早下楼，询问路线。熟识的司机阿布·斐拉兹听后，脸色都变了，不用说一个中国人自己开车前往，连他这个干了20年的老司机都不敢去。这时，一位联合国的司机也过来，边给我画地图，边劝诫我说，即便是联合国的防弹车辆都不敢走大马士革—霍姆斯高速路。我拿来了他手绘的地图，十分清晰，与我记忆中的路线基本吻合。大堂外，车子已经准备就绪，我考虑要不要在驾车期间就穿上防弹衣。这时，来自叙利亚安全部门的酒店主管贾米勒过来，用手摸了摸我的防弹衣，说："这个衣服可不防弹，倒是挺好看的。"的确，在叙利亚所有记者的防弹衣都有厚厚的钢板，然后是一层较薄的防弹纤维层，而我的防弹衣省了钢板，只有后者。这样的好处是穿着轻便，外加做成中山装的外形十分美观并兼具中国风格，缺点就是最多能防54式手枪的火力，碰到枪战基本没用。最后决定还是穿

大马士革郊区，一位政府军士兵正驾驶汽车，行驶在刚刚夺回的城镇

了开车，图个心理安慰，汽车钢板加防弹衣应该还是有效的，头盔就不戴了，太惹眼，反倒会招来麻烦。

出发的时间是11:05，沿途都是全速前进。路上的军人很热情，一一放行并指示下面的道路。在一个检查点，一位上校与军方电话沟通我前往采访的情况，问了我两个问题：第一，有翻译么？第二，有军方的通行证么？我连说了两个没有，然后讲了一堆中叙友好的套话，那位上校便对电话另一边的人笑着说，"你都听见了，看来没问题"，随后握手放行。叙利亚人如同其他阿拉伯人一样，都是性情中人，只要能沟通好，又是中国人，办什么事情都可开放特例。

路上，一个军人给我们留下了特别深刻的印象。在寻找巴格达桥的时候，我们临时停车拦住一个衣衫褴褛、扛枪行走的军人问路。他的口音听上去是哈马一带的，有点重的乡音外加语气粗野，看着不太和善，但他的心地之善良却让我们感动。他先问我们去那里做什么，我们说去采访，他于是变身战场活地图，一一告知每条路的情况，并作出评估——亚布鲁克往北的道路有反对派的狙击手，不能走，建议我们最好哪里都别去。在我们坚持下，他才指明了方向。我们正准备道谢离去，他拽住车门，连续问了两遍："你们带吃的了么？"这一问，让我急躁的内心突然如沐春风。在一个军人眼中，打仗是职责，可还细心关怀我们的温饱，足见这张苍老面孔下的至善心灵。汽车开走了，后视镜中他蓦然低头，在阴冷的天气中扛着机枪和大饼继续前行，原本瘦弱的身影显得高大而有力。

到了亚布鲁克交汇口，已经有一家俄罗斯媒体和一家当地电视台记者抵达。指挥官萨米尔上校以前与我在大马士革郊区的战斗采访中相识过，再次重逢，气氛热烈融洽。对讲机中，传来了前面发生激战的消息，他询问："有牺牲的么？"那边回答："感谢真主，没有。"他笑了笑，对身边的我们说，"不错，剩下的恐怖分子并不强大，再等等。"

我独自爬上了路口临时的前线指挥部——一栋据守在高速路旁的小楼。小楼的门窗、墙壁都被打得走了样，水电早就停了，显然之前战斗很激烈。这里此前是所学校，反对派最先将这里占领，用于狙击高速公路上来往的车辆。政府军随后将之夺回，作为守卫堡垒。楼顶上，有一个身材微胖的士兵在瞭望，他的身旁摆着一挺重机枪，以及一壶还有余温的红茶。他的名字叫苏米尔·苏福，在军队已经服役十年，没有战事的时候主要从事电器维修工作，他边把望远镜递给我，边介绍四周的情况。从此地向北大约15公里的地方是纳巴克——反对派在高速路周边占领的最后一个镇子，昨天政府军的人打了进去，不出意外的话，战斗一两天内就能结束。苏米尔·苏福指着楼下停着的一辆救护车说，十天来，从纳巴克一共运

亚布鲁克交汇口的临时前线指挥部楼顶,士兵苏米尔·苏福正在瞭望

亚布鲁克交汇口的临时前线指挥部二楼,士兵用沙袋把窗户口都垒起来,仅留一个小口开枪射击

出了十几名伤员，大部分都救过来了。死亡的多是子弹从肋骨打进去的，因为防弹衣那个部位比较薄，是身上最脆弱的点。另外就是打心脏，一击必然致命。但反对派一向打得不准，政府军才伤亡不大。向西才是防御的重点，从楼顶望去，那里是一片大山，山里镇的名字就叫亚布鲁克。

他在房顶时不时用望远镜向那里瞭望，边看边说，我们所在的这栋楼是政府军最后一个检查站，过了大山，就是反对派的检查岗哨。我不禁惊讶，反对派居然有能力在政府的火力下设置岗哨？可事实就是如此，苏米尔·苏福说，政府的火力还不足以强到把该地区的反对派武装全部歼灭，山那边的反对派武装也是流动的，出动战机打击效率很低，坦克对付游击战也不好用。更重要的是，反对派背靠着与黎巴嫩交界的阿拉萨，那里没有政府军，反对派可以自由出入叙黎边境，人员、武器补给充足。

他的工作是24小时倒班，每天在房顶几个小时，在路边检查站几个小时，然后第二天休整。他的老家在塔尔图斯，未婚妻在拉塔基亚，很久没见过面了。现在叙利亚类似的情况很多，尤其是上述沿海两省，对巴沙尔政权忠心耿耿，男青年几乎全部上了战场，女人多独自在家留守。我的一位朋友说，他曾到塔尔图斯的一个阿拉维派村子，一位老人有9个儿子，已经有4个战死，画像都挂在墙上，母亲却还坚持让剩下的青年人都上战场作战，这是伟大的家国情怀，也是只占全国人口13%的阿拉维派民众的自保和无奈。

最终，当天的采访没能成行。但对我而言，驾车穿行玛阿卢拉、萨伊达纳耶这样的交战地带，最终按时抵达前线目的地，本身就是一个巨大的成功。

我在亚布鲁克交汇口临时的前线指挥部前（新华社陈聪 摄）

12月9日，晴。

上午，准将塞米尔依旧很忙，但从他的电话中，我听到纳巴克城镇被攻下了。1点多钟，他告诉我可以出发了，和叙利亚几家国有电视台一道前往纳巴克。

有一位叙利亚知名男主持在我的车上帮我指路，他叫克里姆，今年25岁，就读于大马士革大学四年级，家乡在拉塔基亚。我还在疑惑为何25岁还在读四年级，结果他主动说，他连续留级，在大学已经是第七年了，不毕业的原因就是不想去服兵役。很显然，这个年轻小伙子在军队中很吃得开，家里多少有些军方背景。依旧是之前去亚布鲁克那条路，沿途的风景美不胜收，一望无垠的金黄色山脉连绵起伏，大片的云朵投向山川斑驳的阴影，远看如一只蛰伏在

第十二章 ■ 欲望、利益、纷争，久拖不决亦战略

　　蓝天下的金钱豹。一大片积雨云笼罩在头顶，仿佛给脚下的数十平方公里土地盖上的棉帽子。身后大马士革方向透射着橘色的丁达尔阳光，彩云令人心驰神往。看了一下仪表，窗外0摄氏度，郊区比大马士革城里低了足足有8摄氏度。

　　大约2点多，到了亚布鲁克路口，随即出发前往纳巴克。中间有一段路很危险，我用140公里的时速都追不上前面一辆现代牌小轿车，可见司机们都玩了命地在跑。路两侧依然是或被炮弹打得千疮百孔的民巷，或被飞机、导弹直接炸塌的楼房，遍地散落的沙石与隐蔽在暗处的装甲车证明这里尚不安全。但这样的景观实在见得多了，只期望城里能有些令人眼前一亮的东西。

　　我们的车队最终停在了市中心的广场，正对面一座被轻微损毁的楼上，挂着一面巨幅叙利亚国旗。一个高中生模样的男孩跑过来与我来交流，让我看他们的国旗有多美！一个中年人带着一家几口人

纳巴克镇解放后，楼房上挂起了叙利亚国旗

往家的方向走,他说这个地方的人多数都逃往了国外,像他这种没钱的人就留下来苟且偷生。土尔基43岁,他向我讲述的内容更加详实。2012年,他失去了工作,在当地靠着一些临时的差事养活妻子和三个孩子。纳巴克镇全城只有五万余人,规模并不大,在20天前还称得上100%的安全。然而,武装分子此后发动了对镇子的袭击,居民很多都躲在自家的地下室里。凭借着此前的储备,土尔基一家人省吃俭用,在地下室里待了整整20天,只凭声音判断外边的战事进展。"8日夜里打得最激烈,我们根本睡不着,但天亮后就完全平静了。"他们一家人走出地下室,第一句感慨就是,"感谢真主,我们的房子还能修好。"

纳巴克战役之所以受到如此大的关注,在于它重要的战略地位。它将大马士革—霍姆斯公路从中间分开,而这一公路又是大马士革向

纳巴克镇解放后,政府军沿街巡逻,不时向天鸣枪,与民众一同庆贺

第十二章 ■ 欲望、利益、纷争，久拖不决亦战略

纳巴克镇解放后，政府军拆除了很多反对派留下的炸药装置　　两名士兵在被子弹击中的面包车内向我打招呼

北方所有城镇输送补给的必经之路，政府急于收复补给线，保证大动脉的畅通。

人群中有一个叫莱拉的年轻姑娘，带着弟弟四处喊着口号，甚是活跃。后来，他俩不请自来地上了我的车取暖，于是聊了起来。这一家人此前在霍姆斯生活，被战火赶出了城市，最远的时候逃到了戈兰高地，六个月前又来到了纳巴克。问及她的父母在哪儿，她居然说："打仗走丢了，找不到了。"莱拉在纳巴克镇没有家，住在当地的一个学校操场上，反政府武装进城后，一家人慌忙逃散，居无定所。

"我能给你做助手么？你给我工资，让我和弟弟有地方住就行。"我从车上拿了两瓶水，姐弟俩一饮而尽。

莱拉非常健谈，她跟我说了很多，包括因为战火无法上学，家务活她都会做，等等。最后她说，"霍姆斯的姑娘公认是叙利亚各省之中最漂亮的，假如你有朋友在大马士革有个家，我可以为他服务，当

他的新娘"。我笑着说我会帮她留意，她又接着说，她知道中国人都很好，问能不能跟我一起去中国生活，我婉转拒绝了她，最后把身上带着的所有的钱都给了她和她弟弟。年仅17岁的莱拉，当着诸多媒体的面频抢镜头，又向外国记者热情推销自己，求生欲望之强烈给我留下了深刻的印象。而在叙北部的库尔德女性，为避免被囚作极端分子的性奴，已经拿起武器参战……叙利亚众多的"莱拉"们，正通过各自的方式为生存抗争。

气温在太阳下山后降到了0摄氏度以下，我一件衬衣一件西服的行头实在抵御不了寒风，不得不躲进车里等待返回大马士革。一个名叫达利达·阿里的士兵坐到了我的副驾驶上。他侃侃而谈，很是直率。他说，全叙利亚最精锐的三支部队，共和国卫队、第四师和特种部队，加起来人数不过几万人，基本完全由阿拉维派民众组成。在他

女孩扛着印有巴沙尔头像的国旗，和纳巴克镇的其他小朋友一起庆祝小镇得到解放

看来，基督徒是盟友，但胆子小不堪重用，德鲁兹人人数少但值得信赖，庞大的逊尼派士兵尸位素餐，"不能信任"。于是，共和国卫队就要转战全国各条战线同反对派武装作战，疲惫并伤亡惨重。

他和妻子刚结婚，路上还接到了妻子报平安的电话，并兴致盎然地向我展示他手机中的婚纱照。说实话，他的妻子长得不算好看，他觉得叙利亚新闻电视台一位出镜女记者很漂亮，"可惜她是基督教徒，我们不能通婚"。

晚上回到酒店，已经6点多了，太阳下山两个小时了。一路上的关卡都是阿拉维派在把守，看来这场战争真的无法避开教派冲突的印记。

这一天，叙利亚危机迈入了第1001个夜晚，大马士革依旧炮声隆隆，哨卡上手持冲锋枪的士兵手脚冻得冰凉，民众在冷风中迷茫地摸索前行。

大马士革街头，小朋友们向远道而来的中国客人热情打招呼

（三）

"许多苏韦达年轻人在全国各地的战场上阵亡，无数家庭承受着别离的哀伤。战火正在周边蔓延，不知道哪一天就会烧进苏韦达，摧毁美好的一切。"

大马士革、代尔祖尔、拉卡、阿勒颇、哈马、哈塞克、霍姆斯……放眼叙利亚各个省份，唯有位于大马士革南部100公里的苏韦达省暂时免于战患，是避难和疗伤的"世外桃源"。

苏韦达省整体建立在一片黑色的火山岩上，所以苏韦达在阿拉伯语中有"黑色的小镇"之意。从大马士革到苏韦达，一路远离千疮百孔的城市，回望黑烟远去，天空愈加湛蓝，心情也自然放松下来。虽然沿途驻扎有众多检查站和装甲部队，但他们的主要任务是阻止大马士革郊区和德拉省武装分子的渗透。

苏韦达能够置身战火之外，最主要的原因有两个：第一，因地处国

我和两位当地人在苏韦达省博物馆参观并合影（新华社陈聪　摄）

第十二章 ■ 欲望、利益、纷争，久拖不决亦战略

苏韦达省德鲁兹人传统的民宿

土南部邻近以色列，苏韦达历史上一直是抵御外敌的前线省份，军备程度高，是政府军的战略要地，包括一些重要的军用机场都设在该省。第二，苏韦达省被认为是叙利亚德鲁兹人（约占叙利亚总人口3%）的主要聚居地，教派势力强大，家族联系密切，外来武装渗透、扰乱当地社会较为困难。德鲁兹是伊斯兰教什叶派的一个分支，诞生于公元11世纪，信众主要聚居在叙利亚、以色列、黎巴嫩三国。叙利亚独立前，德鲁兹人在叙利亚政坛发挥着重要作用，苏韦达一度还是奥斯曼帝国在叙利亚设立的五个王国之一。后来，随着社会复兴党上台，德鲁兹人的政治地位虽然弱化，但成为支持巴沙尔政权的重要力量。

进入苏韦达省，首先要经过古城沙哈巴。该城建于罗马帝国占领时期的公元3世纪，至今街道与民房还都由古时遗留下来的青石板砌成，散发着古朴的气息。正值旅游季节，但街道上人很少，沙哈巴博物馆里没有多少游客，馆长伊玛德热情接待了我们，称我们是今年他接待的"首批外国人"。旅游业同农业、轻工业共同组成了苏韦达的主要支柱产业，据伊玛

苏韦达省拥有悠久的历史,坐落着不同时期的古迹

德讲,危机前,每年会有上百个国家的游客来此参观。但今年不但没有外国游客,本国游客也基本没有了。我注意到,因为长期没有游客,伊玛德甚至一时想不起旁边罗马剧院遗址的钥匙搁在了哪里。据叙利亚相关部门

第十二章 ■ 欲望、利益、纷争,久拖不决亦战略

苏韦达省当地农民和他的葡萄园

的统计,持续的危机导致占叙利亚GDP约7%的旅游收入损失殆尽。

苏韦达拥有大片良田,葡萄园密布在乡间道路上,景色淳朴迷人。农民叶海亚家有上百亩葡萄园,以前他家的葡萄不仅供往叙利亚全国各地,还远销国外,是中东名酒"阿拉克"的上乘原料。但走入葡萄园,我发现很多葡萄今年都没有收,干瘪在了葡萄架上。

沿途,我注意到几辆装满大塑料桶的卡车驶往南边约旦的方向。朋友哈桑介绍说,苏韦达的塑料制品在整个地区都很畅销,危机之前出口这些产品的卡车经常将道路堵得水泄不通。然而,因为武装分子占领了很多临近伊拉克和约旦边境的城镇与关口,目前类似工业产品出口受到了极大影响,很少有司机愿意跨国跑长途了。即便在叙利亚国内,因为道路安全状况差、安检程序繁琐、柴油供应紧张等因素,运输也是很大的问题。

进入苏韦达市,平静的氛围将我包围,城市里听不到炮声,也见不到荷枪实弹的军人。"感谢真主,战火还烧不到苏韦达",阿玛尔酒店餐厅领班拉尼此前十年都在大马士革的餐厅工作,危机后为了躲避战祸来到苏韦达。我注意到,能够容纳下上百人的餐厅大堂,只有我们一

桌客人，当地人虽然没有遭受战火摧残，却面临着一场同样艰难的挑战——生活危机。

苏韦达市商铺的商品普遍打五折促销，但少有人问津，危机以来物价疯狂飙升，对于普通民众而言，即便半价也难以承受。曼苏尔在这里生活了几十年，他觉得战争对苏韦达最大的影响体现在商贾垄断与治安下滑方面。据他说，战争前苏韦达的物价水平大约只有大马士革的一半，但现在基本上和大马士革持平了，垄断与腐败深重威胁着民众的生活。

走遍整个苏韦达市区，也找不到一家有油的加油站，最近一家几乎要跑到大马士革郊区省的地界，"偶尔有油的时候，得排几个小时队才能加到油，要不就得去黑市买成桶的高价汽油"。曼苏尔认为，交通运输与叙镑贬值固然是物价上涨的原因，但当汇率回稳、道路也安全了之后，物价依然居高不下，说明市场的监管已经失效。同样一落千丈的还有社会治安，据称，在苏韦达省的一些村庄，近来经常发生假扮军人勒索抢劫的案件，因为全国局势动荡，武器与军装流失严重，加之外来难民数量猛增，苏韦达也没有恢复治安的好办法。

红色台尔山是苏韦达乃至整个叙利亚观赏日落最好的地方。当夕阳慢慢埋入地平线，泛在天边的红霞，与初上的星月、阑珊的灯火构成了自然与生活极尽和谐的美景画卷。朋友蒙齐尔说他每周都到这里看日落，此处犹如天堂的美景是他摆脱战争阴霾、释放生活压力最好的寄托。但对于未来，他和很多苏韦达人有相同的忧虑，"许多苏韦达年轻人在全国各地的战场上阵亡，无数家庭承受着别离的哀伤。战火正在周边蔓延，不知道哪一天就会烧进苏韦达，摧毁美好的一切。"

（2015年起，极端组织攻入苏韦达省，德鲁兹人进行了殊死抵抗……）

朋友蒙齐尔站在红色台尔山上,欣赏苏韦达美丽的日落景观

（四）

因为危机，伊朗、俄罗斯、土耳其这些国家深陷其中，消耗了大量军力财力；沙特、卡塔尔等海湾国家和以色列增加了对美国的倚重，更不论约旦、黎巴嫩这些地区小国。实际上，美国通过叙利亚危机进一步掐紧了对中东的控制。

据叙利亚官方2014年初的统计，聚集在叙利亚的武装派别超过1200支。美国哥伦比亚一家研究机构的报告称，自叙利亚危机爆发至2013年12月，总共有24.8万名外国武装分子参战，其中5.8万人被击毙，8.2万人逃离，1.2万人失踪，另外还有9.6万名外国武装分子在"胜利阵线"和"伊斯兰国"等组织旗下作战。这些人来自87个国家，在峰值期的2013年10月，人数达到了14.3万人。具有欧洲和美国国籍的武装分子约有12760人。在外国武装当中，沙特国籍占据第一位，人数为1.97万人，其中约4000人被击毙。突尼斯则为"圣战"提供了最多的女性，主要从事性服务和娱乐工作。

从人口规模看，不算世俗派武装，这些极端分子已经能与叙政府军（政府军的有效作战兵团主要有共和国卫队、第四师和特种兵部队三支武装，总数不到5万人。其余分布在各地的武装部队、民兵组织和安全人员多执行看守和清查任务，不能独立攻城拔寨。黎巴嫩真主党、伊朗革命卫队和来自伊拉克的什叶派武装共约2万人。也就是说，巴沙尔一方能够作战的有效兵力约在7万人，其他的或为后勤和行政部门，或忠诚度不够无法参战）抗衡了。但有几个主要原因，导致这些反对派成为"扶不起的阿斗"。

首先，是欲望和利益驱使，内斗不断，纷争不止。仅2014年1月，以"伊斯兰阵线"为代表的叙境内众多武装派别与"伊斯兰国"在叙北部大打出手，双方伤亡人数超过2000人。"伊斯兰阵线"指责"伊斯兰国"在战略上同政府军暗中勾结，实施有利于巴沙尔政权的战略，后者则宣称将

第十二章 ■ 欲望、利益、纷争，久拖不决亦战略

大马士革郊区，交战后千疮百孔的居民楼

大马士革郊区解放后，小朋友们乘坐面包车返回家园

大马士革郊区，支持政府的民众和政府军一道走上街头，开展声援政府的游行活动

同叙境内所有"目标不一致"的武装开战。

回想危机之初,叙利亚自由军气势如虹,旗下声名远播的"法鲁克旅"号称聚集了最精锐的叛变部队和武器,在霍姆斯等地区与掌握重武器的政府军分庭抗礼。结果,从2013年起,该武装屡屡传来在战斗中被"胜利阵线""伊斯兰国"击败的传闻,已然溃不成军。沙特见状,立即注资并召集有关地区国家,重编"法鲁克旅""解放山姆武装""统一旅"等六支武装并更名为"伊斯兰阵线",最多时在编人员超过6万人,明面上还是叙境内规模最大的反对派武装,但实战中往往依靠与极端组织的合作才能有所斩获。

"胜利阵线"是较早出现、并公开向"基地"组织效忠的极端武装,从2012年初起在叙境内利用政府军的军力真空,占领了大片土地,善于动用自杀式爆炸等极端手段,是叙军方在危机初期面临的最大威胁。该组织领导人朱兰尼此前曾在伊拉克效力于"伊斯兰国",返回叙利亚后自立门户,拒绝与"伊斯兰国"合并,因此双方在叙境内的部分地区屡有冲突。该组织巅峰时拥有上万名武装分子,政府军和世俗反对派对其都谈虎色变。

"伊斯兰国"原名"伊拉克伊斯兰国",于2006年在伊拉克成立,起初由若干个极端组织组成,依附于"基地"组织,主张实施严格的伊斯兰逊尼派教法,建立类似伊斯兰教初期政教合一的"哈利法国"。该组织较晚进入叙利亚,但扩张迅速,主要在北部地区活动,并完全占领拉卡省,控制着叙土、叙伊边境线和大量边境口岸等重要战略设施。我在大马士革了解到,伊拉克战争之初,正是巴沙尔大开边境之门,协助大量来自世界各地的武装分子进入伊拉克与驻伊美军作战,才有了该组织的雏形。叙利亚局势一乱,"伊斯兰国"武装趁火打劫,重返叙利亚攻城略地。但盗亦有道,他们投桃报李,总体上回避在正面战场上与政府军交锋,而是去争抢其他反对派占领地区,政府军则乐见其成,通过空袭、回避等战术"暗中帮忙",策应纵容"伊斯兰国"蚕食其他派系武装。后来,美国将矛头对准"伊斯兰国",

联合多国予以打击，造成该组织控制区域急速萎缩，人员流失严重，巅峰期只昙花一现。

其次，有关国家各怀鬼胎，反政府武装无法整合战力。到了战争中期，沙特、卡塔尔、土耳其和西方国家对于反对派的援助逐渐公开化——沙特主要支持"伊斯兰阵线"，卡塔尔、土耳其支持"胜利阵线"，西方国家的援助名义上给了世俗反对派，

大马士革郊区解放后，一名男子带着小朋友返回家园，眼中充满期待

实际大量流入极端武装手中；以色列支持在叙以边境作战的几乎所有反对派，提供装备、情报、医疗等援助，它的目标是伊朗、黎巴嫩真主党和叙政府军。1200多支武装，没有统一的指挥，没有共同的目标，没有总体的协调，内部还矛盾重重、竞争激烈，一盘散沙的局面是不可避免的。

约旦、黎巴嫩、伊拉克等一些国家的中立做法，进一步削弱了反对派的实力。消息人士告诉我，约旦和叙利亚之间有安全协议，约旦虽然不阻挠反对派武装入境叙利亚，但会与叙政府秘密沟通，通报人数、装备情况和入境时间、路线等，政府军就守株待兔，对新来的反对派一网打尽。仅

大马士革郊区，支持政府的民众和政府军一道走上街头，开展声援政府的游行活动

大马士革郊区解放后，一家人乘坐汽车返回家园，女主人百感交集、泪眼蒙眬

2014年1月一个月，在约叙边境地区被击毙的反对派就有1500人。黎巴嫩国内早已打成一片，很多希望入境叙利亚的武装分子，干脆就在黎巴嫩与真主党提前交火。伊拉克一面放武装分子入境叙利亚（也有边境失控的原因），一面偷偷放伊朗的援助部队过境，美国曾要求伊拉克政府彻查过境伊拉克的伊朗飞机是否携带了武器装备，伊拉克假装查了几架，回复没有，然后继续任由伊朗武器和物资源源不断运抵巴沙尔的军营。

再次，西方战略上的踌躇，或是深谋远虑。美国政治分析人士布鲁斯就指出，虽然本·拉登已死，但是以本·拉登为代表的极端思潮却在死灰复燃。历史上，实行政教合一的伊斯兰哈利法国家曾经取得过巨大的辉煌，是阿拉伯人引以为傲的"黄金时期"。在阿拉伯政治剧变中，一些国家推翻了原本实行的共和政体，尚未找到适合本国发展的模式，留下了巨大的安全真空。在新旧制度的过渡期，人们的思想陷于"迷茫"，于是，尊崇古法的极端主义思潮乘虚而入，愈演愈烈。2013年，"基地"组织在叙利亚、伊拉克、黎巴嫩的活动愈加频繁，并且"比以往更具危险性"，成为以美国为首西方的首要威胁。出于对极端思潮的担忧，在武装、支持反对派的问题上，美国犹豫不决，进退维谷，葬送了危机初期的大好解决时机。

当然，也有一种说法，维持叙利亚战争久拖不决，本身就是美国的战略。因为危机，伊朗、俄罗斯、土耳其这些国家深陷其中，消耗了大量军力财力；沙特、卡塔尔等海湾国家和以色列增加了对美国的倚重，更不论约旦、黎巴嫩这些地区小国。实际上，美国通过叙利亚危机进一步掐紧了对中东的控制。

第十三章

每一个瞬间，灰烬都在证明它是未来的宫殿

（一）

满屋子叠放的地毯错落有致，尘封的旧味与艺术的瑰丽筑起一条时空隧道，仿佛能重温鼎盛年间阿拉伯集市的繁华。

假如说，叙利亚最早是因为作为阿拉伯帝国的中心而名载史册，那未免以偏概全了。实际上，在伊斯兰教兴起之前，这里早已播散下了基督教的种子——公元1世纪，耶稣的十二弟子之一圣保罗就来到过大马士革。

现在大马士革老城中，矗立着以圣保罗命名的教堂，记录着圣保罗当时从凯撒门（现在的大马士革古城东门）瞬间移动，躲避异教徒追杀的故事。在大马士革西北大约60公里的地方，还坐落着一座基督教的圣地——玛阿卢拉。那里居住着大约一万人，是世界上唯一还能讲阿拉米语的社群。阿拉米语曾经是公元前1世纪至公元7世纪西亚国家的通用官方语言，

俯瞰玛阿卢拉镇

第十三章 ■ 每一个瞬间,灰烬都在证明它是未来的宫殿

也是传播基督教必用的语言,被称为"古基督语",《旧约》里的章节很多都是由阿拉米语书就。史书上记载,在被阿拉伯语取代前,阿拉米语甚至是古丝绸之路上的通用语言,在遥远的中国都有人在说。

　　公元4世纪至17世纪,基督教主教府就设于玛阿卢拉,它依山而建,远离喧嚣的城市,在叙利亚人心中是一个神圣的、安详的、美丽的地方。也因此,危机爆发以来,政府军只在玛阿卢拉派驻了几十人的小分队,主要把守小镇入口。未曾料想,2013年底,极端组织以十倍于守军的规模向这个不具军事战略价值的小镇发起攻击,不惜动用自杀式爆炸的方式突破岗哨,进城烧杀抢掠。得知这个消息,我们都心急如焚,毕竟文化遗产是全人类共同的财富,极端组织残暴的行为方式极有可能将玛阿卢拉毁灭。

玛阿卢拉镇制高点上的酒店已经被打得千疮百孔

政府军刚刚收复玛阿卢拉镇,装甲车停在路边

坚守战地1200天——一个中国记者眼中的"阿拉伯之殇"

玛阿卢拉基督教长老在清理被恐怖分子损毁的房间

一颗大口径子弹打入了石质老建筑的外墙

很多具有悠久历史的楼房都遭到了损坏

虽然被攻陷了，但小镇里顽强的居民们还是通过各种手段向外界输送情报，每一天，我们都关注着从玛阿卢拉传来的消息。政府军为了不损坏小镇的原貌，放弃重武器，与极端分子展开巷战，终于在一个多月后收复了玛阿卢拉。

来到劫后小镇，我稍感欣慰，因为古老的基督教堂、修道院等建筑整体并未遭到摧毁，但里面的文物不同程度地遭到了破坏和洗劫。很多民宅有过火的痕迹，但小镇整体格局得以保留，我也依然能感受到它的细腻与静雅。随处可见的高悬着的叙利亚国旗，昭示这里重新回到政府军手中。

历史上，大马士革因是穆斯林前往麦加朝觐的主要通道，商贸活动经久不衰。至今，这里销售的商品依然具有显著的地域性特色和浓郁的阿拉伯风格。我对中东的地毯特别感兴趣，所以经常在采访之余，逛一逛哈梅迪亚市场的地毯商铺。

整个市场里专营地毯的商铺有十余家，奥萨马堪称是这里的"地毯大王"，他自己在这条街上就有四家店铺，照他的话说，只要盛产地毯，不论是哪个国家、民族还是部落的，他的店里都有货。他把我引到其中一家店面的阁楼上，满屋子叠放的地毯错落有致，尘封的旧味与艺术的瑰丽筑起一条时空隧道，仿佛能重温鼎盛年间阿拉伯集市的繁华。

阿拉伯民族起初以游牧为生，帐篷和地毯是必不可少的生活品。虽然早已定居城市，但阿拉伯家庭仍然要铺地毯，或赤脚穿行，或席地而坐，甚至躺倒便睡，地毯在城市化的过程中延续着阿拉伯人随性、质朴的生活方式。做工精美、质地上乘的地毯，还是阿拉伯家庭地位与财富的展示。"伊朗的波斯地毯世界闻名，卖得最贵，物有所值；埃及的地毯颜色更加靓丽，只是褪色也快；土耳其各地的地毯风格迥异，实用性是最好的……叙利亚民间本也编织地毯，但战争致使工人流落四方，精湛工艺逐渐失传"，奥萨马祖上六代都在大马士革专营地毯生意，他的谈吐中既充满着对地毯的专业知识，又有作为一个商人的独到见解，"镶嵌金丝的波斯地毯和真丝地毯没有太大区别，但因为有金子所以贵，东亚人很喜欢这种款式；阿拉伯人更喜欢真丝与羊毛混织的地毯，既结实又美观"，他拿来几张，细细向我讲解地毯上绣的地名代表怎样的艺术水准和价值，如何分辨地毯每个厘米里使用的线头数，并由此推断缝制地毯所需的人力和时间……据他讲，持续的危机让叙利亚地毯市场供求关系发生翻转，保暖、耐用的羊毛地毯因需求增大价格陡升，甚至比一些进口的真丝地毯还要贵。

　　危机后，他的货源已不再依赖进口，而是通过往来大马士革的朋友携带，这种原始的交流模式规避了封锁导致的货源匮乏，货品反倒更多了。"我的地毯很多是从清真寺里收来的，战争摧毁了叙利亚大量的清真寺，从这些清真寺抢救或倒卖出来的地毯很多，我就廉价收购。"除了清真寺，大量在战争中空置的民宅，也是一大来源，"武装分子不论是破门，还是挖地道，总有办法进入那些没人住的房子，市场上充斥着从这些地方偷盗而来的财物，包括地毯"。据他讲，一般一个镇子被毁，市场上倒卖出的地毯会有上百条。同时，危机还迫使一些人变卖自己收藏的地毯，奥萨马也因此淘到不少"好东西"。"西方人更喜欢颜色稳定一

我在哈梅迪亚老市场里的奥萨马地毯商店采访（店长奥萨马　摄）

些，看着旧一些的地毯，地毯在我这里放的时间久了，反倒会升值，所以我不着急卖。"

（二）

一连几个村镇平静地脱离战争，这大大鼓舞了政府军的士气，也对各地的反对派武装形成了示范效应，尤其给意志薄弱的武装分子一个借坡下驴的机会。

新年没过几日，政治局突然给我来电，告知叙利亚和黎巴嫩交界的山区亚布鲁德战事进展顺利，可以去采访了。

抵达政治局时，军方的车队已经出发了，我只能与几个伊拉克电视台的记者一起前行。最终，在一个名为卡拉医院的大牌子门口，我们遇到了几个身着浅黄色风衣的士兵，他们很严肃地阻止我们进入现场，并且连如厕都不准携带手机。这是一般叙利亚军人不具备的警戒性。等了很久，最终我们还是没有被允许进入现场，其间一些大型的越野车来回穿梭，如Jeep、GMC等，我也吃了一惊，这里的军车怎么配置都这么高？

在另外一个入口处，我们等待进入与大部队会面。在经过了层层盘查之后，一辆军车带着我们进入了位于半山腰的一处军营。这里的士兵同样穿着浅黄色的风衣，不同于叙利亚军队士兵的干瘦，这些人强壮帅气，而且身上散发着一种较为高级的香水味道。他们说的阿拉伯语不是很好懂，也没有叙利亚士兵那样天真热情。一名士兵带着我们爬到了旁边的一个小山上，快到山顶的时候，我们不得不猫下腰前行。在接近最高的地方，士兵指给我们看一片被炮火打得白烟四起的小镇，那里就是亚布鲁德。周边的几个山头，全都是政府军的炮兵阵地，像一个大口袋阵，从四周向其中投掷弹药。这里使用的炮弹据说都不是大口径的，一般57mm，最大

坚守战地1200天——一个中国记者眼中的"阿拉伯之殇"

我匍匐在位于叙利亚与黎巴嫩交界处的一座山头上，俯瞰亚布鲁德镇的战况（新华社张迺杰 摄）

的120mm口径，但足够了，炮声在四周频繁响起，让我想到国内过年的鞭炮——总之反对派毫无还手之力。

  回到房间里，我们看到了排成一排的毛毯，士兵们晚上就在这里睡觉。没有太阳的时候，这里的温度只有0摄氏度或者更低，而且是一层薄薄的毛毯放在水泥地上。几名士兵与我放松地闲聊起来。果不其然，那些穿黄色风衣、看上去更加干练，并在肩膀上系着写着"耶·侯赛因"的绿色丝缎的人，并非叙政府军。伊拉克电视台的记者说，这些人就是黎巴嫩真主党武装人员。聊天中，屋外一辆坦克隆隆地开来，他们说，"伊朗的朋友来了"……这里因为紧邻叙利亚与黎巴嫩边境，真主党武装的存在可想而知，但见到真人，还是惊叹他们的精神状态与气质好过叙利亚政府军太多，专业太多。据联合国的统计，目前在叙利亚的真主党武装有两个旅，总共1.7万人，他们此前在伊朗接受培训。三年来，经过真主党的边打边教，叙利亚政府军战斗力有了很大提升。坦克上面的士兵看上去没有

第十三章 ■ 每一个瞬间，灰烬都在证明它是未来的宫殿

太多波斯人的特征。只是，这些人见到中国人没有感觉很亲切，甚至连招呼都不打，而是以一种审慎的眼神看着我。

围攻亚布鲁德的真主党士兵说，等着就行，周边卡拉镇24小时内肯定投降，这里的敌人每天挨炮击已经到极限了。但叙利亚一方不会贸然进军，只等反对派投降。据他说，政府军在一个月前就已经着手准备，亚布鲁德镇子里面的武装分子预计有3000人，目前了解没有地道，这些人除了战斗，就只剩下投降和死亡两个选项。

围困是叙利亚政府军在战事进入第三个年头后总结出来的新战法，虽然会减缓战争进程，但可以大大降低士兵的伤亡率，起到不战而屈人之兵的奇效。这一战法先是在大马士革郊区被试用，缺水少粮的武装分子熬不过寒冬，又没有装备补给，心理防线接近崩溃。此时，叙政府提出，打开人道主义通道，并可以在联合国代表团的担保下，运送坚持武装斗争的

大马士革郊区，几名民防军士兵刚刚清理过战场，守着一堆战利品，四处观望

人员到北部的伊德利卜省继续作战，不愿离开的武装分子就地与政府军和解，赦免罪行并收编，从而不费一兵一卒收复失地。

当然，这样的"收复"也存在很大的风险。我在大马士革南郊巴碧拉和白伊提·撒哈姆两个镇实地采访了政府与反对派的"和解"。其间，政府军要求我紧跟军人队伍，并警告假如落单则有风险。由当地亲政府人士组成的游行群体高喊的口号也只字不提巴沙尔的名字，只称"统一的叙利亚""真主最大"。大马士革郊区省省长在军队重重保护下到场发表讲话，之后迅速驱车离场。随我前往的军人艾哈迈德称，这些武装人员只是因为断了资金与弹药，才倒向政府军一方，有朝一日重新获得外部支援，很轻易就会叛变。另一位军官姆艾叶德也称，镇里总共有上千名武装分子，政府军主要都在城外，城内局势很容易发生逆转，与其说这两个镇重新回归政府控制，不如说是获得了区域武装自治，与政权达成脆弱的附庸关系。

报道里是不会出现这些细节的，大家看到的都是一连几个村镇平静地脱离战争，这大大鼓舞了政府军的士气，也对各地的反对派武装形成了示范效应，尤其给意志薄弱的武装分子一个借坡下驴的机会。这一战术在中部城市霍姆斯得到了第一次大规模应用，是促成接下来叙利亚战局扭转的关键因素。

（三）

城内最恐怖的就是空袭，尤其是大杀伤性的轰炸，受伤的人无法消毒或者做手术，只能截肢。他比画着说，只要小臂受伤，就要从大臂处截掉，否则感染了人必死无疑。

2月14日早8:30，我出发前往霍姆斯。开通了九天的霍姆斯老城人道

第十三章 ■ 每一个瞬间,灰烬都在证明它是未来的宫殿

主义通道两天后就将关闭,已经出来了将近1500人。

第一次从主路进入霍姆斯城,一面巨大的旗帜和远远伫立的古罗马庙宇雕像十分醒目。"霍姆斯"这个名字最初来源于希腊语,意为"太阳神之城"。在叙利亚人眼中,霍姆斯曾经是天堂一般的城市,这里遍布着叙利亚最多样的风景和古迹,拥有最宜居的气候。作为叙利亚第三大城市,这里还被誉为叙利亚最盛产美女的地方——叙利亚人有句谚语,"阿勒颇的美食,大马士革的水,霍姆斯的姑娘人最美"。这天恰好是情人节,街上果然得见俊男靓女络绎不绝。但这座城市显然不如大马士革那样有大城市的气质,我们仅仅是在路边停下来调试相机,就被民众举报并交给警察盘问。当然,中国人一切都会平安无事。

行走间,远处响起枪声,当地人告诉我说这些都是为烈士送殡的枪声。果然,不过多时,几辆满载武装人员的汽车经过,是他们在向空中鸣

经过人道主义通道逃生出来的民众被安置在一所小学里,这是小朋友在小学原先的操场上玩耍

枪，一辆面包车里搁着一具覆盖国旗的棺材。我想在这里淘一些好的当地手工艺术品留念，结果被告知，原本霍姆斯唯一的手工艺街在老城里，已经被毁了，艺术家们也都没有了踪影。

后来，我们到了指定酒店，期待着与联合国的人会面。不巧，当天因为没有与反对派商量好，救助活动取消了。但恰好遇到了霍姆斯省省长，他说今天是之前出逃民众安置点的首个开放日，让我们跟着他的车一起去看看。这真是一个幸运的偶遇。

在一个三面被围墙围住的小学里，我们采访了安置在此的600名被转移出的民众，据说还有100多人在接受调查，尤其是15—55岁的男性。在这个安置点总共有两位医生，其中一位名叫阿布·卡达尔的医生说，这里的难民出来时都处于极差的身体状况中，因为饥饿或中毒，过去一周古城一共有25个人死亡。有些人在城里腹部受了伤，接受了简单治疗，但因为没有足够的医疗用品和食品，伤口没有愈合，后来再次裂开，不得不找一个塑料袋，将掉出来的肠子等装进塑料袋随身携带，维持痛苦的生存。政

经过人道主义通道逃生出来的霍姆斯民众被安置在了一所小学里，这是政府人士与经过人道主义通道逃生出来的民众在亲切交流，以实现和解

第十三章 ■ 每一个瞬间，灰烬都在证明它是未来的宫殿

经过人道主义通道逃生出来的霍姆斯民众被安置在了一所小学里，这是阿布·伊玛德、阿布·阿里、海达尔等几个中年男人在一间教室中

府也曾向城内输送物资，最后都落在了武装分子手中，民众啥也得不到。或者说，城里还剩下的几千人都是支持反对派的。

后来，我走进一楼一间能容纳26人睡觉的小教室，教室地上全都是棉垫，整间屋子像是一个大的榻榻米。阿布·伊玛德、阿布·阿里、海达尔等几个中年男人正围坐在一筐苹果前，边吃边聊。他们说，这里的一日三餐都是官方提供的，早餐后还发苹果吃，厨房就在他们房间对面，想吃什么随时都能过去拿。"这里与老城里面比起来，简直就是天堂了"，虽然很拥挤，但阿布·伊玛德还是很开心能来到这里，"在古城里面，我们每两天才能吃到一顿饭，大饼已经没了，只有大米，武装分子把大米和很多土拌在一起，发给帮他们干活的民众吃"。据他说，除了土，他们还吃各种动物，猫、鸟、老鼠，除了人基本上什么活的都吃了，而且还有很多别的东西也能吃，比如草、灌木、树叶等等。他讲述起一年来被围困在老城里的经历："一年半前，我的家人和孩子转移出了老城，但武装分子不允许我走，就把我抓了回来，戴上手铐。后来，他们强迫我为他们工作，起

叙利亚战争期间,政府军大量使用火力压制和封锁的手段,消耗反对派有生力量。这是从卡松山上俯瞰正在被轰炸的大马士革哈拉斯坦区

初还是一些较为简单的事情,比如挖地道、修汽车,等等,后来就直接发给我们望远镜,让我和其他一些民众轮流在高处放哨,每次值班两小时,作为报酬,每两天提供一顿饭。"一旁,满脸皱纹的阿布·阿里插话说,"他还是反对派的火箭弹手",阿布·伊玛德赶紧摇着手说,"我只负责给他们填弹",并反过来指责阿布·阿里为反对派开机枪扫射,侯赛因是反对派的狙击手。气氛一下子活跃起来,大家相互开着玩笑,但这些玩笑曾经都是残酷而真实的。

阿布·伊玛德说,武装分子虽然没有粮食,但他们有充足的弹药,用不完的反坦克导弹、肩扛式防空导弹,还有两辆坦克,加上数千人的武装规模,政府军也不敢轻易攻城。阿布·阿里也说,城内最恐怖的就是空袭,尤其是大杀伤性的轰炸,受伤的人无法消毒或者做手术,只能截肢。他比画着说,只要小臂受伤,就要从大臂处截掉,否则感染了人必死无疑。"这样的人太多了!"对于他们这些平民,受伤的可能性一般不大,但他们也会有一些腹泻、发烧等症状,他们于是就用最原始的草药疗法,从不同的植物中提取一些药物成分，自己制药解毒，"感谢先人，民间的配方效果还是不错的，我们没有因为得病死掉。"

海达尔在接受采访期间一直抽着烟，他对烟上瘾。他说，现在城内的物价高得吓人，一盒原价0.5美元的20只装香烟卖到了3000美元，而一公斤阿拉伯自制烟卷使用的烟心，要20万美元。"武装分子通过挖地道的方式进入民居，盗取其中的财物，加之他们此前从国外资助者那里得到大量美元、欧元，人人都很富有，但物资匮乏，城里通货膨胀严重，交易价格高得离谱。"

海达尔说，所有男青年都不得不为武装分子工作，其实每个人都是武装分子，只不过他们不是自愿的，也没有伤过人，因此得到了政府的赦免。问到里面人的情况如何，他们说，除了武装分子，还有被绑架的"人体盾牌"，武装分子不允许他们离开，否则就打他们。问到出来的办法，阿布·伊玛德说他是同关押他的武装分子扭打之后跑出来的，阿布·阿里说他是男扮女装混在人群中出来的，海达尔则干脆说他是挤在联合国的汽车中央，用车辆和人群作掩护混出来的。

他们悄悄告诉我，里面的武装分子也有派别之分，他们之间也会交火。晚上不准用电用灯光，以免暴露目标被政府军剿灭。"里面没有一个外国人，报道中所说的外国'圣战'分子一个也没有，全是霍姆斯当地人，很多还是我们的邻居"，"在金钱的诱惑下，人的残酷本性暴露无遗，他们的行为如同野兽，令人难以想象"。

我一人与20多名出逃者聊了足足两个小时，其间还要随时提防他们对我有不轨行为（交谈中，有一个人要拿走我的手机，被其他人拦住并轰走了；还有一个人在我眼前用匕首削苹果，我就不得不紧盯着那把匕首），着实很辛苦。但收获也是巨大的，虽然自己没能进城查看，但脑海中已经拼凑出了霍姆斯老城里昏天黑地的惨状。

（四）

惊叹于古人高超的筑造工艺和巧妙的建筑布局，更痛心于如此伟大的建筑在近千年后再次遭到破坏，而且随着科技的发展，破坏的程度也越来越大。

哈森城堡（又称骑士城堡）是叙利亚境内的六处世界文化遗产之一，也是当今世界范围内保存最完整的十字军时期军事城堡，位于霍姆斯通往黎巴嫩城市的黎波里的峡谷之上，战略位置极为显赫。城堡由当时的库尔德人建造于公元1030年，曾是欧洲十字军东征耶路撒冷的重要据点，阿拉伯民族英雄萨拉丁终其一生也未能攻陷这座城堡。匈牙利国王安德鲁二世1218年访问城堡时称赞它是"基督教王国的命脉"。联合国教科文组织前总干事博科娃这样评价哈森城堡：它曾是全世界城堡建筑艺术的顶峰之作，不但是中世纪城堡建筑中里程碑式的作品，也是一场重大宗教战争的历史见证者。

但自危机爆发之初起，哈森城堡就落入了反对派手中。直到2014年3月24日，政府军宣布，霍姆斯省内的哈森城堡被完全解放。

战争之前的哈森城堡

第十三章 ■ 每一个瞬间,灰烬都在证明它是未来的宫殿

25日,我驱车200多公里,前往战后的哈森城堡一探究竟。城堡建在一座山上,周围的峡谷与平原可以一览无余。半山腰上是以城堡命名的哈森镇,镇上设有三道检查站,都是挂着十字架的基督徒守卫着,他们来自叙利亚民族党,在当地并入了民防军。在距离哈森城堡还有两公里远的地方,停放着两辆坦克,士兵荷枪实弹地守卫着路口,不许前往收拾残局或者观光的人进入。周边的一个二层小楼上,两个狙击手悠闲地吃着方便面,但他们目光敏锐,我躲在车后偷偷地按一次快门,都被他们警觉地发现了。好在,中国人照片就不删除了。

得到许可后,我们向城堡进发。镇子依山而建,房屋错落在前往哈森城堡干道的两旁。沿途所见,没有哪一栋楼房是保存完好的,有的被重炮轰塌,有的被大火焚烧,房门和车库的金属卷帘门被挨个撬开,能开走的车都已经被盗走,开不走的就被一把火焚烧在车库里。路边,还有好多四脚朝天死去的牛。军人艾哈迈德说,这些牛是在政府军赶来时武装分子打死的,估计是还没来得及宰杀吃掉,索性都打死也不让政府军捡到便宜。

在山脚下拍摄的云雾缭绕中的哈森城堡

一路上山拐了四道弯,沿途的建筑完全遭到破坏,有些墙壁上依然留有武装分子的涂鸦,比如"打倒阿萨德"。

　　对于武装分子如何这么快就从这一地区撤离,有很多说法。军官阿布·阿里说,政府军很久之前就把聚集在此处的武装分子包围,这些人被长期切断弹药、补给,士气低落,在周边地区纷纷溃败的大环境下也溃不成军。另一名士兵比画着说,军队是从东、北、南三个方向包抄这个城堡的,因为都是山路,所以坦克和装甲部队无法进入,完全是步兵在作战。他指着城堡背后一个高一点的山头说,政府军从北边迂回占领了那个山头之后,武装分子的活动就完全暴露在监控下。"狙击无疑是在类似山地作战中最有效的打击方式,远比坦克飞机管用",他指着身边一个消瘦的狙击手说,他一个人至少就击毙了四名武装分子。

　　还有一种说法,就是"胜利阵线"最先占领了这一地区,后来自由军武装赶到增援,接管了周边山头的防务,政府军才拿下,"胜利阵线"得

前往哈森城堡的路上,我们经过了被战火摧毁的哈森镇

知后懊悔不已。据称，解放哈森城堡的战役总共击毙了400名武装分子，还有上千名武装人员越境进入黎巴嫩。

站在山脚下向上眺望，城堡规模宏大，居高临下，犹如电影《魔戒》中的矮人族城堡，给人以巨大的震慑。城楼下，一段连续的阶梯和约有20米高的城墙让人突然感觉到自己的渺小。政府军把国旗插在城门口，显示主权。通过漆黑但宽大的走廊，我们来到了一处小的广场中央。这里的四周遍布着碎石，地上还铺有红色电线。艾哈迈德说，这些碎石是武装分子分两次引爆炸药所致，第一次引爆是为了用乱石阻挡政府军进入该城堡，第二次引爆则是在政府军进入城堡后，发动的炸弹袭击。

城堡的大，还体现在外城与内城之间挖有一条护城河。通往内城的一处城墙也坍塌了，原因是武装分子为了便于对西向而来的政府军射击，把高高在上的城墙打出一个缺口。反对派破坏城堡的劣迹人神共愤，但政府军也难逃责任，我后来在城堡屋顶一角的房间中找到了一年前政府军轰

哈森城堡里的十字军教堂并未受损，曾是武装分子的起居之所，一片狼藉

坚守战地1200天——一个中国记者眼中的"阿拉伯之殇"

一位军人打着手电,带我们通过城堡内漆黑的走廊

哈森城堡内的建筑因战火损毁严重,依然能见到中世纪欧洲建筑风格的雕花

第十三章 ■ 每一个瞬间，灰烬都在证明它是未来的宫殿

哈森城堡内的建筑因战火损毁严重，多处塌方

炸留下的证据——一个大窟窿，半米厚的大石块都被炸穿，屋顶基本坍塌——显然这个位置是反对派埋伏狙击手的好地方，政府军应该不是误炸。

在哈森城堡有着近千年历史的十字军教堂和另一处大型仓室内，我们看见横七竖八上百张床垫和被褥，还有反对派脱逃时来不及带走的靴子、还没吃完的烤肉和餐盒、刀叉，看得出政府军攻势很迅疾，他们有些猝不及防。

我们在城堡中连拍照带攀爬两个多小时，所见所闻无不令人惊叹、痛心。惊叹于古人高超的筑造工艺和巧妙的建筑布局，更痛心于如此伟大的建筑在近千年后再次遭到破坏，而且随着科技的发展，破坏的程度也越来越大。像政府军炸掉的房顶，基本已经无法修复。

"当歌声和传说都已经缄默的时候，只有建筑还在说话。"但愿哈森城堡的新伤，能再次提醒后人铭记历史，远离战争。

坚守战地1200天——一个中国记者眼中的"阿拉伯之殇"

哈森城堡楼顶的一处平台被炸弹炸出了一个大坑

很厚的石墙也被反对派用炸药炸穿

风雨中，政府军士兵把叙利亚国旗插到了城堡最高处，宣示主权

（五）

她已经无家可归，在这乱世之中只有死路一条。她清楚这些所谓"谢赫"都是假的，但她还是抱有幻想，等着一个男人会真正地为她组建家庭，保护她。

随着战争的深入，叙利亚已经有大约1000万人口流离失所，他们中接近一半迁徙到了周边的约旦、土耳其、黎巴嫩等国，并在这些国家聚集，形成了大大小小的很多难民营。其中，约旦的扎阿特利难民营规模最大，已成为当今世界第二大难民营，仅次于肯尼亚达达布难民营。2014年3月，利用到境外取钱的机会，我和同事刘水明、刘睿一道探访了这座难民营。

约旦本就是个中东小国，没有太好的资源禀赋，主要靠着旅游和西方援助为继，大量难民的涌入让这个国家不堪重负：从人口统计学角度来说，约旦总人口因叙利亚危机一下增加25%，这意味着约旦公共开支负担增加了25%。约旦政府于是开辟出个别城镇，默许这里成为"国中国"，和联合国一道应对难民潮。扎阿特利就是约旦北部马夫拉克省的一座边境小镇，这个原本在地图上找不到的地方，如今已名闻天下。

开车从约旦首都安曼出发，沿着15号公路北上，行驶约70公里到达马夫拉克省城郊外一个岔路口，右前方不远处辽阔的荒漠上，一座如"蚁穴"或"蜂窝"状的白色帐篷城映入眼帘，它就是名闻天下的扎阿特利难民营。

我们凭着约旦军方的采访准许证，经过三道安检大门，来到扎阿特利难民营管理中心。中心公共关系负责人拉伊德·萨拉赫告诉我们，自2012年7月设营至今，先后有超过35万叙利亚难民登记入住，当时常住难民约13万人。难民营由约旦军管，四周是两米多高的铁丝网，不能自由出入。

约旦政府和联合国难民署等国际机构每天为难民提供饮用水约400万升、天然气1300立方米,从早晨6时至晚上8时,每个难民可到物资供应站领到4块大饼,全营一天仅大饼就需22吨。难民营内开设了6家医院、2家商店、18个物资供应站,搭建了3所学校,在校学生1.2万人,由世界粮食计

被誉为世界第八大奇迹的约旦佩特拉神庙

月亮谷的山巅上,一位德国游客带着她的猫,享受着迷人的风景

划署向他们提供营养午餐，包括饼干、椰枣、果汁等。来自约40个组织的近千名成员和3000名志愿者在各个管理部门服务，维持难民营的运转。据统计，有关机构每年为营内难民提供的救助金额为人均1900美元，为营外的难民提供的救助金额为人均980美元。

我在约旦首都安曼的山顶上与年轻的警官合影（同事刘睿 摄）

约旦的沙漠中，有阿拉伯的劳伦斯曾经居住过的建筑遗址

死海的沙滩上都是盐粒，海的另外一侧便是以色列

中午时分，我们进入难民居住区。这里帐篷排列有序，每顶帐篷之间距离统一，居住区内沙石土路四通八达，许多小孩在路面上踢球玩耍，青年人则三五成群在一起闲聊。妇女一般不走出帐篷，见到陌生人来了，她们就掀开门帘往外看看。此前有报道说，扎阿特利难民营里形成了几个所谓"婚介公司"，实际上就是女性难民卖身所。黑中介根据年龄、相貌、身材等给女性明码标价出售，一般不超过3000美元。叙利亚女性的美貌闻名于中东，所以很多约旦当地人纷纷前来"挑选"。换以前，叙利亚女性是绝对瞧不上约旦男人的，但现在却已今非昔比。还有一些海湾国家有家室的阔佬，会用一个月左右的时间来约旦度假，然后特地来难民营买一两名女性"短期租用"，假期结束后就抛弃她们回国了。难民营里可以看到很多挺着大肚子的女人，其中就不乏这样怀孕后又被抛弃的人。

当然，她们能来到难民营，至少生命有了保障。我曾在一则西方报道

第十三章 ■ 每一个瞬间,灰烬都在证明它是未来的宫殿

中读到一个更悲惨的故事——在德拉,一名女子在战后被拐骗到了反对派的营地,反对派的头目伪装成"谢赫"(长老),要求与这名女子成婚。她考虑到这位"谢赫"有身份地位,在乱世之中也想有个依靠,于是就嫁给了他。没想到,婚后十天,这位"谢赫"消失了,又有新的自称为"谢赫"的人来找她"求亲",她又一次答应了……后来,政府军打到了这个营地,一位好心人想带着这个女子逃跑,没想到她拒绝了。她对这位好心人说,她已经无家可归,在这乱世之中只有死路一条。她清楚这些所谓"谢赫"都是假的,但她还是抱有幻想,等着一个男人会真正地为她组建家庭,保护她。

也许出于自尊,一些成年难民不愿接受采访,也不许拍照,更不让我们走进他们的帐篷。但多数难民的态度是开放的,希望把他们的遭遇报道出去,引起外界对他们的关注。一个名叫伊卜拉欣的老年难民在打水途中遇见我们,主动邀请我们走进他的帐篷,并端出他们一家八口人的午饭——一盆面片和一盆玉米糊给我们看。

让我们想不到的是,难民营里居然还有一条街名叫"香榭丽舍大街",足有两三公里长。这是难民营自发形成的"商业一条街",两边是由木板、铁皮、帆布搭成的各种店铺和摊点,满足人们吃、穿、用基本需求的各种低档物品,都能在这条街上买到,大到煤气罐,小到针头线脑,从面包到蔬菜鲜果,应有尽有。每个难民每月能领到16第纳尔(1第纳尔约等于1.52美元)的购物券。"香榭丽舍大街"人来人往,生意兴隆,走在这条

难民营的铁丝网,将营地分成了几个区

街上，你能感受到扎阿特利难民营并非死水一潭、了无生机。

伊玛德刚刚在难民营落脚。他今年16岁，原本在德拉郊区一所高中读书，后来学校在政府军的空袭中被摧毁。他本想留在家乡，但由于反政府武装经常出没，政府军轰炸不断，他不得不逃跑。伊玛德是营地中众多非法入境难民中的一员，凭合法手续入境的难民大多住在城镇。"我听说在叙约边境东段的沙漠，政府和反对派控制较弱，于是同几个亲友一路向东走。有三天遇到好心人，搭到便车，又徒步两天，才穿过沙漠。"由于出门前带足了大饼，一路上并没有饿肚子，但是饮水少、烈日曝晒，让他们苦不堪言。五天后，他们来到一个非法口岸，那里有小型皮卡和面包车接送难民，只需简单登记，他们就上了一个约旦人开的车，来到扎阿特利。

马哈茂德是伊玛德的哥哥，比他早来一个月。他对我们讲述："在德拉，政府军和反对派各占一半地盘，反对派占领了陆地，政府军占据着天

难民营中居住着大量逃难而来的妇女和儿童

空。""那里已经瘫痪了,年轻人几乎都参加了武装组织——我也曾参加反政府武装。但我厌倦了杀戮,所以三个月后就扔掉武器逃出来了。"现在,虽然挤住在移动板房和帐篷里,但一天三餐有保障,再加上没有安全隐患,马哈茂德觉得日子过得比在德拉要好得多,就告诉了还在叙利亚的其他家人,这才有了后来与弟弟的团聚。

在历次阿以战争中,约旦接纳了约300万巴勒斯坦难民,并让他们入籍成为约旦人口的重要组成部分。叙危机爆发后,又有约1.1万原本在叙避难的巴勒斯坦难民来到约旦,由于找不到工作,他们生活艰难。一个名叫哈纳的巴勒斯坦难民说,她和家人用假叙利亚身份证进入约旦,先在扎阿特利难民营住了两周,后来一位加入约旦国籍的亲戚交了保证金后将他们接到扎尔卡。到约旦后,他们领过一次救济款,也能得到免费医疗和教育服务,但是他们不能对任何人说自己是巴勒斯坦人,否则"又会被赶回叙利亚"。

难民营的几个社区之间,偶尔能见到为儿童定制的娱乐设施

约旦政治分析人士、作家马拉旺认为，在应对叙利亚危机方面，约旦选择了明智策略。约旦大量接收叙难民，扮演了"减震海绵"的角色。约旦政府很清楚，假如不分担叙危机的压力，叙社会完全失序后将必然引发约旦政局动荡，极端组织随之也会渗透进来。"从某种意义上说，叙利亚的'坚挺'挽救了约旦。"

（六）

因保有俄罗斯唯一海外军港而闻名的沿海城市塔尔图斯，在世人看来始终都蒙着一层神秘的面纱。

按照叙利亚政府与国际社会达成的共识，部分化学武器将从大马士革及周边陆路运往沿海省份拉塔基亚，再装船到境外销毁。在道路时断时续、不时遭袭的情况下，我和同事宦翔、新华社首席记者陈聪、国际广播电台记者钟正杰一道，沿途报道了化学武器运出销毁的过程。

陈聪虽然很年轻，但很勇敢，之前大马士革郊区发现化武，他啥防护设备都没有，凭着一颗对新闻的热忱之心，就到了现场。作为新华社的"新锐青年"代表，他文笔细腻，外语天赋也高，经常与我引以为荣的"90后""接班人"宦翔搞小型的阿拉伯语诗词大会，非要争个高下不可。生活虽然有很多艰难挑战，但有这些好朋友陪伴，国外的日子也颇多甜美回忆。

因保有俄罗斯唯一海外军港而闻名的沿海城市塔尔图斯，在世人看来始终都蒙着一层神秘的面纱。这座城市是叙利亚第二大港口和重要旅游城市，历史可追溯至公元前2000年，行走其间，拜占庭、伊斯兰风格的建筑交相辉映，人文和自然景观都很美好，只是这座昔日的旅游城市已然一片萧条。周末，街头巷尾冷冷清清，位于海边的星级酒店门可罗雀，旁边立

第十三章 ■ 每一个瞬间，灰烬都在证明它是未来的宫殿

着几座停工了的建筑，与周围的景观格格不入。位于海滨大道不远处的塔尔图斯博物馆大门紧锁，锈迹斑斑，博物馆的院子已成为临时停车场。

　　市区只有横竖几条街道，开车绕城不过十分钟，但很多路段被路障和护栏阻挡，尤其是在港口较为密集的区域，有军人在严格排查。就是这样一座小城，却是冷战时苏联与叙利亚"蜜月期的见证人"。1971年，巴沙尔的父亲哈菲兹上台后与苏联签署条约，苏联在塔尔图斯修建海军基地。1977年，苏军开始驻扎塔尔图斯。苏联解体后，塔尔图斯港的基地几乎被俄军废置。当地人说，此前塔尔图斯的俄罗斯人很多，随着危机的加剧，很多人已离开，留下来的也不知去向。

位于塔尔图斯郊外的十字军城堡，因为战事已不再开放。它面朝大海，战略位置重要

塔尔图斯的街景

　　政府出于安全考虑，不允许塔尔图斯市内所有的酒店、餐厅覆盖无线网络，这反倒营造了一个较为安宁的生活环境。周末夜里，自驾车停满海滨大道两侧，民众在能够欣赏美景的餐厅抽水烟、玩棋牌，很多人举家

团聚。但海滨一家鱼市的老板叶海亚说,这样的场面也是苦中作乐,民众每天要经历数小时的停电,要忍受物价上涨,更要随时准备接到来自亲友的噩耗。因为塔尔图斯也属于阿拉维派聚集的省份,所以青壮年多入伍参战,留下来的塔尔图斯民众异常团结,反对派武装始终无法将战火燃烧到这里。

一路向北,我们来到了叙利亚第一大港口城市拉塔基亚,同时,这座城市还贴着另一个标签——巴沙尔的老家。

拉塔基亚的城市规模比塔尔图斯要大得多,因此也多了几分喧嚣。城市有一条主要的大街,街的西侧是绵延数公里的港区,安保措施十分严密,不但有军人持枪把守,还有公示牌标明"军事禁区,禁止拍照"的字样。远远眺望,可见高耸的大吊车和集装箱汽车穿梭不息,海面上大型货轮往来频繁,这也表明虽然遭受西方制裁,但叙利亚的国际贸易仍然在运转。化学武器应该就是通过这些塔吊和货轮运往海外的,只是整个过程都

一群在塔尔图斯街边踢球的少年,说明这里的生活还是安宁的

第十三章 ■ 每一个瞬间，灰烬都在证明它是未来的宫殿

入夜，坐在塔尔图斯海边，欣赏日落的美景

是最高机密，我们虽然抵达现场，却只能从新闻中了解一二。

大街的东侧便是政府机构，该市新闻委员会主席麦塞姆就在政府大院的新闻局大楼工作。他告诉我，截至2014年初，拉塔基亚市区没有遭受一枚迫击炮弹的袭击，也没有发生一起汽车爆炸事件，街道上没有检查岗哨，虽然临近北部边境，但安全形势相对较好。后来在大街小巷上走，我才了解，为了应对可能的威胁，同时充分考虑当地人对阿拉维政权的高度忠诚，政府给这座城市大多数成年男性都配了枪，力求将隐患消灭在萌芽状态。

虽然没能直接目睹化武运出过程，但我还是收获很大——首次从大马士革出发来到遥远的西北部省份，了解沿途路况和各地安全形势，为深入报道后来土耳其对拉塔基亚的侵犯打下了基础。

坚守战地1200天——一个中国记者眼中的"阿拉伯之殇"

拉塔基亚的街道和市民

在拉塔基亚和塔尔图斯,都能见到高耸的哈菲兹雕像

（七）

两辆救护车疾驰下山，里面的士兵奄奄一息，军人们看到这一幕，眼睛里喷射着愤怒的火焰，之前面对外国人时的友好与轻声细气荡然无存，仇恨就是在这样不断的死伤中蔓延。

全国局势在胶着中进入了3月份。政府军逐渐稳定住了对大城市的控制，虽然一半以上的国土还是失控的，但至少60%的民众得到了保护。面对着越来越不利的战场形势，隐藏在战争幕后的国家开始走上前台，比如土耳其。

3月27日一早，军方通知要去拉塔基亚报道凯赛卜口岸战役。在经过400公里的奔袭之后，我们被挡在了沙倭迈山之南。拉塔基亚省北部拥有秀丽的山峦，与土耳其以大山为界。此处因为依山临水（地中海），山峦顶峰直冲云霄，景致之美仿若仙境。但就在这样一个美不胜收的地方，却

采访途中，我和同事宦翔在地中海东岸的灯塔下

从山南麓向北面望去，政府军的大炮正在不断进行轰炸，而南麓的丛林也因武装分子的炮火大面积焚毁

在上演一场残酷的战役。从22日起，反对派武装从土耳其一侧发动攻击，先后占领了凯赛卜口岸、凯赛卜镇、萨姆拉镇等山里的城镇，并号称自危机以来首次控制了长达三公里的叙利亚海岸。

发起对凯赛卜口岸攻击的武装主要有"胜利阵线""伊斯兰阵线"等。据称，此次战役的指挥官为车臣人阿布·穆萨，他此前曾参加高加索地区针对俄罗斯军队的战斗。此役经过了长达数月的准备，并有多支武装、数千武装分子参与。前线指挥官法拉兹指着沙倭迈山前封堵的路段说，再往前一公里就是交战区，三公里的地方政府军就失控了。"我们装备有防弹车，但车辆进去探路，依然挡不住武装分子的大口径狙击枪和火炮，第一波11个士兵在防弹车里面阵亡，此后又派出坦克，结果两辆坦克也相继被击毁。"战斗非常残酷，反对派拥有大量武器，仅载有重型机枪的战车就至少有200辆。法拉兹指出，参战分子多是外国人，很多土耳其士兵穿上了"胜利阵线"的衣服，打着黑色的旗帜，来叙利亚境内杀人。

土耳其安全机构在此次战役中发挥了重要的作用。他们除向反对派武装标注叙利亚政府军的坐标与部署，提供武装援助与弹药外，还直接参与了对叙利亚的炮击，并击毁一架叙战斗机，这直接导致叙利亚空军在边境地区的威慑力下降。此役被反对派命名为"安法尔之战"，安法尔源于《古兰经》中记载的巴达尔战役后，穆斯林之间进行分赃的内容。因为作战地区地貌复杂，并且另一侧就是土耳其，政府军此前惯用的包围战法无法奏效。不久前，巴沙尔的表兄弟黑莱勒·阿萨德还在距离边境八公里的地方被打死。看似平静祥和、云雾缭绕的大山中，不知埋下了多少士兵的尸体与冤魂。

第二天，我再次试图前往凯赛卜，并在之前会见了拉塔基亚副省长萨伊勒·阿巴斯。他告诉我，两位熟识的上校都在最近两天的战斗中战死了，反对派在土耳其的协助下直插叙利亚境内，叙军只得被动应战。根据规定，叙利亚的准将要定期前往前线了解情况，上校则直接在各个地区扮演军事指挥官角色，一般出行只带一辆吉普车、一名保镖。"黑莱勒·阿萨德是2012年组建叙利亚民防军时的主要人物之一，他一直活跃在叙利亚沿海地区。战死时，他身边还有七个护卫他的武装人员。"萨伊勒·阿巴斯说，民防军是叙利亚军方能够在战场上取得进展的重要辅助力量，他们受到了来自伊朗方面的培训。

我们在通过昨天的巴西特小镇之后，又向前挺进了大约三四公里，来到了萨姆拉山接近最高点的地方，这里是真正的战区，距离凯赛卜口岸只有不到两公里了。山坡上有上下两座小楼，被军人们用作营房，四周是几个临时搭建的炮兵阵地。营房处在山南侧坡度比较大的地方，周围大片森林刚被焚烧过，政府军说，这是反对派打来的火箭弹燃烧所致。营房的位置从抛物线的角度来说，被迫击炮打中的概率很低，但就在我们采访期

坚守战地1200天——一个中国记者眼中的"阿拉伯之殇"

大炮被军车装着运往高地，对位于山另一侧的武装分子进行射击

政府军在山南麓的房顶上实施警戒，准备射击

迫击炮弹落在大山南侧政府军控制一边，炮弹落点很近，可见升起的阵阵白烟

第十三章 ■ 每一个瞬间，灰烬都在证明它是未来的宫殿

间，还是有两枚迫击炮弹硬生生落在楼房边上也就十几米的地方。虽然杀伤力有限，但飞行中发出的"哧溜哧溜"的声音，以及炮弹落地时沉闷的金属撞击响声，犹如一把铜锁严严实实把我的心封在了恐惧中，死亡的大门就在十几米远的地方敞开过……

这里聚集的士兵大概有200人，法拉兹上校告诉我，整个凯赛卜战区政府军一方各种兵力的总和也就一千有余，在人数上完全被对手压制。而在这些士兵中，绝大多数是从霍姆斯省调集而来的"民防军"。他们都穿着相同的迷彩服，但从蓄着的胡子、操着的口音，能够分辨他们的来源地。

哈基姆是一个正规的叙利亚步兵，他是昨天从前线撤下来的。"回来的时候衣服一拧都是水，裤子被山里的灌木丛刮开七八个口子"，在山里的战斗与平原作战完全不同，尤其这里的山川森林茂盛。"对方有很多狙击点，我们在突击前必须通过大规模的火炮轰炸，在基本确定安全后再冲锋。"他承认，参战人员中包含了黎巴嫩真主党等外国武装，彼此可以

前往拉塔基亚郊区的路上，偶尔会落下迫击炮弹，我们在路上只能短暂停留（同事宣翔　摄）

坦克向山区进发。但山地作战并非坦克的强项,决定胜负的主要因素还是士兵

组织起密切合作。就在我采访时,几辆大卡车又载着新的大炮开上山来,口径目测超过了100毫米,而已经在山头上的炮兵以每分钟六七发的射速向山的另一侧开炮,轰鸣声在山谷里回响不绝。估计他们自己都不知道这些火炮最终会打到哪里,会不会打中敌人,但射击本身就是一种威慑。从双方用大炮对攻的密度来看,显然政府军占尽上风,估计这边打上40发炮弹,对面才会打回来1发迫击炮。

就在我们采访的一个多小时里,看见两辆救护车疾驰下山,里面的士兵奄奄一息。军人们看到这一幕,眼睛里喷射着愤怒的火焰,之前面对外国人时的友好与轻声细气荡然无存,仇恨就是在这样不断的死伤中蔓延。在两枚迫击炮弹落地后,我们被逐出了战场,军官话说得很明白:"你们已经是目标了,我们担不起你们生命的责任。"

回到巴西特小镇,法拉兹上校痛心地说,昨天我们走后,又有四名士兵阵亡,几天下来阵亡的士兵将近100人了。他说,因为控制了一部分海岸,反对派现在已经开始通过快艇从土耳其一侧向叙利亚反对派运送武器,"他们的武器越来越先进,包括车载火箭弹,能够打击17—23公里远的目标,这是前所未有的"。我们当天下午4点半从拉塔基亚市出发,连夜返回大马士革,就在我们走后一个小时,在进出拉塔基亚市区必经的十月大学广场上,爆发了危机以来发生在拉塔基亚城内的首次武装冲突,反对派还是攻了进来。

后　记

　　故事就写到卸任的那一天。后来，俄罗斯从幕后走到台前，救大厦于将倾。但危机的复杂性和大国的博弈对决，注定了战事拖而不决的走向。谁都想切一块利益的蛋糕，很难会有赢者通吃的结局，蛋糕就这么大，切不出最大公约数就会僵持下去，一如16世纪欧洲的30年战争，或是更近的阿富汗、伊拉克战争。

　　弱国无外交。恰如100多年前，第一次世界大战结束，中国作为战胜国，反而在凡尔赛和平会议上丢掉了山东的主权。后来，英国人克里斯多夫·阿南德写了一本《被背叛的盟友：一战中的中国》，他提到，"美国总统威尔逊在1918年宣布了治理战后国际关系具有理想主义色彩的'十四点原则'"，"中国曾经期待美国的所作所为远远好过那些殖民列强"。但事实恰恰是，为了拉拢日本、成立国联，美国首先背叛了中国。国际政治中弱肉强食的丛林法则一直都未曾改变。

　　在当今信息化、全球化的时代，弱国之弱点暴露无遗，这也是本·阿里、穆巴拉克、卡扎菲们悲剧的缘起，他们曾经是强人，但这已不是曾经强人政治的时代。凡事又有两面性，现有国家与民族版图反而更加稳定了，即使领先如美国，也不能再轻言主导、一意孤行，发动战争门槛越来越高，逾越道德底线越来越难，霸权霸凌代价越来越沉重。

让人兴奋的是，虽然远隔万里，却能实实在在感受到中国之于中东的绵绵助力、积极引领。不论是对埃及社会振兴的鼎力支持，还是为海湾能源国家转型提供的海量商机；不论是为阿以争端奔走斡旋提供解决方案，还是在联合国六次动用否决权维护叙利亚主权，无不是"世界和平的建设者、全球发展的贡献者、国际秩序的维护者"的大国本色展现。中国主张成为国际关系发展模式中的一面旗帜、一缕清流，人类命运共同体理念也必将是人类社会去向何方这一时代之问的终结。

苟利国家生死以，岂因祸福避趋之。家国情怀铭刻在中华文明的血脉基因中，也是基于对过往教训的反思和警示。托尔斯泰在《战争与和平》里指出："历史是国家和人类的传记。"我整理出版这本书，除了记录那些特殊的岁月，也是想通过回溯历史，告诫来者，国运昌则家兴旺，国若破则家必亡。《历史的教训》中说得很对，文明是错综复杂又很不稳定的人际关系网络，建立起来很辛苦，摧毁则很容易。埃及人看待中国时的酸楚，叙利亚人看待中国时的羡慕，以及欧美人看待中国时的防备与纠结，无不是中国和平发展稳定、国际地位提升、人民生活富足的真实写照！"我们比历史上任何时候都更接近中华民族伟大复兴的目标"，言之有据！

改革开放40周年、建国70周年、建党100周年，我们接连隆重纪念这些年份，因为这些历史事件深刻奠基了我们的今天，改变了我们的世界。老一辈人的披荆斩棘、舍身赴死、励精图治，换来了今天的幸福生活；外国人羡慕中国的，既是我们的日新月异、安宁富足，更是中国百折不挠、改天换地的智慧伟力。将它传承并发扬光大，我们的明天也必将充满光明！

由衷感谢方江山副总编辑，在日常的工作、生活中给予我珍贵的指导、悉心的关怀、大力的培养，并在百忙之中为本书作序。

感谢那些曾经与我共同坚守在海外的中国记者、外交官，以及朋友们，你们帮助我走过了一段难忘的岁月，改变了我的人生轨迹；感谢一直在国内关心、支持、鼓舞我的亲人、同事、朋友们，你们的温暖让我坚强，你们的关怀催我奋进；感谢祖国，感谢新时代，我们所得之一切皆由您而来，我们也愿付出所有，共筑您更美好的未来！